乳幼児観察入門
早期母子関係の世界

リサ・ミラー
マーガレット・ラスティン
マイケル・ラスティン
ジュディ・シャトルワース
編

木部則雄
鈴木　龍
脇谷順子
監訳

Closely Observed Infants

創元社

Closely Observed Infants
Edited by
Lisa Miller, Margaret Rustin, Michael Rustin, Judy Shuttleworth
© 1989 by Lisa Miller, Margaret Rustin, Michael Rustin, Judy Shuttleworth
This translation is published by arrangement with Bloomsbury Publishing Plc
through Tuttle-Mori Agency, Inc., Tokyo

本書の日本語版翻訳権は、株式会社創元社がこれを保有する。
本書の一部あるいは全部についていかなる形においても
出版社の許可なくこれを使用・転載することを禁止する。

目次

はじめに　3
イントロダクション　5

▌第Ⅰ部　理論と方法

第1章　原始的不安に出会うこと　　　　　　　　　　　　　13

第2章　精神分析理論と早期発達論　　　　　　　　　　　　34

第3章　乳幼児を観察すること——方法についての検討　　　76

▌第Ⅱ部　観察

第4章　エリック　　　　　　　　　　　　　　　　　　　　107

第5章　キャシーとスザンナ——双子の姉妹　　　　　　　　139

第6章　アンドリュー　　　　　　　　　　　　　　　　　　164

第7章　ローザ　　　　　　　　　　　　　　　　　　　　　189

第8章　ハリー　　　　　　　　　　　　　　　　　　　　　209

第9章　スティーブン　　　　　　　　　　　　　　　　　　231

第10章　オリバー　　　　　　　　　　　　　　　　　　　　251

第11章　ジェフリー　　　　　　　　　　　　　　　　　　　266

原注　286
文献　303
索引　311
監訳者あとがき　318

はじめに

　エスター・ビック（Esther Bick）は「乳幼児観察」を創案し、1948年、子どものサイコセラピストの訓練としてタビストック・クリニックの訓練コースに組み込みました。本書はその歴史の中で、出版に至りました。ビックは類いまれな指導力を持って、周囲に大きな影響を与えました。その後、精神分析的教育への高い興味と観察のプロセスへの関心から、乳幼児観察の実践は驚くほど普及しました。現在タビストック・クリニックでは、毎年およそ100人もの学生がこの研修を受けています。ロンドンの精神分析協会は、1960年乳幼児観察を訓練のカリキュラムに加えました。精神分析的心理療法家のための英国の多くの教育機関も長い期間にわたり、それにならってきました。また、海外でも異例なほど関心が高まり、特にイタリアでは広く普及しました。フランス、スペイン、ノルウェー、ドイツ、南アメリカの諸国、オーストラリアでも同様です。そして、現在カナダやアメリカでもその関心が高まっています。

　精神分析に基づく乳幼児観察は、赤ん坊とその家族の研究のための極めて特異な方法です。近年、乳幼児の発達への関心は、学術研究においてとても高まってきていますが、乳幼児観察の新鮮で、精緻な研究技術は、臨床家と研究者の間で交わされる議論の場に新たな素地をもたらしました。他方、それと並行して、「乳幼児精神医学」という新しい重要な領域が出てきました。今、そうした流れの中で、この分野の経験をタビストック・クリニックの子どものサイコセラピストらの手で発表することは、時宜を得た、意義深いことのように思われます。本書の3人の編者は、今まで多くの経験を積んだ子どものサイコセラピストであり、20年以上にわたる乳幼児観察の指導者です。4人目の編者は社会学者であり、精神分析に特別な関心を持っています。本書はマーサ・ハリス（Martha Harris）とのディスカッションにおいて着想を得ました。マーサ・ハリスは、人間の関係性を研究するための基礎となるこの方法の教育で類いまれな能力を持ち、本書のすべての編者にたいへん大きな影響を与えました。本書を深い感謝と共にマーサ・ハリス

3

との思い出に捧げます。

　家族の匿名性を守るために、本書に掲載された事例報告の観察者は、著者として明示せず寄稿者としました。メアリー・ベーカーは、本書の企画の初期の段階で議論に参加した観察者のひとりです。1987年にメアリーが惜しくも亡くなった後に、事例研究のうちの一例としてメアリーの草稿を使用させてもらえたことに深く感謝しています。

　著者らの功績をひとつにまとめ、一冊の本にする作業には、長い時間がかかりました。タイピストの方々、とりわけジェーン・ライノールとディアナ・ビセット、スーザン・フィッツジェラルドの知性と忍耐強さに感謝します。パトリック・ルフェーブルには、コンピューター関連の問題で助けていただきました。編集担当者であるダックワース社のデボラ・ブレイクは作業の最終段階を滞りなく進めてくれました。これらすべての人々、乳幼児観察という特権を与えてくれたご家族、そして、苦しい局面を共に過ごしてくれた私たち自身の家族にこころから感謝いたします。

イントロダクション

リサ・ミラー
Lisa Miller

　本書は、広く一般の方々に向けて、子どものサイコセラピストの訓練の先駆けとなった乳幼児観察について紹介しています。著者らはロンドンのタビストック・クリニックでの子どものサイコセラピストの訓練の経験に基づき、乳幼児観察の方法についての知見を描写しています。しかし、今や乳幼児観察は、サイコセラピストや精神分析家のための訓練だけでなく、他の専門職、たとえば教師や医師、社会福祉士の仕事の幅を広げ、より豊かな思索をもたらすために、展開され続けています。また、そうした発展はロンドン、あるいは英国に限りません。バーミンガム、リーズ、オックスフォード、ブリストル、エディンバラ、イタリア各地、フランス、アメリカにおいてもなされています。しかしながら、この方法が広い領域で応用可能であるとわかってきたとしても、その原点は子どもとの精神分析的心理療法の訓練にあります。国民保健サービス（NHS）[訳注1]の枠組みで行われる子どものサイコセラピストの仕事は、子どもや若者、家族との間でなされるより幅の広いものです。しかし、そうした仕事の原点となる子どものサイコセラピーの訓練の基礎は、個々の子どもとの体系的で徹底した集中的な精神分析的作業です。乳幼児の発達について、各論から広く一般的に言える結論を導き出す方法は、ひとりの乳幼児に接近し、親密で慎重な態度でなされる観察によるものなのです。

　それゆえ、本書の中核は、個別の乳幼児についての観察記録にあります。これらの記録は、タビストック・クリニックの訓練生が毎週の定期的な乳幼児観察の後に記述した一連の観察記録の抜粋です。各々の観察記録は、異なる環境で育つ

[訳注1] National Health Service は、英国の国民健康保険制度。

さまざまな赤ん坊を描き出せるように選びました。全員が両親のいる家庭で育った赤ん坊ですが、それぞれ何番目の子どもとして生まれたか、社会的階級、民族的背景、子育てに対する両親の姿勢や考え、両親自身が生まれ育った背景等が異なります。また、各々の観察記録は少しずつ異なる方法で提示されています。いくつかの事例では、明確なテーマに沿って描かれています。たとえば、エリックの事例では、エリックが第一子として生まれ、とても混乱に満ちた最早期を送ったことが生き生きと描写されています。というのも、エリックの発達は、母親のみならず父親も混乱の中に巻き込んでしまっていたからです。一方、オリバーの事例では、父親はオリバーのみならず観察者との間でも自分のことを大切な存在と見なしていきました。スザンナとキャシーの双子の事例では、親が双子を育てることと子どもたちにとって自分が双子であることが、いったいどんな経験なのかということが問われました。ハリーの事例では、ハリー自身が母親に適応していくさまをみることができます。ハリーの母親の問題は、観察当初はほとんどわかりませんでしたが、ハリーと母親の関係の中で次第に明らかになっていきました。ハリーと母親が関係性を築いていく上では、ハリーの側の努力が大変大きいものでした。他の事例では、たとえばスティーブンやジェフリーでは、赤ん坊が家庭の一員となっていくさまをある方向性をもって、より穏やかな方法で観察でき、理解することができます。個々の家庭は独自の持ち味と文化を持っているのです。

　すべての事例のコメントは控えめにしています。それは、読者に方向性を示し過ぎないようにしたいためです。ある程度目印をつけることや選別や整理はなされていますが、読者には既成概念を持たずに、また多くの解説を頼ることなく事例を自由に読んでもらいたいと願っています。事例を先に読み、その後で違った視点から最初の3つの理論的論文を読む方法もあるでしょう。この3つの理論的論文は訓練を受けたり、教育を施すために乳幼児観察を用いること、つまり乳幼児観察の基礎となる理論と方法論について書かれています。こうした章を含めないことは魅惑的でしょうが、それらは事例を補足するものに過ぎないことをここで言っておきたいと思います。事例は乳幼児観察において最も重要なものであり、読者に対して影響を与えられるものです。つまり、事例はそれ自体で読者にある衝撃をもたらすものであり、理論を例証するためのものではないのです。理

イントロダクション

論的論文の章を読むことで、そうした衝撃はより強まり深まることはありますが、逆に制約を受けるべきではないのです。

　事例を読むことと小説を読むことには、それらがある創造性を伴う点で類似していると思います。研修生が乳幼児を観察することにより、乳幼児について知っていく方法と小説の作者やその作品が書かれた時代、作品の批評について多くの知識を得ていく方法は似ているかもしれません。しかし、小説の読者が新鮮な気持ちで、即時的にこころに衝撃を受けてその作品に触れるときには、そうした知識は脇に置かれているでしょう。同じく、研修生は赤ん坊についてのあらゆる知識を持っていたり、さまざまな理論的な知識を持っています。しかし、生々しい衝撃を受けながら観察するために、こうした知識は、観察や観察後の記録を書くまさにそのときには脇に置いておかれます。個々の観察について検討するためのセミナーにおいても同じプロセスが進行します。各々の観察は可能な限り綿密になされることが求められますが、それはある考えやアイディアを生み出すためのものであり、決して理論を確認するためのものではないのです。また、本書を読む経験が読者にとって、小説を読むことや、観察者が乳幼児を観察し、観察後に記録を書く経験と似たものになることを願っています。それは乳幼児そのものに注意を向けることであり、「フロイト（Sigmund Freud）の症例は小説を読むようだ」とたとえられたフロイトの観察眼を彷彿とさせるものでしょう。

　感情をかき立てられることなしに小説を読もうとする人がいないように、乳幼児観察の方法も感情を十分考慮に入れようとしています。観察についての新しい概念が導入され始めています。従来、観察記録は公平なものが求められていました。それは、感情や観察者が家族の気持ちの中に入っていくことを脇に置いていたからです。こうしたものが客観的事実を記録する過程で妨げにならないようにするためでした。しかし、私たちにとって重要な真実とは、感情そのものなのです。観察者は気持ちをかき乱されることなしに記録を書くことはできないでしょうし、読者もまた同じなのです。恐らくここにフロイトの大きな貢献があります。フロイトは初め「転移」をセラピーにとってやっかいなもの、ないしはセラピーを妨害するものと見なしました。「転移」とは、患者の中に起こるセラピストに対する複雑でとても強い感情すべてのことを指しています。しかし、フロイトはこのアイディアを精神分析の外に押しやるのではなく、むしろ、それ

をつかみ、精神分析の中に取り入れました。転移（患者の感情）と逆転移（反対に、セラピストの中に起こる感情）は、何が患者のこころの中で生じているかを明らかにするための不可欠な方法として使用できるだろうと見なしたのです。ここでも同じく、観察者は心的活動、ないし精神的な状況を明らかにしています。知的な発達、社会性の発達、子どものこころと性格、他の人々との関係性はすべて、養育者との関係の中で育まれていく情緒的な発達を基盤としています。情緒は最も基本的なものとして位置づけられます。それゆえ、情緒を観察し、記録しなければなりませんし、そのため観察者や読者のこころの中にはさまざまな感情が湧き起こるでしょう。それは注意を削ぐもの、ないしは何か取り除くべき汚れといったものでもないのです。情緒という因子は、私たちがそれを正確につかむことができれば、患者をより深く理解することができる必要不可欠な道具なのです。

　乳幼児の強い情緒に直接触れることは、それにとてもよく似た感情を人に喚起するものです。ある女性は赤ん坊の発達についての講義を受けているときに、触発されていくつかの質問をしました。それらの質問はその女性が最近経験したことが基になっていました。女性は講義の間、急にそのことを思い出して、切羽詰まった気持ちになっていたのです。女性は自分がしばしば耳にする、同じ建物に住む赤ん坊の泣き声を思い出していました。赤ん坊はおそらくネグレクトされていると女性は考えました。その講義を受けて女性の脳裏には深刻な質問が浮かびました。それは、もしも私たちが赤ん坊の早期の不安が持つ影響力の強さを感じ始め、そのような経験を通して乳幼児の早期の経験がいかに重要であるかに気づき始めたなら、私たち大人の責任の重さがはっきりするのではないかという質問でした。本書が提議する考えは、政治的、また社会的な事柄と広く関連があります。そうした考えは子どものケアについて関連するすべてのことを新しい次元へと押し拡げます。それは子どものケアに関わる個人の理解のみならず、医学や社会福祉、教育の場で判断を下したり、ある考えを提議する過程で役立つものでもあります。たとえば、子どもの性的虐待あるいは身体的虐待、養子縁組や里子として子どもを養育する問題、心的外傷や心的剥奪についてのさまざまな問題において、大人が乳幼児の不安とその痛みに対して敏感になり、その情緒的な影響力に耐えられるようになることはとても重要なことなのです。

　本書では、通常では見過ごされたり、忘れられたりするドラマの詳細に注意を

向ける観察者について紹介しています。ジェフリーの観察では、母親が立ち去ってしまったときの悲しみがありました。またスティーブンの観察では、何かがスティーブンの経験から消え去ってしまうようなとき、あきらめに似た活気のない感情がありました。アンドリューの観察では、繊細な優しさと恐ろしい不幸の両方が存在しました。ローザの場合は、離乳がローザと両親に混乱を引き起こしました。ゴリラのマスクのエピソードはオリバーを怖がらせました。フロイトはかつて、自分が発見したことはすべての子守がすでに知っていることだったと自分の運命について悲しげに語りました。メラニー・クライン（Melanie Klein）は子どもたちがプレイの中で演じる事柄に注目し、耳を傾けることからさまざまなアイディアを触発されました。同じようにここでも、おそらく多かれ少なかれ親のように成長していく子どもたちの濃密で複雑さに満ちた通常の発達に注意を注ごうとしています。

　編者は、それぞれの観察記録の記述の仕方にある種の統一性を図ることに気を配りました。ちょっとした記述の仕方の違いにより読者を混乱させないためです。たとえば、赤ん坊の両親の呼び名については「父親」と「母親」に統一しました。事実、赤ん坊の両親の呼び名は観察者により異なります。観察者は両親をミスター、ミセスをつけて記述したり、ママ、パパと記述したり、ないしはファーストネームで記述しています。こうした呼び名にも何らかの重要な意味が潜んでいるものです。セミナーでは、こうしたわずかな相違に隠されている意味について議論することができるのです。しかしながら、私たちは修正を最小限にして同質性を得ることで、微妙な意味を取りこぼすことのないように細心の注意を払いました。

第 I 部

理論と方法

原始的不安に出会うこと

マーガレット・ラスティン
Margaret Rustin

　乳幼児観察は、乳幼児の発達を系統的に観察していく訓練です。観察者は訓練の中で、乳幼児とその家族が体験している早期の情緒に出会うことができます。そして、この実際にとても大変な環境に向かい合うことで湧き起こってくる、観察者自身の情緒的反応に見舞われることにもなります。この経験が将来臨床活動を行うセラピストになるための準備となりうることを本章では述べたいと思います。

　枠組みを明確にするために、まずはじめに子どものサイコセラピスト養成コースにおける乳幼児観察の位置づけについて説明します。赤ん坊について学ぶこの独特な技法は、第二次世界大戦後に子どものサイコセラピストのための専門的訓練が確立される中、エスター・ビック（Esther Bick）によって、最初に行われました。研修生はひとつの家庭に毎週1回、決まった時間に1時間訪問させてもらう取り決めをすること、訪問の後には観察したことをできるだけ詳細に記録することが求められます。推論や思索、研修生自身の個人的な反応は通常は観察記録の重要な部分ではありません。研修生はたいてい5名の小グループで編成され、毎週1時間半、セミナーリーダーと共に観察記録に基づいて学びます。セミナーリーダーのアプローチは一様ではありませんが、通常研修生は「自分の」赤ん坊についての観察を順番に発表します。それゆえ、各メンバーは1学期に2回観察の経験について議論する順番が回ってきます。観察およびセミナーは2年間続きます。

　セミナーに課された任務は、有用な証拠に基づき、乳幼児と母親、そして観察の場にいる他の家族のメンバーとの間で生じる情緒的な出来事を探究することで

第Ⅰ部　理論と方法

す。赤ん坊を世話するのは家族だけでなく、乳母や住込みのベビーシッターがいるかもしれませんが、これらの人たちも観察の対象となります。観察の目的は、乳幼児と、観察者を含む他者との関係性の発達の様子を描き出し、コミュニケーションのパターンや行動の無意識的な側面について理解していくことにあります。時間が経つにつれて、その家族がどのような交流をしているのか、その動きがわかるようになり、それらを包み込むようなある状況が浮かび上がります。性格や関係性のもとになる家族メンバーの内的世界の局面がはっきりと表れるようになります。とりわけ、乳幼児のパーソナリティが創り上げられていく過程で、赤ん坊の中で一時的なものにしかならないことと、赤ん坊のこころの一部となっていくものとの間にどのような交流があるのかがわかるようになります。また、乳幼児を抱える環境が持っている特定の強度と脆弱性について考えていくことができるのです。多くの観察者は観察している乳幼児を内側から、ある部分で本当の理解をしていると感じるでしょう。観察者は単に赤ん坊の内的世界に共感するだけではなく、その世界の形や構造をつかみ、内的対象関係のパターンをはっきりと知ることができるようになります。乳幼児観察は、子どものいる家族の生活について理解しながら、子どもの早期の発達を学ぶ上ですばらしい足がかりを与えてくれます。乳幼児観察は子どものサイコセラピストになるためのさまざまな訓練の中でも中心となるものですが、子どもにさまざまな形で携わる他の専門家を訓練していくことにもとても有効であることがすでに示されています。

　この活動にこれほど多くの訓練の時間を費やすことには、大きな理論的な根拠があります。それは赤ん坊の早期の情緒的発達について学ぶこと、つまり実際の赤ん坊について学ぶことと、観察をしている中での観察者自身の反応から学ぶことに要約されます。このうちの後者のカテゴリーには、訪問している間に観察者がどうやって居場所を見つけるのか、また家族の他のメンバーに観察者がいかに同一化するのかといった問題が存在します。さらに、不安や不確実性や計り知れないほどの無力感にどのように反応するのか、そして観察をしているという情緒的な刺激に押されて観察者自身の個人的な問題が露呈してしまうという問題も含まれます。

　観察は非臨床的な設定の中で行われます。そこでは観察者は、信頼され、侵入的ではなく、親しみがあり、何か惹きつけられる人として存在し続けることを求

第1章　原始的不安に出会うこと

められます。この経験は、研修生に潜在的な適性や臨床活動への欲求について多くのことを見出す機会を与えてくれます。その意味では、乳幼児観察は臨床の現場に出る前の訓練プログラムの中でも最高のものであり、セラピストとして働くのが適しているかどうか判断する上で、とてもよい指標を研修生と訓練者に与えてくれると言えます。セラピストになることがすでに決まっている場合、乳幼児観察をする中でとても強い感情にさらされることは、若手のセラピストにとってとりわけ何ものにも代えがたいものになります。それは、観察者自身が情緒的なものが激しく動いている場所に引き込まれていってしまうといったことや、自分自身のバランスを維持するために奮闘するといったこと、さらに乳幼児の情緒生活に備わるおそらくこれまで馴染みのない混乱と乳幼児期の計り知れない力に見舞われるといったことです。学ぶことのこうした局面は、ウィルフレッド・ビオン（Wilfred Bion）がはっきりと定義した、知的な活動としての「それについて学ぶこと」と、聖書的な意味としての「知ること」に類似した、ある種の知識へと導く「経験から学ぶ」ことの区別に深く関連しています。「経験から学ぶ」ことは、何かのあるいは誰かの中核となるもの、あるいは根本となるものに触れることです。これがまさに得ようとする知識のある形であって、深い感情で満たされる経験なのです。

　セミナーでの研修は、観察場面での転移と逆転移が観察者に徐々に明らかにされる点でとりわけ重要です。たとえば、観察者は初回観察に先立って家族と最初に電話でやりとりをしたときに、思いもよらない扱いを受けたと感じることがあるかもしれません。観察者は家庭の中での赤ん坊の発達について学ぶことに関心があること、そして子どもの発達の専門的な勉強の一環として観察を引き受けてほしいことを説明するように指導されます。すわなち、セラピーやメンタルヘルスに関するあらゆることへの言及を避け、赤ん坊の関係性、能力、活動の発達の重要性を強調し、観察者がいても家族が日常の生活のパターンを変えることなしに普段の生活の場面で赤ん坊を観察したいことについて説明します。しかしながら、家族の期待としては、たいていは母親を介して、観察者を子育てのエキスパート、つまりあらゆる専門的知識を持っている人として見なしたり、あるいは、人生における基本的なさまざまな事柄、特に子育ての基本について教えることのできる人として扱ったりするなど、多岐の理由にわたります。セミナーで互いの

第Ⅰ部　理論と方法

経験を話し合うことは、観察者が家族の中でどのような役割を与えられているかに気がつくことができるという点でとても役立ちます。この観察者に与えられた役割は、単に観察者の現実的な知覚する能力に基づいているだけでなく、さらに基本的に母親の内的世界に関連した期待にも基づいていることに敏感に気がつくことができるでしょう。観察者は家庭の中で観察する者として居心地のよい場所を作るために、必要な情報以外は個人的情報を開示しないように指導されます。また、まったく何もしない受け身の存在ではなく、むしろ母親や赤ん坊、他の家族の動きに対する受容的な聞き手としての観察者の役割を果たすことが求められます。もちろん、観察者がだんだんと家族とわかり合うにつれて、観察者が果たす役割は相当大きくなります。さらに、赤ん坊が遊びやのちに会話の中で主導権を握ることができるようになるにつれて、私たちは観察者の役割についてたくさんのことを理解しなければならなくなります。

　観察者が新たな課題に取り組む時に生じやすい不安と、出産後数週間に母親と乳幼児が共に見舞われがちな不安を区別することは有用のように思われます。しかしながら、これらのふたつの異なる不安の源泉は、あるところでは互いにつながっていて、相乗効果を生み、状況を多かれ少なかれ耐えられるものにしているのです。どうなるかは互いの持つコンテイニングする能力によっているのです。

　まずはじめに新米の観察者が抱く懸念について考え、それがどこから来るものなのか考えてみようと思います。セミナーグループの全員が観察という設定の侵入的な側面に囚われてしまうことがよく見られます。観察者は家族の親密な関係の中に入っていくのであり、決して単に社交的な訪問ではなく、本当に小さな存在である乳幼児を養育する場面に接近していきます。観察者は授乳や入浴、抱っこ、乳幼児に対する母親のすべての反応を観察することで、自分の人生における最も傷つきやすい乳幼児期のいくつかの瞬間を思い起こすことになるでしょう。感情は多くの場合、ただの表面的なものというよりもむしろ、突然はじけるように表出するものです。観察者は母子の親密な関係に否応なく直面させられることになります。それは母乳で育てようとすることや乳幼児の身体的ケアももちろん含まれます。生まれたばかりの赤ん坊の小さな体、ぐらぐらと動く頭、巨大な目、柔らかな皮膚は、しばしば観察者に衝撃を与えるでしょう。たとえかつて子育ての経験があったり、赤ん坊と関わる仕事に携わっていてもそうなのです。観察者

16

第1章　原始的不安に出会うこと

の立ち位置では、乳幼児の世話をするなど、通常の大人としての積極的な行為は控えられます。そうした大人の役割をとらないことは、乳幼児の感覚からより多くの衝撃を受ける心的空間を作り出すのです。観察の新米である観察者は、同時に赤ん坊の経験を深く自分のものとして経験できるので、赤ん坊をだんだんと知っていくという課題を持った母親にも同一化するように引き込まれていきます。この課題は子どもを初めて持つ母親にとってとりわけ圧倒されるものではありますが、たとえふたり目以降であっても、乳幼児は一人ひとり違うため、母親にとって子育てはいつも新しい体験なのです。

　観察者は見るということが、親密な関係性に入り込み、それを壊してしまわないかととても不安になります。セミナーグループでは、この不安がこの研修のやり方に対してひどく批判的になる形で表れることがあります。このとき、グループは観察がのぞき見的な態度に帰着してしまうことを懸念します。セミナーのリーダーは、見るということで喚起される不安について詳細を明らかにしなければなりません。観察者は観察をする中で要求されることと、その観察が興味本位のものへと変わってしまう恐れを区別することができるように手助けするのです。興味本位のものとは、たとえば、グループの機能を優れているものと見なすために、グループが両親の親としての資質をひとりよがりに判断することです。また、家族としての強さや喜びなどよい部分をきちんと認識することなく、家族の困難な経験について勝手にあれこれ探ってみることです。あるいは、観察に備わる身体的、とりわけ性的な局面によって性的に興奮させられるという、子どもじみた気分を持ったりすることです。

　観察の流れの中では、これを熟知していないとつい行動に出てしまいがちになります。これは母子のカップルを観察していると、観察者の乳幼児的自己が痛いほど刺激されるからです。さまざまな形で観察者のこころの中でいろいろな葛藤が湧き起こるのです。たとえば、観察者は、ライバルとして母親と競争していたり、無視されてしまっている年上の子どもになっていたり、何でもしてくれる祖母になっていたり、完全に切り離されてしまった第三者だったり、そうした感情が自分自身の中に押し寄せてくるのを時に感じるかもしれません。観察者自身に赤ん坊のときに無意識的な感情を経験した記憶、実際の母親であることや、将来自分が母親になることの恐怖や期待が湧き上がってきます。また、観察の早期に

第Ⅰ部　理論と方法

は男性観察者の位置はとても微妙なものとなります。母親が母乳をあげるときには、母親と観察者双方がこの母乳をあげるという身体的な親密さを乗り越えるすべを見つけなくてはなりません。というのも、こうした親密さは西欧文化において女性とパートナーでない男性との間ではやはり普通のことではないからです。実際のところは、父親が観察の場にいることがこの状況を何とか受け入れやすいものにするのかもしれません。あるいは、母親のほうが観察者が来るときには授乳しないようにしてこの状況に対処するかもしれません。

　この種の心配は、見るということに無意識的にとても重きを置いていることから生じてくるのです。見るということは、見守ること、興味を示すこと、誠実さを抱くこととして感じられます。しかし、反対に、（穴が空くほど見つめるというように）傷つける手段として用いられたり、（"嫉妬のまなざし" というよく知られた表現のように）嫌な感情を投げ入れるために用いられることもあります。また、（鍵穴からのぞき込むというように）与えられたものの境界の向こうに侵入するために用いられたり、あるいは（遊園地の歪んだ鏡や蝋人形のように）わざと歪曲されたものを見ることで真実を避けるために用いられることもあります。このように、見るということは、ある種武器として使われるように感じられることもあるのです。

　観察に行けるように手はずを整えたり、観察に行き始めたばかりの頃に適切に自分をコントロールするために行うひとつひとつの実際の事柄を通して、関係を結ぶ最初のステップに本質的に備わる不確かさが明白なものになります。そして、その不確かさは、時間をかけてじっくりと考えることが大切です。この経験は研修生が臨床で初めて自分のケースを持つときにとても役立つでしょう。この経験には、どのように自己紹介し、自分が部屋のどこに居ればいいのか、どのタイミングで座ればいいのか、コートは脱ぐのか、出されたお茶を飲むべきか、といった基本的な振る舞いが含まれます。また、研修生は赤ん坊を新しく迎えるという難しい状況にある家庭の中で、まだ幼い年上の子どもが観察者の気を引くように、あるいは脅すように、邪魔するように、愛情を欲するように近づいてくることに対してどのように反応するのか、という経験についても考えなくてはなりません。さらに、観察中の来客に対してどのように対処するのか、どうやって観察を終了し退室するのかなどの事柄も、すべてとても大切な問題なのです。観察の間にどのくらい会話をするのか、個人的な質問にどのように対応するのか、と

第1章 原始的不安に出会うこと

いうことも問題とされるでしょう。また、一般的には個人的な関わりと専門的な
関わりの間にあるような関係性を家族との間でどのように見つけ出し、それを維
持していくのか、これらの問題もやはり何度も生じてくる、非常に重要なセミ
ナーでの課題なのです。研修生は自分なりの解決策を見つけ出すこと、またその
解決策の不完全さに気づくこと、あるいはその不完全さを取り除こうとする経験
をするでしょう。こうした経験すべては、観察者にとって非常に苦しい挑戦でも
あるわけです。

　たとえば、ある観察者は初めての訪問日に、急な用事で出かけるために母親に
その間赤ん坊を見ていてほしいと頼まれました。観察者はジレンマに陥りまし
た。観察者は、新米の母親のどうにもならない気持ちに応えたいと思っていまし
た。母親は赤ん坊に対する細やかなケア（「赤ん坊を動かしたら起こしてしまうだろう」と
いう懸念）と家庭生活で担っている責任をどうやって両立できるのかわからなかっ
たのです。しかし他方では、観察者は、母親と赤ん坊の両者と自分が一緒にいら
れるような観察の場を位置づけたいと思ってもいました。いったいどうしたら観
察者は母親に対して気取ることなく、また変に思われずに、あるいは役に立たな
い者と思われたり、腹立たしい思いを残したりすることなく、自分の興味を伝え
ることができるのでしょうか（もうひとつのジレンマとして、多くの母親は、観察者が寝て
いる赤ん坊に関心を持っているとは微塵も考えていないことが挙げられます。赤ん坊が寝ていると、
母親は観察者と何か話をして、もてなさないといけないと思うかもしれません。または、驚くべき
ことに赤ん坊を観察者に預けてしまい、赤ん坊が起きたら知らせてくれるだろうとさえ思うことも
あるようです）。観察者は、一度ベビーシッターのようになってしまうと、なかな
か次から断りにくいものです。この観察者はその後何か月も母親と赤ん坊を一
緒に見ることができるよう格闘しなければなりませんでした。この母親は自分は
社会的に十分にサポートされていないと感じていて、観察を通して、自分のこと
をこうした形で助けてくれる信頼のおける人に出会えたと感じていました。です
が、別のところでは、観察者は自分ではなく赤ん坊を見に来ていて、自分は関心
を持ってもらうに値しない人間なのだということを強く感じてもいたのです。

　このケースは観察者に課された難しい局面を浮き彫りにします。つまり、観察
者は、母親が乳幼児のレベルでまったく異なる状態で反応するだろうことを念頭
に置きながら、いかに適切に大人としての母親と向き合うべきかという課題で

第 I 部　理論と方法

す。観察者がベビーシッターになるのを期待されることは、比較的よく起こることなのですが、それは時にプレッシャーを感じながらも十分に社会的にサポートされていない母親の姿を映し出してもいるのです。さらに、そのことは母親の内心の自己肯定感の低さや、そもそも赤ん坊と一緒にいることの難しさ、あるいは赤ん坊への敵意という母親にとって重要な問題を反映しているのです。

　たとえば、ある観察者は一度ならず約束の時間に行くと母親が家にいないということを経験しました。または、時に赤ん坊が家にひとりでいて、「すぐに帰ってきます」と書き記された母親のメモがドアの下に挟まれているのを見つけたり、その他似たような状況に遭遇しました。あるときには、観察者は家の中で赤ん坊が泣き叫ぶのを聞きながら、母親が帰宅するまでなすすべもなくただ待っていなければならないこともありました。こうしたことが起きると、観察者はどれほどの苦痛や危険に赤ん坊が晒されているのかを推し量って、切羽詰まった不安を抱くことがあります。そして、自分がとるべき責任について慎重に検討しなければならなくなります。特に今述べた観察においては、母親が育児への責任を十分にとることが難しいという事実が、早期の段階で示されました。その後、赤ん坊が動けるようになると、危険なものがないか母親が吟味することなく放置されることが、さらに目につくようになりました。観察者はどのような関わりが最も母親の支えとなるのかを考えなければなりませんでした。つまり、母親が見ないでいることを何とかしようとし、状況を悪くせずに母親にその問題に気づいてもらい、より多くの援助やうまく育児をしていくための前段階としてのサポートが必要であることを母親にいかに伝えるのかといったことをじっくりと考えなければならなかったのです。

　深刻なネグレクト、虐待的行為、あるいは性的虐待が明白な重篤なケースでは、セミナーグループで観察者がそういった養育環境に対してどのような態度をとればよいのか話し合われるでしょう。というのも、そういう状況では子どもを法的な責任下でケアするような外的機関が必要となるかもしれないからです。多くのケースでは際どい環境がほとんどです。観察者は母親は観察者がいるために安心して、自分の脆さという言わば母親側の問題を観察者に伝えようとして危険な行為を行っているのか、もしくは、観察の時間以外にも、赤ん坊が危機的状況に置かれ続けているのか、知りうる立場ではありません。観察の流れを注意深く詳細

第1章　原始的不安に出会うこと

に迫っていくと、こうした問題をはっきりさせることができるかもしれません。しかし、毎週訪れている観察者は長い期間にわたって、大きな不安を抱え続けなければならないのは明らかなことです。こうした極端なケースでは観察者が不安定な立場に置かれることがよくあります。観察者は家族にとっては訪問者なのです。その際、観察者がケースワーカーや警察官と同じく招かれざる客として振る舞うことと、自分の臆病さや混乱、あるいは深く考えないで家族と共謀することで、子どももしくは両親の最善の利益を台無しにすることとの間に生じる緊張感に耐えることはとても辛いことです。また、子どもの虐待の定義を心理的な虐待まで広げると、虐待が疑われる家庭の数は増えており、懸念されます。セミナーは観察者が不安を抱える上で不可欠な役割を担います。そして、観察の場で起きている事柄の全体について検討するための空間を与え、時間をかけてじっくりと考えることの大切さを示します。それゆえ、観察者は不安なあまりあまりにも尚早な行動に走らないですむことができるのです。しかし、状況によっては公的な介入が必要となることがあります。そして、観察者もまた、家族に支援を求められている立場に自分がいることに気がつくでしょう。

　また、観察者と家族が話し合わなくてはいけないことがひとつあります。それは変化や観察の間隔が空いてしまったときの反応について考えることです。その思索の中で、これからセラピストになろうとする人は、ごく日常的な理にかなったことの中に、無意識にとても大きな影響を与えうる力が働いていることを深くこころに刻みつけることとなるでしょう。赤ん坊の家族のところに決まった時間に行くようにするその理論的背景は、患者を治療するときの状況と同じようにしようとしているためではありません。むしろ観察者が十分に考えた上で振る舞うことを求められるからです。家庭に定期的に訪問することがどれだけの影響力を家族に与えるのかということ、家族が前もって観察者が来るときをわかっていることは必要なことで、観察者にとっても詳しく赤ん坊を観察するために適切な枠組みが必要なことがわかってきます。しかしながら、定期的な訪問は、セラピーの中で明らかになるのと同じように、観察に対する転移、逆転移の反応に焦点が当たるようになります。そして、この事実は訪問の時間を変更しなければならなくなったときに、一瞬ほっとする気持ちが出てくることに現れるかもしれません。したがって、訪問時間を変更することは非常に逆説的な問題を孕んでいるこ

21

第Ⅰ部　理論と方法

とがあるのです。

　たとえば、ある観察者は自分が受けている精神分析の時間について変更してくれないかと分析家に言われました。そのときに、観察者は母親に突然、観察の時間を午後の遅い時間から朝の早い時間に変更してほしいとお願いしたのです。この時間の変更は母親には不都合なものではなく、おそらくある部分は母親にとっても都合の良いものだったのでしょう。しかし、一見受け入れられたこの性急な依頼は、その後観察に混乱をもたらし、母親は連続して観察をキャンセルするようになりました。その後も混乱が続き、観察者は家の玄関で待ちぼうけをくらったり、母親がいたとしても、見たところ準備されておらず、困惑した表情で、まだガウン姿の母親に出迎えられることがありました。観察者が母親に時間の変更を依頼したことで、自分の精神分析の時間が変更になった困惑を母親と赤ん坊に伝えてしまったことは確かなようです。つまり、観察者自身が受け入れられない感情を投影してしまったのです。

　観察はその後、このちょっとした、しかし少なからず観察に影響を与えた問題も収まり、観察のリズムを取り戻すことはできました。けれども、後に、そのときの傷つきが十分に癒えていなかったことが明らかになりました。家族は引っ越しすることになりましたが、事実新しい家はそれほど離れたところにあるわけではありませんでしたが、母親は新しい家では観察を続けたくないとはっきりと決めていたのです。その小さな女の子（今や16か月になっていました）は観察者が来ることをとても楽しみにしていましたし、母親自身も明らかに観察者に親しみを持ち、娘の成長を楽しげに観察者に話していたにもかかわらず、こうしたことが起こってしまったのです。家族の引っ越しはちょうど観察の夏休みに差し掛かるころでした。そしてどうやら母親は、今度は自分自身が観察の設定をコントロールし、観察者にショックを与える立場になってやろうと決意していたようでした。観察者はこれまで築き上げてきて、今後もある期間継続すると期待していた関係性を失うことがどれほどこころに痛みを与えるのか身をもって思い知らなければなりませんでした。観察者は当然、自分がどのような役割を取っていたのか、自分の以前の行動が観察を中断に追いやってしまったのか、じっくりと考えなければなりませんでした。臨床の設定とは異なるため、観察者はこれが変化や分離、喪失に対する母親の乳幼児的反応であるという解釈を伝えることはできませんでし

第1章　原始的不安に出会うこと

た。そうできれば、何らかの解決策を見出すことができたでしょうが、この場合、観察者は代わりに、拒絶や非難、罪悪感を単に飲み込むしかなかったのでした。

　もっと細かいレベルでは、観察者は観察を長く休む時には、十分に気を配って休みに向けて準備する必要があるでしょう。また何度か休みについて確認する必要があるでしょうし、休みの後に観察に戻ったときに戸惑うことがあることもこころに留めておいたほうがいいでしょう。休みが終わり観察に行くと、玄関に「今日はだめ」と書いたメモを見つけることはよくあることです。また赤ん坊が観察者のことがわからなかったり、そっぽを向いたり、困惑しているように見えたり、あるいは、母親が距離を置いているように見えることもあるでしょう。困惑、傷つき、怒り、再発見、許しなど赤ん坊はさまざまな表情を見せながら、観察者が休みの間いなかったことから実際に元に戻るまでにはとても時間を要します。そのため、ずっと観察をし続けることは、計り知れないほど意味のある経験なのです。

　これから乳幼児観察セミナーの中で議論されたある1回の観察記録について示したいと思います。この観察の報告は、母親と乳幼児のふたりの生活が始まったばかりの数週間、数か月に特徴的な早期の不安や防衛がよく描かれていると思います。観察記録を提示した後に、観察の中で行われた交流のいくつかの局面や観察者がどのような役割を担っているかについてコメントしたいと思います。最後に、この経験から観察者は何を学びうるのか、という問いに戻りたいと思います。

生後5週目のマイケルの観察

概要

　マイケルは若い労働者階級のカップルの間に生まれた最初の子どもでした。父親と母親はそれぞれ23歳と20歳で、数年前に結婚し、労働者が多く住むロンドンの郊外のある町に住んでいました。両親は新しい家の購入を決めていましたが、引っ越しの準備が整うまで母方の実家に身を寄せることにしました。そのため、出産の直前とマイケルが生まれてからの最初の数週間は、母親の実家での暮

第Ⅰ部　理論と方法

らしとなりました。観察者は、マイケルが生まれる前に、毎週の観察が可能かどうか話し合うために両親を訪問し、ふたりとも観察に同意してくれました。マイケルが生まれたばかりの時、観察者は病院に母親とマイケルを見舞いに行き、短時間ふたりに会いました。そして退院後、マイケルが生後10日目のときに家庭でより長い時間ふたりに会いました。この報告は定期的な観察が行われてから4回目のものです。マイケルの父親は電気設備サービスの仕事をしています。また母親は地元の大きな病院で受付の仕事をしていました。マイケルの父方と母方の祖父母は両者とも働いていました。

観察記録 (原注1)

　　母親は笑顔で出迎えてくれた。「昨夜は大変だったの」と言うと「マイケルは今寝ているわ」と続けて言った。確かにマイケルは入り口のドアの近くに置いてあるベビーカーに寝かされていた。マイケルがベビーカーで寝るのは初めてのことだった。マイケルはうつ伏せになり、片側に顔を向けて、毛布の下で両足を動かしていた。母親は私に席を勧めると、マイケルが昨夜2時まで寝なかったことや、朝の5時には目を覚ましてしまったことについて堰を切ったように話し始めた。母親は「マイケルを殺しそうよ」と言った。さらに「だって夜はずっと起きていて、昼間はずっと寝ているみたいだから」と話した。このとき、テレビの音がけたたましく鳴っていたため、実際会話をするには互いの声が聞こえなかった。母親は立ち上がり、少しだけテレビのボリュームを下げた。母親は「全部お父さんが悪いのよ」と言い、「だって、お父さんはマイケルが泣くとすぐに抱き上げてあやすものだから、抱き癖がついてしまったの」と続けて言った。

　　母親は続けて「マイケルが起きたとき、夜は大変なの」と話した。というのは、母親はマイケルにおっぱいをあげているときについ寝てしまうためだった。マイケルは2時間ごとにおっぱいを欲しがった。そして母親は「最低2時間なの」と付け加えた。「たとえばこんなふうなの。夜になると6時間かそのくらいになると思うわ。でも時間ってあっという間に経ってしまうでしょう。マイケルにおっぱいをあげるのに30分はかかるし、1時

第1章　原始的不安に出会うこと

間半後にはまた欲しがるのよね」と話した。母親が相談できる人は定期的に訪問してくれる保健師だけで、その保健師は赤ん坊を寝させるために薬を使ってみたらどうかとアドバイスしたとのことだった。しかし母親は薬を使うことに乗り気ではなかった。私は母親に「本当に疲れているのですね」と伝えた。すると母親は「そうなの。自分がマイケルに縛りつけられていると感じるわ」と答えた。母親は金曜日の夜に友人の家で開催された仮装パーティーに参加したそうだが、ほんの2時間しかいられなかったとのことだった。

　このとき玄関のインターホンが鳴った。（中略）その後、私はマイケルの父親が窓越しにこちらを見ていることに気がついた。母親は「あらっ」とやや驚いて、玄関に行きドアを開けた。家に入ってきた父親は「やあ」と言いマイケルを見た。父親は「寝てるんだね」と言った。母親は「しーっ」と言ったため、父親は「わかったよ。もうやめるよ」と返事をした。このやりとりは、父親がマイケルの邪魔をしたり、マイケルに対して適切なことをしないのではないかと母親が懸念していることからきているようだった。父親は新しい住宅ローンに関する書類を母親に渡した。そして「ほら、サインして。これで人生も終わりだね」といたずらっぽく母親に言った。母親は書類にサインするとローンの額を尋ねたので、父親はそれに答えた。そして、母親はまだ家にいることができるかどうか父親に尋ねた。父親は「戻らないといけない」と言うと、にこやかにあいさつをして出て行った。

　マイケルはこのときわずかに動いて、少しぐずった。母親はマイケルが寝ているかどうか確認した。マイケルは再び寝入り、一瞬沈黙が流れた。母親は疲れているように見えたが、自分を奮い起こすようにして、夫と義理の父親が新しい事業を始めようとしていることを話した（その後その事業について詳しく話した）。（中略）それから母親は悲しそうに、「私と夫の間で、平日の夜は自分がマイケルのために起きるようにして、週末は夫が起きるように話し合ったの」と言った。そして、「でも今は、新しい事業の準備のために毎週末、夫は働いているから、夫との間で取り交わした約束は無効になっているの」と話した。母親のもうひとつの悩みは、今週の金曜日に新しい家の権利が手に入る予定だが、夫が内装は自分でやると言い出した

25

ために2週間は引っ越しができないことだった。「夫は今内装を先延ばしにしているの」と言い、「どこからかカーペットも調達しないといけないし」と話した。そして、「もし夫が内装するつもりがないなら、すぐにでも引っ越ししたほうがいいわよね」とさらに語った。

その後、母親は他に意識を移すように、マイケルのところに行きマイケルを抱き上げた。しかしマイケルはただぐずり始めただけで、まだとても眠い様子だった。母親はマイケルを抱きかかえて、「おっぱいが欲しいときは必ず泣くのよ」と言った。次に母親はマイケルを膝の上に座らせて、どうなるか見ていた。マイケルは、眠そうに何度も瞬きし、口と舌でおっぱいを吸う真似をした。そして、手をぎこちなく動かし、着ているセーターを口元に持っていこうとした。それから、偶然かあるいは、意図的に、自分の手を口元に持っていった。そして、顔をしかめて、低い声で泣いた。母親は責めるような声で「あら、どうしたの」とマイケルに話しかけた。そして「もう少し待てるわよね。前も同じことをしたわよね」と言うと、立ち上がり、マイケルを肩の上に抱き上げて、テレビのチャンネルを変えに行った。「テレビのチャンネルを変える間くらいは待てるわよね」とマイケルに話しかけた。

それから母親はタオルを取りに行き、マイケルを抱いたまま座り込んだ。母親が立ち上がったときにマイケルは泣きやんだ。それから、母親に乳房を近づけられると、食いついた貝のように何分間かの間必死でおっぱいを吸った。母親は黙ったましばらくの間マイケルを見つめていたが、その後「ビデオがあってよかったわ」と話した。「だって12時になるとテレビは終わって、それから何もないでしょう」と話した。母親は夜ビデオを見て、昼間は子ども番組を見ているようだった。私は、「クリスマス休暇とは対照的に、家族のみんなが外に働きに行っている今は全然違いますよね」と言った。母親は納得して、「みんなが帰宅すると助かるの。だって、みんなマイケルを抱きたがるし、私はお風呂に入ったり、自分の部屋に行ってドアを閉めることだってできるから」と話した。部屋の中は散らかしっぱなしで、掃除しなくてはいけない状態になっていた。母親は今朝マイケルがあまりにも泣くために、ベビーカーに乗せて公園に散歩に行ったこと

第1章　原始的不安に出会うこと

やそのために汚れたおむつなど全部床に放り投げたままになってしまっていることを話した。また、「朝食の後かたづけもできないままになることもあるの」と付け加えた。そして、母親はしばらく黙ったままテレビを見ていた。テレビの番組は子ども番組が終わり、古い映画に変わっていた。その映画はウィーンが舞台で、ある魅力的な女性がアメリカ人の男性と恋に落ち、結婚するという展開だった。そして、映画の中でその女性が「私の欲しいものは赤ちゃん」と男性に言うが、それを見ていた母親は何の反応もしなかった。どちらかというとぼんやりと画面を見ていた。そして母親はふと我に返って、マイケルを膝の上に抱き上げて、背中を軽く叩き始めた。マイケルの頭はがくんと横に曲がり、マイケルは少しの間うたた寝をした。そして母親の肩の上に抱き上げられると、しゃっくりを始めた。母親は再びマイケルを膝の上に抱き、マイケルに「もう少しでおむつ変えてあげるわ。まだおっぱい欲しいの？」と聞いた。母親がもう一度おっぱいをあげると、マイケルはとても熱心におっぱいを吸った。母親は「車の中ではよく眠るのよ」と話した。「数日前の夜寝なかったから、夫はマイケルを車に乗せて出かけてみようと提案したのだけど、私は自分が着替えるのも、マイケルに服を着せるのも嫌だったし、何より寒い外には出たくなかったの」と話した。「それにたとえ寝たとしても、服を脱がせるときにまた起きてしまうでしょうから」と続けた。この前日中にマイケルが泣き続けていたときに、母親は何もせず2階に上がって、しばらくの間マイケルをひとりにしたが、母親が戻ってきたときにはまだマイケルは泣いていたとのことだった。

　母親はマイケルのおむつを交換することにした。母親はコーヒーテーブルの上に敷いた敷物の上にマイケルを寝かせて、服を脱がせた。「もしおりこうさんにしていたら、しばらくの間足で蹴らせてあげるわ」と話しかけた。母親はズボンとおむつを脱がせて、マイケルのお尻を拭いた。マイケルはのどを鳴らし、ゆっくりと大きく息をした。そしてだんだんと静かになった。母親は「マイケルはこうされるのがちょっと好きみたい」と話した。マイケルはミルクを少し戻した。そして、母親がマイケルの顔を拭いていると、おしりから黄色い柔らかいウンチを出した。「こうなっちゃ

第Ⅰ部　理論と方法

うのよね」と母親は言い、「もう両方の出口からいっぺんに出てくるのよね」と話した。母親はちょっと怒ったように言ったが、注意深くマイケルのかかとを持ち上げて、マットについた汚れを拭いた。母親はマイケルが着ているベストも汚れているのを見て、汚れをきれいにふき取り、ベストを脱がせた。このとき、頭からベストを脱がせられるのをマイケルが嫌がると、母親は「あなたのせいだからね」と言った。

　マイケルはきれいにしてもらうと、満足した雰囲気があたりを満たした。母親は優しく話しかけてマイケルを笑顔にさせようとしたが、マイケルは母親を凝視し、手足をばたつかせた。母親は「マイケルは朝の4時にしか笑わないの」と私に言った。

　観察が終わる時間になった。私は母親に「今後の観察の時間も今日の時間でいいですか」と母親に尋ねた。母親は「問題はないのだけど、来週だけ別の時間のほうが都合がいいわ」と答えた。母親は「避妊のためのリングを装着しに病院に行く予定なの」と言った。そして、「前回の施術では気を失ってしまったの。だから、今回は局所麻酔がいるわ」と言った。私たちは次の観察の約束をした。母親はマイケルを抱き、玄関まで見送ってくれた。母親は「バイバイって言いなさい」と言ったが、マイケルは何の反応もしなかった。母親は笑いながら「マイケルは関心ないみたい」と言った。

マイケルの観察へのコメント

　この観察では、かなり抑うつ的になっていて、圧倒されているひとりの若い女性を見ることができます。マイケルの母親は父親が赤ん坊を甘やかすために困っていると感じています。父親にいたっては、夜助けてくれず、新しい家に引っ越すための準備よりも新しく始める自分の事業を優先して家を空けるために、不満に思っています。その上、赤ん坊の要求に自分は疲れ切ってしまい、赤ん坊は全然待てない子だと感じています。自分自身と赤ん坊のどちらが満足を得られるのか競争しているような印象も受けます。たとえば、テレビを見るかおっぱいをあげるか、自分が夜寝るか、夜中に赤ん坊の世話をすることを優先するかといった

28

第1章　原始的不安に出会うこと

ことです。マイケルの自分自身の母親のことはまったくこの会話に出てきません。それはまるで、マイケルの母親が自分のことを放置された幼い女の子と感じ、自分自身の赤ん坊を育てることを支えてくれて愛してくれる自分の母親の内的なイメージを失っているかのようでした。

　マイケルの母親がテレビにこれほどまで頼っているのは、母親が何とか生きる実感を得ようと試みていると理解することができるかもしれません。自分の脆さや空虚感を持たないように、また赤ん坊を殺したいくらいに憎らしく思っている気持ちを何とかしようとしている試みとも考えられます。母親は自分自身の赤ん坊に対して抱いている敵意に気づいており、自分が何らかのプレッシャーを感じていることをざっくばらんに観察者と話し合うことができています。どちらが注意を向けてもらえるのか赤ん坊と競っていることが特に印象的です。今は母親にとって、両親から愛情を注がれていた娘から親へとまさに変化しているときです。おそらくマイケルの母親は自分のことを自立した大人というよりもむしろまだ何か子どもとして見ており、赤ん坊がアイドルのような存在として自分の両親の愛情をすべて持って行ってしまったと感じているのでしょう。夫が赤ん坊に興味を向けることに敏感になっているのも、おそらく同じ理由からでしょう。最初の赤ん坊が生まれたときに両親の家に戻ったことは、マイケルの母親が以前に家族の中で、たとえば、妹や弟が生まれたときに起こるような、これまでの自分の安定した立場を失うという痛みを経験したことと関連があるように私には想像できます（観察のこの段階では母親にきょうだいがいるのかどうかわかりませんでしたが、後にいることが判明しました）。

　こうした辛い思いを抱えながら、母親はマイケルのところに行き、マイケルを抱き上げます。それはまるでマイケルに自分をなだめてもらい、しがみつき、自分がよい母親なんだという感覚を与えてもらおうとするかのようです。母親はこの時点ではマイケルの要求に反応してというよりもむしろ、自分の必要性に促されて行動しています。後でおむつを交換するときには、赤ん坊が敷物を汚したことにより、自分が責められていると感じます。そして、洋服を着替えさせられているときにマイケルは嫌そうにしていましたが、母親は、そうした不快感のすべてやそのときに自分が汚れたものを始末しなければならなかったことをマイケルの責任にする傾向がありました。

29

第Ⅰ部　理論と方法

　そうした間、マイケルは自分が何を感じているのかよくわかっているようです。マイケルは勢いよくおっぱいを吸い、お腹が空いていることをうまく母親に伝えています。マイケルが目覚めているほんの数分間の間にも、すべてのものがマイケルの口に中に引っ張り込まれています。マイケルの注意がすべて口の感触に向かっていることは明らかです。マイケルの手が自分の口元に行ったときに、マイケルはある違いを感じて目覚めたように感じられます。つまり、その違いとは、マイケルの空想、おそらくここでは夢の中で何かを口に入れたという満足感と本物の食べ物や本物の乳房をしっかりと口に含みたいという欲求の違いです。母親に抱かれておっぱいをもらっているという経験を通して、マイケルは母親とつながっているという安心感を得ることができ、さらに母親はその存在の一貫性や熱心な注目、そしてマイケルが食べ物やつながりを求めることに対して統合的な反応を与えることができるのです。観察者はマイケルが眠そうでどこかまとまらない動きをするときとおっぱいを吸うときの静かな集中した感じがとても対照的なことに目を向けています。マイケルにおっぱいを与えながら、母親は自分にはテレビが必要なことを話します。これはまるで、マイケルが母親の関心を集め、抱えられおっぱいを与えられているときに、不安になり、苦しんでいる、不確定な母親の部分が自己主張し、他の何かに抱えられていると感じることでそうした部分が収まったように母親は無意識には感じているようです。また、このようなやり方で、潜在的には圧倒的に混沌とした、バラバラな感情から自分を守っているかのようです。煩わしい身体的な汚物が部屋を汚してしまうと言ったときに母親はこうした感情に触れていると思います。

　観察者はマイケルにも母親にも共感的でした。マイケルに対しては母親がうまく自分のニーズに対応したり、自分の感情を受け止めてくれないことについて共感しています。また母親に対しては、混乱した早期の不安をいっぱい感じながら、何とかこなそうとしていることや内的にも外的にも自分を支えるものと関われないと思っていることについて共感しているのです。また観察者が訪れることで母親は孤独感や孤立した感覚から解放されて、ある種ほっとした気持ちを抱いているように感じることも付け加えておきます。観察者自身も母親から自分に注意を向けてほしいというような圧力を感じていました。そのため、観察者が思うようにマイケルの行動を細部にわたり観察することは難しかったのです。

第1章　原始的不安に出会うこと

ディスカッション

　この観察記録は特に、産後にありふれた母親の抑うつ的な気分が描かれています。それは母親のこころの中の乳幼児的な部分が蘇ってくる体験でもあり、また母親と赤ん坊がともに経験する早期の不安が頂点に達する経験でもあります。母親は生まれたばかりの赤ん坊を世話する中で、昼も夜も区別がなくなってしまうこと、そして、自分の許容範囲を超えてしまうぐらいの混乱した状況や汚れたものであふれ返ってしまうこと、また赤ん坊が次々といろんな欲求を自分に向けてくることで自分が脅かされているように感じています。母親は、これまでの自分の生活があとかたもなくなってしまい、赤ん坊にミルクを飲ませる機械に自分がなってしまったと感じているのです。母親はマイケルや夫、自分の父親に怒りを向けていますが、そうすることで何とか自分の中でまとまりを保持し、バラバラにならないように防いでいるのです。マイケルが服を脱がされたり、替えてもらっているときに嫌がるのは、身体的に無防備になった感じがして不安になっているからなのです。ですが、マイケルはおっぱいをもらうことで自分がひとつにまとまる感じを抱けているのは明白です。また、マイケルがかなりの柔軟性を持っていることやマイケルの強さに対して母親が頼もしく思っていることが、時々ですが観察の言葉の端々に感じられます。これらは今後母親とマイケルの成長の明白な印となるでしょう。

　この観察者はセミナーに参加したときには、観察で経験したことについてかなり狼狽していました。というのは、母親の怒りや責め立てられているという感じがとても強いので、その感情が特にマイケルに直接向いているときには、観察者は耐えられないように感じていたからです。同時に、母親がざっくばらんに観察者と会話をすることに驚いていました。たとえば、赤ん坊が際限なくお腹を空かせることに対して母親がどう思っているかについて、共食い的なジョークで表現したり、家に対して持っている嫌な感じをあけっぴろげに地下の棺桶について話す中で表したりといったことです。ですが、観察者にとって最も大変だったのは、マイケルが母親に時折無視されたり、邪険に扱われたりしたときにとても痛々しそうにしていることや、母親がかなり混乱しているのを見ていなければならないことでした。母親は両極端の方向に激しく引っ張られているように感じていまし

31

第Ⅰ部　理論と方法

た。母親は一方では助けを求めており、観察者はそれぞれが安らかになることを願っていましたが、ケアしてもらうことや注意を向けてもらうことにおいて、マイケルとの間で無意識の激しい競争心があることも母親の中に見て取ることができます。そのために他の家族は、母親をうまく助けられなくなっていました。観察者は1時間の観察ですらぐったりとしてしまいました。母親の疲労感に影響されたのでしょう。観察者はこの観察で矛盾した気持ちを味わわなければなりませんでしたし、マイケルの中にはっきりと認められた、生きようとする衝動の力強さにもかき乱されていました。

　こうした早期のこころの状態を観察することから受け取る衝撃によって、観察者は当然痛ましいほどに不安になることもあります。セミナーは観察者のかなりの支えになりますが、観察記録を書くことは観察者の大人の部分の能力を引き出すためのものでもあります。観察者の中にはとてつもなくこころが揺り動かされてしまい、個人分析を希望するようになる人もいます。ですが、これは臨床に携わっていく中で必要なひとつの前段階なのです。

おわりに

　乳幼児観察が研修生にとって臨床に携わるための準備として役立つことをいくつかの局面を通して述べました。最後に簡潔にそれらのポイントを述べて、本章を終えようと思います。観察は、同じ時間や同じ頻度で訪問するという観察の設定と長い休みなどで観察のリズムが変更されたことによって生じる混乱について注意を払う必要があります。また、観察の中で何の判断も下さず、ただ集中して注意を注ぐことで生じてくる転移の側面と、逆転移の特徴を見分けることができます。逆転移は、観察者の個人的な無意識の反応として観察に侵入する部分（古典的な意味での逆転移に相当します）と、他方、家族から投影されたと考えられるものが観察者のそのときの感情に表されることがあります（これは現代的な意味での逆転移にあたるものです）。

　観察の場で起こってくる感情の多くはとても強いものです。おそらく言語以前のコミュニケーションが起こっていて、転移、逆転移について考えるのはとても

第1章 原始的不安に出会うこと

重要なことで、乳幼児について学ぶ中でのとても意味のあるもうひとつの側面と関連しています。それはその後発達していく乳児のコミュニケーションへの感受性です。研修生は通常の投影同一化を受け取ることを学ぶことができ、乳児の身体言語を理解することができます。そして、前言語的な経験についてどうにか言葉を紡ぎ出すさまについて学ぶことができます。これは患者のセラピーにおいて乳幼児的転移を扱わなければならない時には、特に有用な研修になるでしょう。すべてこれらの特徴は、とりわけ沈黙している患者とのセラピーで助けになることがわかるでしょう。患者のほんのわずかな体の動きが、今何が起こっているのかを知る上で有用な手がかりとなるかもしれません。とても小さな子どもとのセラピーで助けになることは明らかですが、心身症の患者とのセラピーでも同様に助けになります。

　しかしながら、乳幼児観察で最も意味のあることは精神分析的態度を身につけていくことです。精神分析的態度は、長い時間をかけて観察によって検証される仮説を組み立てていくという科学的思考を含めなければなりません。2年間の乳幼児観察は精神分析のこうした側面へのすぐれた導入となるでしょう。こころの中で何かに反応し起こってくる感情に気づくことができる、情緒に対する感受性が徐々に発達していくこともとても重要なことです。ビオンは、母親の夢想の状態と乳幼児との早期の情緒的コミュニケーションの関連について述べています。そしてこれに似たことがよい観察者になるために、またよいセラピストになるために必要なことなのです。これはこころの中のある空間を必要とします。その空間は、考えが形づくられ始める場所であったり、ある経験がとても混乱したものであっても、それらの意味が明らかになるまでまとまらない形でこころの中で保持される場所なのです。このようにこころが働くためには、不安や不確実さ、不満、無力感、攻めたてられること等に耐える必要があります。これはサイコセラピストに要求される個人的な資質なのです。

精神分析理論と早期発達論

ジュディ・シャトルワース
Judy Shuttleworth

はじめに

　成人患者が現在どのように生きているかについて考えると、その人の早期幼児期、さらに乳児期まで遡る複雑な歴史があります。そのことは成人を対象とした精神分析的臨床の経験を通して、長い間支持されてきました。そのため分析家は、早期の発達に対して関心を持っているのです。この関心は最初は、主に成人や子どものセラピーを通して追究されました。ですが当初から、こころの機能の早期モデルや乳幼児の経験の性質を研究するために、自然な設定の中で繰り広げられる幼児期や乳児期の子どもを直接観察したいという関心もありました (Freud 1909, 1920; Klein 1921, 1952a; Winnicott 1941) ^(原注1)。そして1948年にエスター・ビック (Esther Bick) ^(原注2) は、ジョン・ボウルビィ (John Bowlby) ^(原注3) の支援を受けながら、タビストック・クリニックにおける子どものサイコセラピストに対する主要な訓練のひとつとして、乳幼児観察を確立したのです (Bick 1964)。

　本章では、精神分析的発達理論のすべてを網羅するのではなく、こころと情緒の発達に関するある特定の精神分析的モデルを概説します。そのモデルは、この4人ばかりではありませんが、主にはクライン (Melanie Klein)、ウィニコット (Donald Winnicott)、ビック、ビオン (Wilfred Bion) の研究をもとにしています。ここではそれぞれの研究について説明するわけでも、その4人の立場の違いを明らかにするわけでもありません。むしろ、4人の研究から得られた乳幼児の発達についての考え方、大まかに言えば、タビストック・クリニックの精神分析的観察コース^(原注4)の指導者の間では伝統的な考え方として共有されているものの一部を概説するつも

第2章　精神分析理論と早期発達論

りです。このアプローチに馴染みのない読者にも役立つような形で、関連する精神分析的考え方を述べるようにしました。多くの点で、主に原注の中で、発達心理学(原注5)において現在議論されている問題のいくつかをこのモデルに関連づけて示しました（研修生は子どもの発達に関する学術的な文献を復習する別のコースにも出席しています）。

　精神分析理論は漸次発展してきました。それは不変の定説ではありませんし、均質なまとまりのあるものでもありません。むしろ、精神分析理論は数多くの異なった、発展するより糸から成り立っているのです。それは人間のパーソナリティの本質についての考え方であり、主として臨床の場の要請に応えるものとして生み出されたものなのです。これまでさまざまな理論上の概念が重要な発展を遂げ、また衰退しました。その盛衰は反駁や確証を通してではなく、連続した思考の流れの中で生じてきました。これから述べるモデルは、過去50年にわたる英国の対象関係論の伝統(原注6)の中で生まれてきたもののひとつで、もともとクラインと当時のクラインに近い同僚たちの分析家グループの研究(原注7)によるものです。この15年間の乳幼児の発達研究によって、さまざまな知見が明らかにされてきましたが、それはこれから述べるモデルと多くの点で一致しているのです。

　この本の理論的な背景を歴史的文脈の中に簡単に位置づけておいたほうがよいように思います（それは本章がその観点から構成されているわけではないからです）。フロイト（Sigmund Freud）の著作の中には、ふたつの異なる、そしてしばしば矛盾する思考のより糸が認められます。過去を振り返れば、フロイトの情緒生活の**機械論**モデル（たとえば、生物がさまざまな量の興奮を処理する様式）は19世紀に主流であった思考様式に基づいたものです。しかし**心理学的**定式化と織り交ざるようになっても、機械論モデルにすっかり取って代わることはありませんでした。こうした考え方は基本的には次のことと関係しています。ひとつは本能生活と、現実や合理的思考を経験できる能力とが、どのような関係を持つかについてです（Freud 1911）。もうひとつは、成人が持つような情緒的能力ができあがるときに、両親との関係と幼児性欲とがどのような役割を持つかについてです。フロイトは、両親との親密な関係性の表象が乳幼児のこころの中で形成されること、そこで感情が生じることについて焦点を当てているのです（Freud 1909）。その後、とりわけアブラハム（Karl Abraham）(1924)、クライン (1928)、フェアバーン（Ronald Fairbairn）(1952)、

35

第Ⅰ部　理論と方法

そしてウィニコット（1945）は、フロイトのより糸を受け継ぎ、「対象関係」の理論として発展させました。そのように理論的に発展する中で、乳児期の最早期の関係や、こころが発達していく時にその関係が作り上げられるプロセスに注目が向けられたのです。このこころのモデルでは、過去が現在を**引き起こしている**とは考えられなくなりました。むしろ個人の中で経験は蓄積され発展し、複雑な形で間接的に現在に影響を及ぼしていると考えるようになりました。そのモデルでは、こころの**現象学**――こころそのものと世界をこころがどう経験するか――が関心の中心になったのです。このような発達ラインは、ウィニコット（1949）、ビック（1968）そしてビオン（1962a）の研究によってさらに進みました。その研究では、まずこころがいかにして身体および情緒の状態を経験する能力を発達させるかを描写し、これをもとにして次に思考をめぐらせ、意味を生み出すための心的装置を描写する方法[原注8]を見出そうとしました。

新生児のさまざまな状態

クラインの発達モデルにおいては、新生児は複雑な生来的素質を持っているため、乳幼児の中で原始的な心的世界が発達し、また外的現実と関わるという**両方のこと**ができるようになります（Isaacs 1952）[原注9]。本章では後に「内的世界」について考えていくことになります。まず、乳幼児が外的現実とどのような関わりを持つかに焦点を当てます。クラインは「乳幼児の行動観察」の中で次のように述べています。

　　私は、生後3週間の赤ん坊が少しの間、お乳を吸うのをやめ、母親の乳房で遊んだり、母親の顔をのぞき込んだりするのを見たことがあります。また乳幼児が――生後せいぜい2か月ぐらいでも――授乳の後目覚めているときに、母親の膝に抱かれ、母親を見上げ、その声に耳を傾け、表情で反応するのを観察したこともあります。それはまるで母親と赤ん坊の愛情に満ちた会話のようでした。（Klein 1952a, p.96）

36

第2章　精神分析理論と早期発達論

　1970年代の初めから数多くの発達心理学の研究を通して、新生児の生来的な能力について次のことが示されてきました。それは新生児が差し迫った必要に応じてその特徴をいかにして的確に探し出し、利用するのかについての能力です。乳幼児は日常の状況の中で最も馴染みやすい周りにあるもの、つまり面倒を見てくれる人のさまざまな特徴をひとつにまとめ上げていくのです。赤ん坊は、いろいろなものが見えたり聞こえたりするのですが、中でもとりわけ人の顔や声を好むように、いわば「あらかじめプログラムされている」のです。言い換えると、赤ん坊は母親に抱かれながらリズミカルに揺れ、母親の心臓の鼓動を感じ、親しみのある母親の身体のにおいを感じると安心できるよう、プログラムされているのです。乳首は、赤ん坊がリズミカルに吸うことで、栄養や身体的な心地よさの両方を与えることにより、かけがえのないものとして赤ん坊のニーズを満たします。さらに赤ん坊が手を伸ばし求めるものと、母親が与えうるものとの相性は、静的な現象ではありません。それは、本来動的なものであり、その根底には母親と赤ん坊の相互の微妙な交流があり、さらに複雑なものとなっていく可能性が含まれているのです。たとえばブラゼルトン（T. Berry Brazelton）は、母親と乳幼児の交流についての研究の中で、人と触れ合うことにより赤ん坊に生じる変容という、この動的な交流の一側面について言及しました。赤ん坊は滑らかでリズミカルに動き、腕をぐるぐる回しながら母親に伸ばしてきます。この状態とは対照的に、単なる対象物に出会った赤ん坊は、その対象物に近づく時、動きがぎこちなくバラバラで、でたらめに引っつかもうとするようになるのです（Brazelton et al. 1975）。このような研究は、乳幼児は生まれたときから（人間との）対象関係を持っているという、クラインの仮説をさらに確かなものにするのです[原注10]。

　こうした共通点が多く認められるようになっているにもかかわらず、ここで描いている精神分析と発達心理学では、そのアプローチの間で強調点の違いがいまだにあります。大まかに言えば、この発達心理学の分野における研究は、生まれた瞬間から始まる母親と乳幼児の間の**外的対人関係性**の発達に目を向けてきました[原注11]。ここで示す精神分析的アプローチでは、研究上のある焦点が付加されています。つまり、乳幼児になったとき、**自分のこころの感覚**、すなわち自分自身や他者の複雑な心理的／情緒的な状態に気がつくことができるようになるプロセスの始まりとはいったい何なのか、ということを新生児期から探求するのです。

第Ⅰ部　理論と方法

　クラインは次のように考えました。(赤ん坊の中にある) 本能的なニーズが外的な対象 (母親のケアの側面) と出会うことによって、身体的に満たされる経験、外的世界への興味、そして母親との基本的な対人関係性が生じます。さらにそればかりでなく、乳幼児のこころの発達の端緒ともなるのです。まさに乳幼児のニーズが対象の能力と結びつけば、外的世界は感覚的な関わりをつかむことができると同様に、乳幼児のこころの中につかみ取られ、思考の中に取り入れられるのです。クラインは「知りたいという欲求」それ自体が、情緒的発達にとっての原動力であると考えました (Klein 1921)。ビオンもまた、「前概念」(乳幼児が生来的に持っているある種の経験に対する準備性) が「現実化」(乳幼児が「求めている」ものに外界の経験が応じること) と出会うことを、心的生活が始まる決定的瞬間と考えました (Bion 1962a)(原注12)。

　そうした新生児についての描写は、スターン (Daniel Stern) が別々に行った数多くの研究の知見 (Stern 1985) から作り上げた、生後2か月までの乳幼児の経験についてのあざやかな説明と、多くの点で合致しています。スターンのモデルによると、乳幼児は世界や自分自身の身体のパターンや秩序を感じることができるとされています。スターンは、乳幼児が世界を理解する生来的能力と目の前に広がる世界の様相とが結びつくことを経験する際の、発見する興奮や喜びに引き込まれていく姿を説得力を持って描いています。乳幼児は世界のほうから自分に会いに来て受け入れてくれ、そこで安心感を得るような、そんな世界に住んでいるのです。おそらく何百万年の間、乳幼児のこころはこのような印象を受け取ることができるように進化し続けているからでしょう。

　クライン派の精神分析的モデルは、最近の発達心理学の考え方と共通しています。乳幼児は生後間もなくより、自分自身が統合した存在であり、周りの世界、特に人に関心を持っているという感じを経験できると考えています。また新生児は目まぐるしく予測できないくらいさまざまな状態に移り変わるとも考えています。両親にとって新生児は、その時々でまったく違う赤ん坊であったり、まったく違う世界に住んでいるように思えたりするのです。方法論が異なるため、精神分析的観察では、実験系の研究者がおおむね研究している、乳幼児の「覚醒時の無活動」状態に関心が限定されることはありません。「覚醒時の無活動」とは、乳幼児が穏やかに目覚めていて、お乳を吸ったり飲んだりしていない状態を指しています。乳幼児は周りの世界に関心を向けることができ、そのため研究者の「質

問」にも「答える」ことができるのです[原注13]。自然な設定での精神分析的観察では、実際の乳幼児の広範囲にわたる振る舞いや移り変わる状態、つまり満ち足りて眠りに落ちているときや、覚醒してむずかり、泣き叫んでいるときに移り変わることに対して注意を向けます[原注14]。このように見ていくと、乳幼児は状態が刻々と変化するのに合わせて、自分が統合しているという感覚や周りとの関わりを持つ能力を、何度も何度も繰り返し得たり失ったりしているように思えます。この繰り返しによって、新生児の経験に認知的、情緒的な動きが生じます。精神分析理論はこの動きを位置づけようと模索してきたのです。ここで本観察が述べようとするのは、このように乳幼児が統合しているという感覚を達成したり、失ったりする様子なのです[原注15]。

「覚醒時の無活動」状態にある乳幼児よりも、自然な設定にいるときの乳幼児のほうがより複雑に見えます。しかし複雑なのは、乳幼児ばかりでなく、両親もそうなのです。乳幼児が周りに関心を持ち反応のよい状態のときに、その行動を支えたり、解釈したりすることが両親の役割です。さらに乳幼児が苦しんでいる状態のときや苦しんだ後に自分をまとめようとするための援助をするときに、関心を向けるのも両親の役割なのです。この両親の役割があって初めて、乳幼児は両親の内的な精神状態に興味を持つようになるのです。これがリチャーズ（Martin Richards）（1979, p.41）が関心を示した発達研究に欠落している点なのです。次に注目するのはこの両親の役割です[原注16]。

母親の役割[原注17]

ウィニコットとビオンはいずれも、母親と乳幼児の早期の関係に関心を持っていました。そしてふたりはともに母親のこころの状態を考えるようになりました。ウィニコットはそれを**原初的母性的没頭**と呼びました。そのときの母親は新生児の状態に深く関わっており、新生児のニーズに応えることができるような状態なのです。

妊娠中と出産後のホルモンの急激な変化はもちろんのこと、加えて出産の経験そのものや（私たちの社会では）しばしば新生児病棟での経験、それらすべてによっ

第 I 部　理論と方法

て、初めてわが子に接する母親が情緒的に敏感な状態になっているのは、疑いよ
うもないことでしょう。しかし視野を広げると、この母親のこころの状態は新生
児を世話するという実際の経験から直接生じているように思えます。そのためそ
の状態を赤ん坊との間で**情緒的にかき立てられるようこころを開いている**と見
なすと、母親が敏感であることは新たな重要性を帯びることになります。この状
況からもたらされるものは、母親によっても、またひとりの母親でもその時々で
大きく異なります。うまくいっているときは、赤ん坊によって母親の中に引き起
こされたこころの状態は、母親による赤ん坊への強い同一化や共感の基礎となる
のです。しかしその反対に、このこころの状態が、時に母親にとって耐え難く、
押しつぶされるものと感じられると、そのとき赤ん坊の存在は母親自身のこころ
や同一性の感覚に対する脅威として経験されるかもしれません。そんなとき母親
は赤ん坊との親密な関わりを回避したいと思うかもしれません[原注18]。

　ではどうして母親がそのように敏感になる状況が生じるのでしょうか。ある
場合には、その状況によって母親と乳幼児の関係が脅威となりますが、どんな目
的でそうなるのでしょうか。哺乳類の産後の行動に関する研究によると、この時
期の新生児に対して母親がさまざまな本能的行動を総動員することは、種の存続
にとって重要であることが示されています（Klaus & Kennell 1982）。本能的行動や「臨
界期」についてあまり厳密に考えなければ、人間のこころが進化してきた中で、
心的能力の発達に不可欠な一連のニーズは人間の新生児の中で発達してきたと仮
定することができるかもしれません。そして「原初的母性的没頭」状態を動員す
ることで満たされるのは、他ならぬ赤ん坊のニーズであるかもしれないのです。

　新生児に対する母親の立場は、特別なものであるのは確かなことです。それで
も幼い赤ん坊の世話をしている他の大人たちも、赤ん坊や自分自身の中にある赤
ん坊のような気持ちとしっかりと関わるという母親と同じような経験を持つこと
ができるし、実際そうした経験を持つのです。ビオンは次のような仮説を立てま
した。赤ん坊は、母親が赤ん坊のこころの状態に触れることができ、母親が注意
を向け支えることで心理学的に成長していくことができるのです。この母親と赤
ん坊の関わりは、母親のこころが赤ん坊にとってコンテイナーとして働いている
関係性なのです。ビオンはこの関係性を**コンテイナー・コンテインド**と呼びま
した。そしてこの用語は、こころの発達について考察するためのモデルとして、

40

第2章　精神分析理論と早期発達論

またその他の情緒的な関係性についてのモデルとしても用いられました。ビオン
の言葉を借りると、このような情緒的に動かされることへの感受性は、人生を通
じていつでも、人が他者のこころの状態に親密に触れる際に反応する能力の基礎
となるものなのです。

　他者のこころの状態から受けた影響を支えることができれば、プロセスはうま
く進んでいるのです。そうすれば、他者と深い（しばしば無意識の）関わりを持てる
ようになります。このプロセスはこの種の情緒的経験へのごく普通の反応なので
すが、そうした反応ばかりではありません。このような関わりを妨げる生来的な
何かがあります。この何かによって、人は情緒的な影響を受けないようにし、コ
ンテインする能力を粉砕してしまいます。そのとき「コンテイナー」自身が、コ
ンテインされることを必要としているのかもしれません。乳幼児観察の期間、観
察者は母親の経験のある側面の「コンテイナー」となることがしばしばあります
が、そうなるプロセスにより観察者のこころがかき乱されるかもしれないのです。
セミナーグループは、うまく機能していると、観察者の経験の「コンテイナー」
としての役割を果たします。そして観察で訪問している間、乳幼児と両親にでき
る限り十分に関われるように観察者の能力を高め、支えるのに役立ちます。

　ウィニコットは、生まれて間もない新生児には成長した赤ん坊が必要とする関
係性とは違い、特別なニーズがあることを強調しています。さらにウィニコット
は、赤ん坊の情緒的敏感さがどの程度なのかを認識する母親の特有の能力につい
ても強調しています。ビオンの言葉を借りると、乳幼児はかなり長い期間にわ
たって、大人のこの特別な情緒的受容性を必要とすることになります。後で述べ
るように、さまざまな心理学的な発達課題が達成される生後半年を越えてもな
お、赤ん坊にはかなり脆弱な期間が続くのです。子どもは、成長するにつれて程
度こそ変化しますが、両親や他の大人とのより乳幼児的な関係性を繰り返し必要
とし続けます[原注19]。さらに、大人の生活全体を通して、たとえ一時的であって
も、こころが乱れるような感情を抱えてくれるこころのコンテイナー機能を他者
に外的に果たしてもらうニーズは繰り返し起こるのです。

41

第Ⅰ部　理論と方法

■ コンテイナーとしての母親 [原注20]

　ビオンのモデルでは、赤ん坊の世話をすることでかき乱される母親のこころの状態、たとえばバラバラになってしまう感覚は、もともと赤ん坊の側にあり、赤ん坊自身が経験することができないものに関連していると考えられます。赤ん坊にはこのことを可能にするこころの構造がまだないからです [原注21]。ひとつの例として、赤ん坊が服を脱がされたり、慣れない抱き方をされたりするときの激しいむずかりや、赤ん坊の世話をする母親の中に呼び起こされる不確かさと脆弱さの感覚を挙げてみます。こうした母親の反応は、敏感な状態にある赤ん坊への優しい思いやりかもしれません。逆に赤ん坊にあまりに親密に関わったり、赤ん坊のむずかりを目の当たりにしすぎてしまったとしましょう。そのとき母親には、ふたりが押しつぶされてしまわぬように、赤ん坊から注意を背け、機械的に服を脱がせお風呂に入れる差し迫ったニーズが生じているのかもしれません。

　母親の対応できる能力と母親が対応しなければならないものとの間のバランスが（一時的なものであったり、その後も長く続くものであったりするものの）大きく崩れてしまうことがあります。そのとき母親は自分自身の心的状態を守るために、自分の心的不快感を取り除こうとせざるを得なくなり、赤ん坊がその不快感の源であると感じ、赤ん坊を不快感の置き場所として扱ってしまうことがあります。ごく普通に言えば、母親が「赤ん坊に当たり散らす」のです [原注22]。よくある例を挙げます。赤ん坊が見るからに執拗に抱っこをせがんで、母親が押しつぶされそうに感じるときにこのような状況が起こっているのでしょう。そのとき母親は実際の赤ん坊や赤ん坊の視点、つまり赤ん坊は脆弱な感情を持っているかもしれないことと、赤ん坊が自分に及ぼしている影響とをこころの中で分けておくことができなくなっています。そして母親は、赤ん坊が意図を持って自分を虐げ、食い物にしようとしていると感じるようになるのです。こうなってくると、母親はまるで「降参」してはいけないと感じるような、よく考え抜かれた作戦を赤ん坊が面白がっているかのように語るかもしれません。このような困難な状況が生じると、母親が今や赤ん坊に対して抱いている像や、赤ん坊が要求してくることを制限しようとする気持ちによって、さらに状況は悪化します。パニックの感覚が症状化してくるかもしれないのに、母親はそんなことは思いもしません。母親が赤ん坊

のニーズに少しでも応えようものなら、自分がすっかりこれに埋め尽くされると確信し、パニックのもとになるのです。母親が自分自身の経験をこころに留めておき、消化できて初めて、自分の感情を感情としてコンテインでき、その感情を報復行為という形に変えなくてもすむと言えるかもしれません。

　母親が、満足できずしがみついてくる赤ん坊を抱える早期の大変な時期の苦痛に耐えることができるときは、また別の状況が始まるかもしれません。そうした母親の心的プロセスが生じると、母親は自分に何が起こっているかを（必ずしも意識はしてなくても）消化することができるようになります。赤ん坊を世話する際に明らかになるのですが、そのようにして母親は自己感をしっかりと持ち、確かな安心感を赤ん坊に与えることができるようになるのです。赤ん坊がバラバラになる経験をしたとき、母親がそれを揺らぐことなくものともせずにいれば、赤ん坊の中に自分自身やとりまく環境に対する根本的な信頼を置く源ができるようになります。赤ん坊は、その信頼によって外的な母親の存在を手放し、その代わりに母親のイメージを内在化することができるようになるのです。

　「コンテイナー・コンテインド」モデルを想定すれば、母親と赤ん坊の情緒的関係を複雑で力動的に描くことができ、その関係の中のいくつかの要素を明らかにすることができます。母親の持つコンテインメント能力は、少なくとも次の4つの条件に基づいているようです（ここではそれを重要度の順ではなく、赤ん坊の側から外に向かう順に列記します）。

　（ⅰ）母親に何らかの感情を引き起こす能力が赤ん坊の中に存在することです。乳幼児には、母親を見つけ出し、注意を引きとめるための本能的能力が備わっています。それについて多くの研究がなされています。出産のとき投薬されたり、早産だったり、乳幼児の医学的状態のいかんによって、乳幼児の持つ母親に働きかける衝動が影響を受ける場合は、母親は乳幼児に親しみを実感することは難しくなります（Trowell 1982）。また、赤ん坊の中にも受動的だったりかんしゃくを起こしやすかったりなどの気質的な違いがあります。そのため乳首を探し出す能力や心地よい抱っこを求める能力はそれと複雑に絡み合うのです。このような赤ん坊が、より満足できるような関係が世界と結べるよう援助することは可能ですが、いっそうの努力や想像力が必要となるでしょう（Middleton 1941）。母親と赤ん

第 I 部　理論と方法

坊がどの程度「適合」するかは、ある赤ん坊によって引き起こされた一連の感情に対処する母親の能力と関係があるように思えます。

（ii）母親には、十分に、逞しく、しかも柔軟な、大人としての同一性の感覚が必要です。その感覚があれば、生まれたばかりの新生児の世話をする際に起こってくる感情に脅かされることなく、そうした感情を経験することができるのです（原注23）。時に新生児は外界の刺激に対して極端に脆弱です。また新生児は母親をひとりの統合した人として関わるのではなく、その時々の世話する母親の一部にしか関わる能力を持たないのです。このように母親の一部と関わる赤ん坊のやり方は、強烈かつ脆いものですし、また不快を感じると注意は断片化しやすいのです。こうした新生児の特徴があるため、赤ん坊は生来的に不快な感情に傾きやすい状態にあり、その感情の犠牲者になっているように思えます。成長するにつれ、こころは発達し、外的生活に合わせていくのですが、その多くはこの乳児期の状態を再び経験しないように自分自身を守るための努力として考えることもできます。サミュエル・ベケット（Samuel Beckett）のような芸術家は、情緒的生活におけるこのような原始的な側面を扱っており、それらを注意深く理解し、受け入れているようです。いきなり新生児を世話することになった人が、そのとき脅えてしまいがちになるのも、この種の情緒的経験なのです。親として経験することは、子どもが乳児期から幼児期へと成長するにつれ変化し、それぞれの発達段階には親にとってそれぞれ別の課題があるのです。しかし最初の段階でとりわけ負担がかかり試されるのは、まだひとりの人全体として関わりを持つことができない乳幼児と関わるために必要な、想像力とこころの豊かさなのです（原注24）。

（iii）それに続く3番目の条件は、ここまで示したような赤ん坊との受容的で母性的な関わりをするために必要なものです。それはパートナー、家族、友達といった十分な外的なサポートがあるということです。このような関係を通して、母親の持つ大人としての同一性の感覚、そしてコンテイナーとして適格であるという感覚が養われ、強化されるのです。母親がコンテインできる能力を超えた不安や苦痛が生じると、それを他の人に処理してもらうように、母親が伝えることもできるのです。時に母親は、自分が赤ん坊にしているのと同じコンテイニング機能を他の大人に任せることもあります。

（iv）母親には他に数多くの（たとえば家庭的な、あるいは経済的な）要請があります

44

第2章　精神分析理論と早期発達論

が、それにはいくらか限界があります。その限界を、赤ん坊が利用可能な身体的エネルギーや心的空間が危機的なまでなくなることなく、耐えられる程度にすることです。

　母親が十分な外的サポートを受けることができ、内的にも能力を持っている場合には、母親にとって赤ん坊の世話をすることは多くの喜びをもたらします。また母親は、赤ん坊を世話するプロセスで、厄介な経験をすることがあります。それは単に迫害感をもたらすばかりではなく、その経験によって母親は赤ん坊と母親自身の両方をより深く知るようになるのです。母親のこころの中がうまくいっている状況では、少なくとも次の3つの形で、赤ん坊の世話の仕方に影響が出るように思えます。

　（ｉ）母親は赤ん坊の感じそうな苦痛に気がついているため、赤ん坊がその感覚に押しつぶされないよう、世話するときに注意を払うようになります。

　（ⅱ）赤ん坊がむずかっているときでも、母親は耳も貸さずにいるのではなく、赤ん坊をこころの中に留め、かつ／あるいは身体的な関わりを持つことができるようです。母親がこころの中でずっと注意を向け続けていることによって、結果的に、たとえば分離した後でも、母親は赤ん坊に対してより受容的であると感じるのです[原注25]。

　（ⅲ）母親は、赤ん坊が自分のことを、苦痛を入れるコンテイナーとして使用するという経験をします。そうすることで母親は、赤ん坊を理解できている、そして赤ん坊にとって必要不可欠な機能を果たしているという確信を持てるようになるのです。このような経験や確信によって、今度は母親自身の不安、混乱、パニックから赤ん坊を守る、母親の本能的な能力が強められるように思えます。そして赤ん坊のニーズを優先し、少なくとも一時的には受け入れることができるのです。

　ここまで、赤ん坊は絶えず変化し続ける心身状態を経験しているというひとつのモデルについて述べてきました。赤ん坊の心身状態は、赤ん坊が持っているそれぞれおおよそ統合している部分とバラバラになっている部分の両方があるとい

45

第Ⅰ部　理論と方法

う感覚に絶えず影響を与えています。このように心身状態が変化するため、赤ん坊が周りの世界の出来事に焦点を当て、注意を向け、興味を持つ能力は絶えず影響されるのです^(原注26)。赤ん坊の状態が揺れ動くために、呼応するように母親の認知的／情緒的状態も揺れ動き、かき乱されます。母親が自分の中でかき乱されたものをコンテインし、消化する能力は、「所与の」静的なものではなく、絶えず変化するものなのです。その変化は、ある瞬間のありふれた母親個人の状態、あるいはその瞬間における母親への侵害、またそのときの赤ん坊が受けている個別の衝撃に応じて生じるものです^(原注27)。この変化は、ここまで述べてきたように母親、赤ん坊、そして環境に関わる基本的な要素が相まって、認知的／情緒的相互作用の流れがわずかながらも絶えず入れ替わるパターンに向かうというものです。このレベルの相互作用こそが、早期の関係性の持つ衝撃の影響力を理解する上でひとつの鍵となると思われます。そしてこの乳幼児観察が追究し、描こうとしているのは、このレベルの相互作用なのです。

乳幼児にとってのコンテインメントの経験

　ここでは、これまで述べてきた母性的な関心と感性を経験することによって、赤ん坊の中に何が生じるかについて目を向けてみましょう。クラインは、乳幼児は外的世界と関わり、こころの中に経験を保持しておく能力があると仮定しています。母親が赤ん坊の経験していることに反応することができれば、赤ん坊はまず身体感覚がまとまっていくように感じ、それが身体的統合感の始まりとなるのです。

　ウィニコット（1960a, 1960b）は、母親の早期の「ホールディング」が赤ん坊に及ぼす影響の大きさについて描いています。早期の「ホールディング」に時間次元が加われば、赤ん坊は「連続して存在すること」を経験することになります。ウィニコットは乳幼児の中で起こる受動的統合のプロセス（ビオンの用語では「コンテインメント」）についても描いています。それは赤ん坊のニーズに一致するように、母親が積極的に周りの環境に働きかけて適合させることにより、可能になるのです。ウィニコットはこの状況と、**赤ん坊が守られることがないまま、「環境から**

46

第2章　精神分析理論と早期発達論

の侵害」を経験するような状況とを区別しています。その状況では、赤ん坊は積極的に反応しなければならないのです。ビック（1968）は、乳幼児の最初の心理的なニーズは、身体的にまとまりをつけてもらうことであると記しています。そうしてもらうことで、赤ん坊がどのように皮膚という感覚を持つようになるかについて描いています。乳幼児は、母親にホールディングしてもらえない状況では、環境の中にある非人間的なものに、自分自身の焦点を当てたまま（たとえば光やカーテンの動きをじっと見つめるなど）取り残されてしまいます。もしくは、赤ん坊は自分自身の筋肉を緊張させて、自分自身をまとめようとするかもしれません。どんな乳幼児もそれぞれ、この3つの「まとまりを持つ」状態のモデルすべてを、さまざまなときに経験したりさせられたりするでしょう。ただビックは、乳幼児が後のふたつのモデルにあまりに大きく偏るようであれば、乳幼児の自己感の発達に何かが残ってしまうと考えました。

　乳幼児の「覚醒時の無活動」というすでに研究成果が認められている状態をただ単に見るよりも、乳幼児の身体的に動ける範囲や身体的な不安定さ（Dunn 1977; Schaffer & Collis 1986 など）や、乳幼児が最初は自分自身の状態を制御することができないことに目を向けてみます。そうすれば、乳幼児が母親にいかに依存しているかが明らかになってくるでしょう[原注28]。母親が赤ん坊にもたらす身体的影響力の大きさは、大きくふたつのタイプ、つまりホールディングと焦点づけることに分けて特徴づけられるかもしれません。スムーズな体位変換、何かに包まれること、マットレスや肩のしっかりした感覚、そしてかける言葉や動きにリズムがあること、こうした身体的な世話は乳幼児のニーズなのです。すべて子どもをケアする際に用いられる昔からのやり方です。ブラゼルトンら（1975）が描いたように、スムーズでリズミカルな反応は、乳幼児を落ち着かせ、乳幼児は自分のすべての部分が、自分の皮膚の中にあるという感覚を持てるようになるのです（Bick 1968）。しかし外的な世界、特に人間の世界は、赤ん坊をなだめすかすことができるばかりではありません。赤ん坊がまとまりを持ち、積極的に焦点づけ、関心を向けさせるようにも関わるのです。母親の眼差しや声は、赤ん坊を強く焦点づけされたひとつのものにまとめる力を持っています。その最もドラマチックなものが、赤ん坊が乳房や哺乳瓶を吸う経験なのです。

　このふたつのコンテインメントは、主に身体的な世話を通して、乳幼児に直接

47

第 I 部　理論と方法

的な影響を与えます。しかしこのような身体的な世話においては、情緒的・心的
な次元の事柄が極めて重要なことなのです。むずかっている乳幼児をあやしてい
るとき、母親のこころの中に複雑な情緒的状況が生じます。その状況は乳幼児の
苦痛に密接に結びついており、またそれ自体が乳幼児にも大きな影響をもたらし
ます。同様に、目覚めていて周りと関わっているとき、乳幼児は母親が乳幼児に
見せる面白そうな物に惹きつけられるばかりではなく、ともにいるときの母親の
注意深く、受容的な心的状態にも、惹きつけられるのです。母親の心的状態のあ
り方は、母親の身体を用いた世話を通して、乳幼児のこころと身体の状態に間接
的に影響を及ぼします。そればかりではなく、人の情緒的状態を理解する能力を
持っている赤ん坊に、直接的に影響を及ぼすのです[原注29]。ここまで述べてきた
理論的観点からすると、赤ん坊は、母親に身体的に抱っこされ、情緒的にコンテ
インされているという経験をすることにより、周りの世界を身体的に経験する方
法に恵まれるのです。その方法は、「身体的統合の感覚」、「皮膚を持つこと」そ
して「身体的な自己感」などの用語で表現されていたかもしれません。そればか
りでなく、たとえ原始的なものであっても、乳幼児は母親とのそうした経験によ
り、母親のこころの中にある心的情緒的プロセスとの親密な関わりを持つことも
できます。このように大きな影響力を持つ母親の心的状態は、赤ん坊にとって強
い関心と興味をそそる対象になるのです[原注30]。

　乳幼児は、このような母親との親密な関係を持つことで、心的情緒的に経験す
る能力を発達させることができます。発達プロセスにおいて、身体的にまとまっ
ている感覚や身体的皮膚を持っている感覚は、乳幼児が自分自身の内部にある
「心的空間」を束ねている「心的皮膚」の感覚を獲得していくための原型になると
言われています。次に乳幼児はこの感覚を持つことによって、母親のこころの様
子や母親と自分との間で交わされるコミュニケーションを経験し、その意味を理
解するようになるのです。このように早期の経験がどうあるかは、心的生活の始
まりに重大な影響を及ぼすのです。

第2章　精神分析理論と早期発達論

経験の内在化

　実際に赤ん坊が経験するその瞬間に及ぼす影響ばかりでなく、経験のイメージ
も記憶の中に蓄えられます（たとえば、MacFarlane 1975など）。そしてそのプロセスの
中で、赤ん坊の中に世界がつくり上げられるのです。ここでそのプロセスについ
て、以下の3つの疑問が湧きます。（ⅰ）こうした「取り入れ」を乳幼児は主観的
にどのように経験するのでしょうか。（ⅱ）この記憶はどのような形式で取り入れ
られるのでしょうか。（ⅲ）取り入れられたものは、何についての記憶なので
しょうか。

　（ⅰ）内的世界がどのようなものであり、どのように形成されるかに関する問
題は、長い間、精神分析の研究の焦点になっています。この研究におけるひとつ
の成果は、乳児期の内在化のプロセスは特殊なものであるという仮説です。乳児
期の内在化は、後の心的活動が象徴形成という後ろ盾のもとに行われる際の内在
化の形式とは異なっているというものです。乳幼児と世界との関わりは、成長に
伴い言葉を獲得すると、単に身体的なものばかりではなくなります。しかし赤ん
坊が、外的な世界と心的活動を通して関わりを持つとき、このような象徴的概念
を持っているようには思えません。このような推論を評価することは極めて難し
いのは明らかです。しかし乳幼児観察や現実との関わり方がとても原始的である
患者のセラピーの研究から、次のような仮説が考えられています。たとえば、赤
ん坊が、自分を見つめている母親の顔を像として自分の中に蓄え、抱かれている
ときの印象を蓄える場合を考えてみます。そのとき、3、4か月以下の赤ん坊なら、
まるでそれ自体が対象であるかのように、その感覚を実際に取り入れる（取り入
れ）というプロセスを経験するのです（Isaacs 1952）。もしそうであるなら、早期の
心的生活には、ある重要な特徴、**具象性**がもたらされることになります。具象性
は後の象徴的に機能するレベルとはまったく異なるものです。このことは早期の
記憶が身体的な性質を持つこと（Stern 1985）に関係するばかりではありません。こ
こで述べた考え方をすれば、さらに、この身体的経験のイメージを「取り入れる
こと」、「呼び起こすこと」、そして「こころの中に抱えること」もまた、具象的に
感じるプロセスとなるのです。このように乳幼児は、具象的なものの世界を、少

49

第Ⅰ部　理論と方法

なくとも自分を取り巻く物質世界と同じように現実的なものとして、自分の中に
コンテインしているという感覚を持つのです。そして乳幼児が存在する状況に大
きな影響を及ぼす乳幼児と他者との関係性は、乳幼児にとっては具象的な交流か
ら成っているように感じられると思われます(原注31)。

　（ⅱ）このような記憶／具象的な対象は、どのような形式でこころの中に取り
入れられるのでしょうか。早期の経験は次に示す3つの事柄が重要であると考え
られているようです。(a) 乳幼児自身が強烈な身体的経験をすること、(b) 乳幼
児が外的な物質的世界を知覚すること、(c) 乳幼児が母親との「人間的な」つな
がりを未熟だが直接的に理解していること、の3つです。経験についての記憶は、
おおむねこの3つの要素すべてを包含しているに違いないのです。

　（ⅲ）この対象はこころの中でどのようになっているのでしょうか。それは**単
なる**外的な現実のイメージとしてあるだけで、それ以上でもそれ以下でもないと
いう強い主張（Bowlby 1973; Stern 1985）があります。乳幼児は外的世界と触れ合って
おり、外的世界との出会いが実際にどのようなものであるかがとても重要である
という考えに、まったく同意します(原注32)。しかしスターンは、言葉を獲得する
前には、精神力動的なレベルの経験は存在しないと記しています。スターンは、
言葉以前に、乳幼児は外的な出来事を自分自身の主観的な経験に変えていくこと
はできないと示唆しているようです。となると、これはここで概説している立場
とはまったく異なるものです。本章の後半で、「幻想」についてのクライン派の
理論を概説します。この「幻想」とは、外的世界と赤ん坊の経験をつなげている
ものです。幻想は生後直後から存在し、外的世界との（純粋に身体的というより）人
間的な関わりと内的対象の世界の双方を創造するために機能しているのです。

　以下の章で述べる、個々の乳幼児を詳細に観察していく中で、その内容と同様
に、内在化のプロセスの多様さと複雑さが明らかになっていくと思います(原注33)。
赤ん坊は、時とともに自分の経験をまとまったものとして理解し、そして同時に
母親のこころの中で抱えられているという経験をすることができるのです。この
経験が内在化のプロセスの出発点となるのです。このように赤ん坊は母親による
コンテインメントに依存していますが、それがついには、赤ん坊自身のこころの
感覚によるコンテインメントに置き換えられていくのです。しかしこれは身体的

50

第 2 章　精神分析理論と早期発達論

成熟のプロセスと合わせて発達するわけではなく、あるいは「自分でコンテインすることを学ぶこと」によって、発達するのでもないように思えます。誰か他の人にまとめてもらう経験、またその人のこころに、自分が存在し続ける経験を取り入れる機会を繰り返すことを通して発達するのです。具象的に経験されている幻想としてのこうしたプロセスをクラインは**取り入れ**と呼びました。このプロセスを通して、乳幼児は「コンテインする母親」を自分の中の確かな存在として感じるようになります。今や乳幼児は、時に母親が不在であったとしても、母親と関わったときの蓄えを呼び起こすことができるようになるのです。内在化のプロセスが外的で目に見える側面は、ウィニコットの移行対象（Winnicott 1951）の概念として広く知られているものです。乳幼児は母親の不在の間、身体的に馴染んでいる対象を移行対象として利用するのです。ウィニコットが明らかにしたのは、移行対象とのこうした外的関係性は、内在化された母親と子どもの関係に依存しており、もともとその関係から生まれていると見なせるということなのです。その後、乳幼児は自分の中で生じるこうしたプロセスを経て、さらに「コンテインする母親」と**同一化**したと感じられるようになります。つまり、この経験が乳幼児自身の一部になり、乳幼児の奥深い内的パーソナリティ構造の部分になるのです[原注34]。乳幼児はこうしてやっと、自分自身でコンテインし、自信を持つようになったと言えるかもしれません。個人それぞれの異なった特徴を持つ情緒的あり方、また時が経ってもこの情緒的あり方が続くこと（Dunn & Richards 1977; Dunn 1979）は、ある部分は内在化され、自己の中に埋め込まれた早期の関係性の情緒的特質の違いから生じていると考えられるかもしれません[原注35]。

苦痛に対処することと具象的コミュニケーションの発達

　母親と赤ん坊の交流についての研究は、そのほとんどが、母親が赤ん坊に与えるよい経験とはどういうものか、赤ん坊はその経験から何かを得て利用する方法をどのように身につけるのか、に焦点を当ててきました。これはある意味当然のことです。ただ、苦痛は乳児期のとても重要な経験です。苦痛は、決して避けることができないものであり、母親と赤ん坊の間の親密で創造的な関わりを必ずし

第Ⅰ部　理論と方法

も妨げるものでもないのです。

　赤ん坊が作り上げる内的表象は、情緒的にはどのようなものでしょうか。「覚醒時の無活動」状態では、こころの中にある内的表象は望ましいものか、せいぜい中立的なものとしてしか想像していないかもしれません。しかし赤ん坊はいつも「覚醒時の無活動」状態にあるとは限りません。赤ん坊がむずかるとき、どのようなことが起こっているのでしょうか。大きな音がしたり、お乳をもらえなかったり、お腹が痛かったり、困っている母親の顔が見えたり、母親の顔が見えなくなったりするとき、そのような「悪い」経験の表象は、いったいどうなってしまうのでしょうか。ヒンデ（Robert Hinde）(1982) は、葛藤の程度は、生来的な母親と乳幼児の関係性によると指摘しています。

　この「悪い」経験のひとつの特徴は、周囲が「よい」状況になりそうなときでも、その最中で悪い経験になってしまうことです。そして赤ん坊の持つ抱っこしてもらったりお乳をもらったりする能力さえも破壊されてしてしまうのです。だから泣き叫ぶ赤ん坊を前にしたとき、両親はよく、赤ん坊はあるこころの状態に囚われていると感じるのです。それは、自分たち両親は助けようとしているのに、赤ん坊のこころの中では赤ん坊をむずからせるあらゆるものに変わってしまうし、あるいは、むずからせるものにかき消されてしまうという状態なのです。また悪い経験には次のような別の側面もあります。最初のころの乳幼児は、心地よい出来事やよくも悪くもない出来事にある程度対処できますが、悪い経験を理解したり注意を向けたりすることはできないように思えます。赤ん坊を強くしてくれるよい経験とつながっているという感覚が、よりしっかりして、持ちこたえられるものになるまで発達して初めて、赤ん坊は自己感を維持することができ、苦痛に耐え、苦痛とのよりまとまった認知的な関わりができるようになるのです。

　ビオンは、苦痛に押しつぶされそうになっている乳幼児は、意味ある経験を持つことはできない状態にいると感じていました。そのとき赤ん坊の身体的、精神的状態は損なわれてしまうし、まとまった自己感を持つための基本的な能力は失われてしまいがちになると考えていました。乳幼児は、より成熟したパーソナリティを持つ大人、つまりむずかる赤ん坊が引き起こす感情に耐えることができる大人による介入を必要とするのです。このように見ていくと、赤ん坊をあやしているときの母親は、むずかりのもとになっているものを考え、取り除こうと意識

第2章　精神分析理論と早期発達論

的に試みていることに加え、次のふたつのこともしているのです。（ i ）赤ん坊
がどういうこころの状態にあるかを、それに押しつぶされることなく、自分のこ
ころの中で感じられるようにしておくこと、そして（ ii ）主に無意識的なこころ
の活動を通して、赤ん坊が感じている苦痛に耐えられるように、その苦痛に形や
意味を与えることです。あやすというプロセスをこのように考えていくと、ごく
普通の常識的考えに何かを付け加えることになるでしょう。あやすことは、単に
苦痛のもとを取り除いたり、赤ん坊の注意を逸らしたりするという意味だけでは
ないのです。あやすことは、赤ん坊のこころの中にある自分の苦痛を他の人に**投
影**したい衝動や、赤ん坊の苦痛を受け止め、耐えることができる母親の能力とい
う観点からも考えることができるのです。そうすることで赤ん坊はその経験を受
け入れやすい形で再取り入れをすることができるのです^{（原注36）}。

　乳幼児が具象的プロセスとして内在化を経験するように思えるのと同じよう
に、乳幼児がむずかるときに泣き声をあげたり蹴ったりするのは、悪い経験を**ス
プリットオフ**し、取り除こう（**投影**）とする具象的な試みとして幻想の中で感じて
いるからかもしれません。母親がその場にいること、その状況に反応できる母親
のこころの活動や能力によって、悪い経験を入れる容器が与えられ、そしてコ
ミュニケーションの原始的プロセスが形成されるようになり、むずかってしまう
ような状況は変容していくのです。その原始的なプロセスが**投影同一化**なので
す。投影同一化を通して、乳幼児は**コンテイナー**としての母親と触れることが
できるようになるのです。コンテイナーとは、乳幼児が耐えることができない苦
痛を入れる空間を持っている対象で、同時にその力を持つ母親を内在化するため
の機会を乳幼児に与える対象でもあります。この力を持っているため、母親は赤
ん坊の苦痛をこころに留めるばかりでなく、（意識的にあるいは無意識的に）**苦痛につ
いて考える**ことができ、**思いやりのある**対応をすることができます。赤ん坊が
辛い経験をしているとき、母親は赤ん坊のこころの負担を和らげ、同時に、赤ん
坊は思考することを通して痛みに耐えることができる人間の能力に初めて触れる
のです。このモデルでは、赤ん坊は自分の苦痛に対処するために、自分自身の中
にある構造を発達させていくようになります。そのためには、他の人がこころの
中にこのようなコンテインする構造を持っていることを十分に何度も経験する必
要があると言えます。

第Ⅰ部　理論と方法

　ここまで苦痛について考えてきましたが、その中心的な問題は、赤ん坊は自分の経験のうち、**どれだけのもの**をこころのプロセスとしてどのように受け取るようになるかということです。ビオンは、母親が赤ん坊を知ることができるようになるのは投影同一化を通してであると考えていました。母親は、母親が赤ん坊の心身状態から受ける衝撃を通して、赤ん坊の心身状態がどのようなものであるかを知るのです。このようにして母親にわかってもらえると感じるにつれて、赤ん坊は自分自身のこころの性質や他の人のこころの性質をわかるようになっていくのです。ビオンは、このような思考することの基本的なタイプを、**K**という記号を用いてこころの機能についてのモデルの中核をなすものとしたのです (O'Shaughnessy 1981)^(原注37)。

自己感の成長

　母親にはこころの状態をコンテインし、思考に変える能力があります。母親の持つそうした能力に触れることを通して、内在化や同一化が生じることにより、乳幼児のこころの中に同じ能力が発達するための基盤が築かれます。乳幼児が投影同一化によって自分の経験を十分に伝え、また母親の耐える能力や自分について考える能力を十分に内在化することができれば、乳幼児の中に新しい情緒的な源が芽生えます。そしてそれをもとに乳幼児は自己感を発達させることができるようになるのです。こうした内在化した経験を同一化（**取り入れ同一化**）することに主に基盤を持つ自己感が発達すれば、乳幼児は内的にも外的にもある程度経験に耐えることができ、こころを開いていけるようになります。乳幼児は、生きていく中で情緒的衝撃を受けながら学ぶ能力の基礎を築くのです。ビオンのこころのモデルは、この「経験から学ぶ」能力の本質について論じたものです (Bion 1962b)。そうした能力は人生を通じて大いに必要とされるものなのです。ハリス (Martha Harris) は次のように述べています。

　　　人生を通して外傷的な出来事を被ると、たとえその原因が何であっても、その人のパーソナリティの能力が問われることになります。新しい経験を

第2章　精神分析理論と早期発達論

すると痛みや不確かさを伴うことは避けられないため、それを抱え、そこから成長できるかが問われるのです。この能力は、最早期のコンテインする対象がどのようなものであるか、とりわけ母親が原初的段階において、どのくらい受容的で反応する能力を持つかにある程度の影響を受けるに違いありません。受容的な両親なら、乳幼児が自分自身のことを経験できるよう手助けします。もし、乳幼児が自分が**あるがままに**いることができ、自分が**感じるままに感じる**のであれば、乳幼児がこのような両親と同一化しておくと、後の通常の生活をする中で生じる葛藤的な情緒や衝動に対処する際、役に立つのです。(Harris 1978, pp.167-168)

　しかし母性的／親的なコンテインメントがあるのかないのか、また理解してもらう機会があるのかないのかという問題は、通常はそう簡単なものではないのです。このプロセスは常に不完全なのです。いわゆる「ほどよい」両親は、赤ん坊の経験のある側面についてそうではない親よりもよく気がつき、耐えることができ、そして消化できるのです。赤ん坊の経験のある側面は、これまで述べてきたように両親によって受け止められ、乳幼児の役に立つ内的な状況ができあがり、こころの成長に貢献するのです。赤ん坊の経験のうち他の側面は、両親にとって耐えることができなかったものなのです。それは消えることはなく、乳幼児の自己部分として受け止めることも容易ではなく、また思考する能力の成長に関わることもないのです。このような両親に受け止めてもらえなかった乳幼児の経験の一部は、スプリットオフされ、こころの隅に排除された存在になるかもしれません。しかしその存在は、実際に大きくはならないまでも衰えることはなく、個人の人生に影響を与え続ける可能性があるのです[原注38]。
　いずれにせよ、母親のコンテインメントが不十分な場合は、赤ん坊は時期尚早ではありますが、自分自身の資源に否応なく頼らざるを得なくなるのです。このことによって、乳幼児の自己信頼感や自己コンテインメントは、たとえその違いが見分け難い場合でも、性質がまったく異なったものになってしまうのです[原注39]。最近の子どもについての精神分析的研究の多くは、地域の公的なケアの枠組みを出たり入ったりする子どものセラピーの経過で生じるこの種の現象を理解する試みに向けられています (Henry 1974; Boston & Szur 1983)。ビック (1968) は、より

55

第Ⅰ部　理論と方法

早期の乳幼児の不適切な母性的コンテインメントがパーソナリティに及ぼす影響について研究をしています。ビックの研究は、このような子どもたちが自分の必要とするものを表現するときの多様で複雑な形を理解し、関わる方法を見つけていく際にとても有用です。たとえばビックは次のように考えました。ある乳幼児は、自己感をまとめる手段として、人間との接触に頼るより、生命のない物理的環境との接触に積極的に集中し、しがみつくことに過度に頼っていました[原注40]。この同一性の感覚を獲得する方法は、その後**付着同一化**と呼ばれるようになりました。ビックは、このような子どものパーソナリティは社会的には発達しているように見えても、内的なこころの空間や内的資源を持っているという実感がまったくないと考えました。またビックは、別の子どもは、同じような苦境にあるとき、主に自分自身の筋肉を緊張させたり動かしたりする経験によって、自分がひとまとまりの存在であるという感覚を発達させようとすると考えました。こうした子どもたちは、情緒的な影響を受ける経験をすると、それに対応するために身体を硬くしたり、柔軟性をなくしたり、時に過活動になるという独特の特徴を示します。ビックはこれを**第二の皮膚形成**と呼びました。このような「皮膚」は、皮膚／コンテイナーというこころの経験を発達させることにつながるものではないのです。皮膚／コンテイナーというこころの経験は、同一性の感覚をひとつにまとめながら、しかも情緒的経験を受け入れることを意味しているのです[原注41]。

　こうした自己をまとめるためのメカニズムは、程度の違いや理由の違いこそあれ、どんな乳幼児も使っているものかもしれません。また必ずしもすべての乳幼児が外的環境の欠損部分を処理するとき、そのメカニズムを使っているわけではありません。乳幼児は、**自分自身**をまとめてもらうようになると、ある程度までは周りの助けを当てにするようになります。しかしそれ以上になると、乳幼児は、両親が自分の苦痛に耐えることができるという経験を持てないままでいたり、両親の能力を内在化したり、同一化する機会を持てないままでいることもあるのです[原注42]。このような重篤な欠損を持つ子どもは、苦痛は耐えられるものであり、苦痛は人間のこころで消化しこころに留めることができるという確信を持つことなく成長してしまうようです。この現象は、「剥奪のサイクル」が続くメカニズムと関連しているように思えます[原注43]。

　対人的そして心理的な面から親と子どもの間の関係性モデルについてこれま

第2章　精神分析理論と早期発達論

で述べてきました。すべては親と子どもの間の複雑で微妙な交流を通して発達していくと考えるのが社会的なモデルです。それに対して、この交流の中でそれぞれの内的なプロセスが本質的な素材であると考えるのが心理的なモデルです。ここでは、対人的な経験ができる子どもの能力の発達ばかりでなく、こころの／情緒的な経験ができる子どもの能力の発達についても考えているのです[原注44]。

　こころで「消化する」ための内的な構造は、乳幼児の身近な養育者の内在化や同一化を通して生後数か月からでき始めます。その発達が展開していくにつれて、内的なプロセスはそれ自体が生を持ち、論理を持つようになります。乳幼児は、自分自身の中に3次元のこころの／情緒の空間をコンテインしていると感じるようになるのです。その空間は、母親が自分の中にその空間をコンテインしている、という乳幼児が母親について持つ感覚を反映しているのです。この空間が経験で満たされるようになると、乳幼児の中にある世界が形を成していくのです。

内的世界

　クラインは、幼い子どもたちとのセラピーをしながら、心的・情緒的現象を観察しました。それは子どもの発達上の障害によるものばかりではありません。その現象は、出生直後から自然に生じるこころのメカニズムやこころの状態によって生来的に形作られ、密接に結びついたものとクラインは感じていました[原注45]。クラインのセラピーを受けていた子どもたちがプレイルームでしていたことには、いろいろなレベルの幅がありました。ある子は人についてのとても原始的な概念を持っていて、それらを含む内的状態を原始的・具象的に再演していました。それとは対極的に、ある子は人をひとまとまりの人との意図的なコミュニケーションの一部として、内的状態をプレイや言葉で象徴的に表象していました。クラインはこうした理論的な定式化をして、最早期の心的プロセスとそのプロセスによって生じる心的構造物を描こうとしています。ただ、言葉が成り立つ以前や、さらに前言語的な象徴的思考以前に生じる心的活動について言葉で説明するには、明らかに大きな問題があります[原注46]。

　このような難しさがあるにもかかわらず、クラインが内的世界に関して定式化

第Ⅰ部　理論と方法

したものは、最近の実験研究の知見と一致する点があります。発達心理学では、乳幼児について生物学的に「所与のもの」と外的世界が与えてくれるものとの間の、外的・対人的交流の観点から主に説明されます。乳幼児の外的世界との関係性が直接的なものであるのかどうか、あるいは内的表象がその媒介になるのか、もしそうなら、何歳になれば可能なのか、などについてたくさんの議論が今も残っているのです^(原注47)。クラインは、**こころは生まれてすぐに始まる**と考えていました。そしてクラインの研究の中心は、内在化のプロセスとそのプロセスによって作り上げられた**内的なこころの性質**にあるのです。

　クラインは、**幻想**という用語をこころの活動の最早期の表現形式に関連して使用しています。生まれて間もなくから、この内的世界は形作られ、満たされていくのです。幻想は、乳幼児のこころの中で (a) 乳幼児自身の本能活動、そして (b) 乳幼児が環境と接触することの結果として生じる原始的な表象に関連して生じます (Isaacs 1952)（幻想 phantasy の綴りは、空想 fantasy のほうが一般的ですが、白昼夢のようなこころの活動の意識的、象徴的な形式に関連した使い方と区別するために使用しています）。

　内的対象という用語は、内的表象の単位と関連しています。もちろん対象という用語は、外的世界の中にある生命のない物のイメージを表すものではなく、普通に使われる意味の対象というよりも、人や人の部分を示すものです。**対象**という用語は、**表象**に対するものとして使われますが、表象は外的世界と正確に一致するという言外の意味を含んでおりそれと区別するためです。もっともそのように一致することもありますが、一致しないこともあります。内的対象のふたつ目の特徴は、乳幼児について次のように考えることから生じます。乳幼児にとって内的対象のイメージは、現実的な性質を持っており、外的世界の心的表象に過ぎないというより成熟した経験とは異なるのです。大人になると、外的現実はしばしば単純に現実そのものであり、こころにある内容は多少なりとも現実を反映するものと見なしがちです。これに対してクラインは次のように考えました。最早期の乳児期にまず内的世界が発達するという事実をもとに、その結果、内的世界そのものに現実があり、その経験は衝撃的で具象的であり、主に無意識的なものであり続けると考えたのです。この内的世界の状態に関する考えは、クライン理論の中核をなすもので、精神分析に大きな貢献をもたらしたのです。内的世界は、程度の差こそあるものの、それ自体が具象的な**内的現実**を持っており、単

第2章　精神分析理論と早期発達論

なる外的現実のイメージではないと考えたのです。このようにしてクラインは、個人の中でプロセスが進行する内的世界という場所が存在すると真剣に考えなければならなかったのです。そしてその内的世界は、単なる外的世界の観察から直接的に示すことはできず、また内的世界の中で生じる移り変わりは、個人の生活における外的状況と同様、それ自体が力を持って個人に影響を及ぼすと考えたのです[原注48]。

　このような乳幼児の発達モデルと一般的に交流モデルとして考えられているものとの間には重要な違いがあります。というのも、母親と乳幼児の間の外的な交流は引き続き極めて重要ではありますが、それが唯一の関係性の観点というわけではないからです。関係性は記憶として内在化されるばかりでなく、自己とは区別がつかないものとして同一化され、内在化されるのです。このようにして、関係性は、**赤ん坊の中でそれ自身の生を獲得する**のです。関係性のイメージは、生まれてから人生を通じて、個人の中で修正、成長、停滞、悪化を絶えず続けている状態なのです。ウィニコット（1960a）が述べたように、個人はそれぞれ、「自分の内的世界をやりくりするという生涯続く課題」を持っています。ここには内的対象の「生気」（スターンの用語）状態についての関心が含まれています[原注49]。ここで述べる内的表象の観点は、スターンのモデルにあるような、外的世界での母親との経験を通して記憶が加えられ更新され続けるものだけではありません。表象は、その内部から生じる**変容**（Bion 1965）の影響も受けやすいのです[原注50]。

　クラインは、主に内的世界におけるプロセスを研究の中心にしていました。そのプロセスには、次の3つがあります。(a)（自己も他者も）ひとまとまりの人であるという感覚が発達すること、(b) ひとまとまりの人として人と人の関係性に関わっているという気づき、そして (c) そのような関係を築くためには、コミュニケートしたいという意識的願望を基盤に持ち、そのもととなる象徴形成ができることです。

　クラインのこのような発達プロセスのモデルは、情緒的経験の（現実的な描写というより）ふたつの「典型的なタイプ」を形成することに関わっています。クラインは、それを妄想分裂ポジションと抑うつポジションと呼びました[原注51]。このふたつは、それぞれ知覚と情緒が断片化している状態と、比較的統合されたこころの状態を示しています。このふたつは、**ステージ**というより**ポジション**なの

59

第Ⅰ部　理論と方法

です。なぜならある観点から見れば、それらは基本的存在のあり方であり、個人が自分にふりかかる内的・外的な圧力に対応していく中で、人生を通して揺れ動くものと、クラインは考えたからです。また乳幼児の発達の観点からクラインは次のように主張しました。乳幼児は、おおむね妄想分裂ポジション（生後0〜3か月）で人生の経験が始まり、次第に抑うつポジション（生後3〜6か月）で、経験する能力を獲得していくのです。それでもクラインは、乳幼児はひとまとまりの人としての母親との関係性の本質をつかんでいるように思える瞬間が生後間もなくからあるとも述べています (Klein 1948)。

　妄想分裂ポジションでは、乳幼児は母親を（あるいは自分自身を）ひとまとまりの人として知覚することができないという特徴があります。というのも、乳幼児の経験は、そのときのひとつの感情や対象（母親の部分）に対して持つひとつの見方に制限されており、関係性から生じるさまざまな感情を持つことはないからです。クラインは、乳幼児の生後3か月の期間について次のように描いています。その時期の赤ん坊は、自分自身や周りの世界との関係は、極めて断片化した状態によって満たされていることが多いと考えたのです。赤ん坊の注意は、どんなときでも自分自身のある部分や周りの世界のある部分に主に集中して向けられているようです。その部分とは、たとえば自分の口と乳首、自分の皮膚と母親の手、あるいは母親の眼差しを見ることや母親の声を聴くことに向けられた注意です。こうしてクラインは、生後2〜3か月の間に赤ん坊が関わる世界は、主に**部分対象**の世界であると考えたのです。つまり部分対象とは、後にひとまとまりの人である自分自身に関わる、ひとまとまりの人（全体対象）である母親の経験となっていくものの一部に過ぎないものです。クラインは、部分対象の性質を表すのにかなり解剖学的な概念を用いましたが、何年もの年を経て、部分対象は母親が赤ん坊にするさまざまな機能のようなものとして修正されてきています^{（原注52）}。

　クラインのモデルにおいて、赤ん坊が発達する中で最初の段階でなされるのは、次のことです。それは世話してくれる母親の姿との関係性、つまりおっぱいをくれ、おむつを替えてくれ、じっと見つめてくれ、抱っこしてくれ、話しかけてくれる母親との満足いく関係性が確立されることです。赤ん坊はそうした支え続けてもらう経験が中心にないと成長できないのです。このような基礎ができあがるにつれて、乳幼児のこころの中にこの関係性のあるイメージ（あるいは複数の

イメージ）が確立されます。そのイメージそれ自体をクラインは、身体的に情緒的に満足を与え支え続ける、**よい内的（部分）対象**と呼んだのです。このよいという意味は道徳的に良いということでは**ありません**。また乳幼児が経験を、いわば並べ替え、まとめ、分類することができるというわけでもありません。むしろクラインは、乳幼児はこのような満足する瞬間や、その瞬間に関わった対象に**しがみつく**ことについて語っています。そしてその瞬間は快を与え、活気に満ちて、まとめ上げる性質を伴い、乳幼児に身体面、情緒面、そしてビオンのモデルや最近脚光を浴びている発達研究の観点からみた認知面にも大きな影響を及ぼすのです^{（原注53）}。

　クラインは**よい対象**を確立することが本質的に重要であると考えましたが、それは最近の早期の母子関係に関する研究の重要な知見と結びついています。ただ、クラインの説明にはこの母子関係の重要性を越えた別の側面があります。乳幼児がよい経験を探し求めしがみついているときに、乳幼児の経験の中で他に残っているものを、ただのどっちつかずの出来事、ある種の空白の時間、白色ノイズと同じようなものとして解釈すべきではない、とクラインは考えているのです。乳幼児に残るものは、身体的に不快で、痛みを伴い、情緒的に苦痛をもたらすものなのです。つまり、乳幼児の経験はポジティブなものと同様に、ネガティブなものをたくさん付加されているものでもあります。クラインは早期の発達に関する地図の中で、ポジティブな経験と同様にネガティブな経験にも重きを置きました。クラインは、悪い経験がどういうものかについて細心の注意を払うべきであると考えていました。つまり、悪い経験は外的にも内的にも生じてくるということ、その赤ん坊に与える大きな影響、悪い経験が内的表象の中で変容すること、こうして（今や内的なものとなった）**悪い対象**に立ち向かいながら、赤ん坊が自分自身や周りの世界をさまざまに感じていく変遷、これらについて注意を払うべきだと考えたのです。

　クラインは大人や子どもとの精神分析を重ねながら、早期の発達について考えるようになりました。早期の発達において、内的なよい対象が形作られ、内的なよい対象と関係を持つようになると、情緒的にそしてこころで、母親とのより深い関わりを持つよう発達していこうとする乳幼児の原動力の中心ができあがります。しかし、クラインは、もし生まれたての乳幼児がよい経験をしたとき、その

経験の中にある別の側面としての悪いイメージによって妨げられることのないこころの状態でさえあれば、自分が外的に経験していること（そして内的表象）に、しっかりと確実に関わることができると考えました。そのような乳幼児にとって欠くことのできない感覚を達成することができるのです。また乳幼児は苦痛や不快感を生じている状態でも、それを何とかしていくことができなければなりません。そのためには、周りに注意を払う能力と、満足感を持つ能力があれば、そのときの記憶があって邪魔されることはないのです。同じように乳幼児は、よい状況においても生じてくる、満足できないような局面も、何とか対処しなければなりません。そのためには、よい経験を受け入れることが損なわれず、うまく働くことが必要なのです。クラインは次のようにも示しています。悪い経験は乳幼児のこころの中でスプリットオフされ、隔離され、母親との「よい」関係性の外側に固定されるのです。乳幼児は生き残るために、理想的なよい経験やそこから生じる内的なよい対象を取り入れ、同一化する必要があるのです。そしてその一方で、人のこころが生まれ持っている**スプリッティングと投影**の能力を使って、悪い経験やそれによって生じる内的な悪い対象を取り除くのです[原注54]。

　そうした試みは必ずしもうまくいくとは限りません。ある不快感は乳幼児の取り除こうとする試みさえも、ものともしないように思えます。またある悪い記憶は乳幼児のこころによみがえり、突然乳幼児のこころを蝕む力があるように思えます。こうしたことが生じると、乳幼児は押しつぶされやすく、しかも乳幼児が母親とつながっている感覚も壊されてしまうとクラインは感じていました。いったん苦痛が取り込まれてしまうと、乳幼児は、自分の周りのものに対して興味を持ち満足を得るといった側面を、まったく受け取ることができなくなるようです。苦痛のないときには、興味をひくようなものでもそうなのです。こうしたことからクラインは、生まれたての乳幼児はよい経験と悪い経験を、同時にこころの中に留めておくことはほとんどできないと考えました。

　しかしながら、こうした悪い経験やよい経験は、外的な世界に由来するものであれ、乳幼児の中から生じてきたものであれ、実在のものではありません。よい経験や悪い経験は、乳幼児や他のだれにでもよくわかるような客観的な性質**だけ**で、よい対象や悪い対象に変化するのではありません。客観的に悪い経験と客観的によい経験とを、ただ単に分けるといった問題だけではないのです。ごく普通

第2章　精神分析理論と早期発達論

のよく世話されている赤ん坊においては、外的状態と内的状態の組み合わせによって、出来事の受け取り方がどのように色づけされるのかも問題となるのです。これはその時々でかなり不安定なものにもなるのです。手のかかる赤ん坊におっぱいをあげようとするのは、母親にとってはまさにこうした予測のできないことなのかもしれません。

　ボウルビィとスターンは、乳幼児は外的な現実の中で、実際に起こったことのみを内在化することができると主張しています。クラインのモデルにおいては、乳幼児の知覚は取り入れや投影が働くことで影響を受けるのです。知覚（あるいは誤った知覚）の循環は、悪循環となることも、好循環となることも起こり得ます。乳幼児がある気持ちになっているとき、その中の悪い感情を母親の中に投影すると、乳幼児はその後、母親をよい対象として取り入れることが妨げられるかもしれません。こうしたことの例として、乳幼児が授乳を待っているとき、泣きながらとても苦痛を伴うこころの状態に陥る様子があげられます。そのとき乳幼児のこころの中にある乳房のイメージは、苦痛の感情に満たされてしまいます。そうなると自分の感じた苦痛によって作られた「悪い」イメージの乳房とは違うものとして差し出されたとしても、そのとき乳幼児が乳房に近づいていくことは、とても難しいことになるかもしれません。同様に「よい」経験の取り入れは、欲求不満や怖くなるような状況から生じる大きな影響を弱めるかもしれません。そして赤ん坊はより耐えられるようになるのです。たとえば、赤ん坊が風邪をひくと、うまくいっていた授乳が痛みのため混乱したり、うまくいかなくなったりすることがあります。そのときある赤ん坊が他の赤ん坊に比べていつも、もしくは時によって、授乳の困難さをうまく処理しているように思えることがあります。それはよい経験の取り入れが影響しているからかもしれないのです。

　乳幼児はかなり幅広い刺激に絶えず影響を及ぼされます。けれども母親と乳幼児の相互作用に関する研究においては、乳幼児には生まれつき、母親がしてくれる世話の身体的な側面や、認知的な側面を最大限に見つけ出したり、引き出したりする能力があると言われています。精神分析的な見方によれば、乳幼児の精神生活の最初のニーズは、絶対的なよい対象（理想対象）に向かい、その対象のもとで乳幼児自身がまとまっていくのです。そのことは母子相互作用の研究成果と同様、乳幼児には持って生まれた高いレベルの原動力があることを示しています。

第Ⅰ部　理論と方法

そしてその原動力は、母親の心理的な能力と乳幼児の中にある能力を引き出すことに向けられ、乳幼児はこのプロセスを促進するために、自分が経験したことを受け止め、複雑により分けていくのです。言い換えれば、スプリッティングと投影は生きていくための欠くべからざるメカニズムと考えられるのです[原注55]。

　乳幼児は周りの世界と接していく際に、取り入れ、スプリッティング、投影といった心理的能力を使うのですが、そうした能力は、それぞれの赤ん坊で生後間もなくからまったく異なっています。たとえば苦痛を感じたときにある乳幼児は、泣いたり、足を蹴って動かしたりして、自分を悩ませているものを追い払ってしまうことができます。そうすることでおっぱいやなだめてくれることを、受け入れることができるようになるのです。ある赤ん坊は、まるでこの苦しみが、自分自身の中に閉じこめられたままであるかのように、締めつけられるような感じで泣くように見えます。そして母親が注意を向けてくれるのを、あまり自由に受け取れなくなっているのです。それゆえ個々の内的な世界がどのようなものであるかは、個人個人の生まれつきの身体的、心理的素質と外界との経験が複雑に絡み合って起こってくるように思えるのです。発達に関する研究によって、限度はありますが、乳幼児はごく身近で社会的な世界を作り上げることに活発であることが示されています。クラインの精神分析的モデルにおいては、実際の外的環境や生物学的状態がどうであるかという限度はあるものの、乳幼児は内的世界を作り上げていくことにもまた、とても活発な主体なのです[原注56]。

ひとりの人である気づきと依存している感覚

　出生直後の最初のよい情緒的関係性には、強みと限界があります。それは完全によい関係性として理想化されているのですが、突如として完全に悪いものに変貌してしまうのです。クラインは、生まれたての乳幼児は自分のするさまざまな経験を、最初は関連づけることができないと考えていました。乳幼児にとっては自分の口と母親の乳房との間で、また自分の頬と母親の肩との間であるときに交わされるよい関係性があります。それと同じ状況であっても、別のときにはミルクが早く来すぎたり、母親の肩が自分の頭を支えてくれずにぶつかってしまう

第2章　精神分析理論と早期発達論

と、悪い関係性が生じます。乳幼児はその両方の経験を関連づけることはできないとクラインは考えたのです。こうしたふたつの経験は乳幼児のこころの中で主にふたつの別の部分として存在すると考えました。クラインにとっては、発達していく上での次の課題は、乳幼児が別々のものとして経験していた母親を、どのようにまとめていくのかということでした。そして母親をひとりの連続性のある人として、どのように受け止めていくのかということでした。これはとても複雑なプロセスであり、このプロセスによって乳幼児は母親を必要としているという思いを一部に持ち続け、最終的には母親がいなくなったときに、寂しく思うことができるようになると、クラインは考えていたのです[原注57]。

　この変化がどういうものであるかは、さまざまな形で記されています。けれども、生後7か月ぐらいに大きな発達の転機が訪れるというのは、今では誰もが認めていることのように思えます。つまりその頃までに乳幼児は、自分自身や母親をひとりの人として経験することができるようになるのです（Stern 1985; Dunn 1977; Trevarthen 1980）。この発達には、認知的な部分と情緒的な部分の両方があると思われます。「ひとつにまとめ」られるものは、物理的な対象ばかりでなく、情緒的な対象をも含むからです。情緒的な対象とは人間であり、自分が他の人から分離していることは、他の人を求める情緒的なニーズがある最中に経験されることなのです。さらに、「覚醒時の無活動」状態のときに、乳幼児がどういうことに気づいているかばかりが問題ではないのです。しっかりと安定した知識があり、乳幼児がいろいろな状態のときに経験することを、ひとつにまとめることができるかもまた問題なのです。クラインが貢献したのは、こうした乳幼児の発達を情緒的な次元から受け止めたことであり、乳幼児の経験がこのように変化していく先駆けになるものに注目したことなのです。乳幼児は母親に対して幅広い感情を持てるようになっていきますが、この中で乳幼児が母親とのさまざまな経験をどのようにして統合するようになるのか、という点からクラインのこの発達モデルは定式化されたものです。赤ん坊が母親との関係におけるさまざまな見方をこころに留め、まとめることができるようになるということは、赤ん坊にとってはグラフの軸のようなものを作ることになるのです。それによって赤ん坊は時間と空間の中で、母親の存在を確固たるものにすることができるのです。赤ん坊が母親に対する感情を広い範囲でわかるようになればなるだけ、自分の感情は、外的世界

第Ⅰ部　理論と方法

にある、他から与えられたものとして受けとめるのではなく、自分のものとして受けとめられるようになるのです。こうした認知と情緒のふたつの発達以外にも、母親と離れているという感覚、自分の経験を変える能力を母親が持っていることへの気づき、そして母親に頼っているという感覚が育ってくるのです。出生直後から乳幼児は、母親との関係性が現実的にあるということを、かなりまとまった形で理解する瞬間があるとクラインは考えています。そしてこの赤ん坊の捉え方の変化、これを**抑うつポジション**と名づけたわけですが、その変化は主に生後3か月以後にやっと弾みがついてきて、生後1年目の真ん中あたりまでには、しっかりとしたものになると考えています[原注58]。

　こうした統合へのプロセスについて、そしてそのプロセスがスプリッティングや理想的なよい対象といった、早期に必要とするものからどのように生じてくるかについて、クラインは考えました。その考えの中心にあるのはこころの痛みという概念なのです。妄想分裂ポジションから抑うつポジションに移るときには、赤ん坊は次のふたつに直面することになるのです。ひとつは (a) 理想的な関係性をなくしてしまう苦しみ、そしてもうひとつは (b) 悪い経験にどう対応し、悪い経験から生じてくる陰性の感情にどう対処するかという問題です。乳幼児は、母親以外のだれかに預けられることや、離乳といった悪い経験が、母親からきているものであり、その母親が別の状況では、快さをもたらす大切な源であるということがわかるようになります。すると、乳幼児にとって母親との関係性はより傷つきやすいものとなり、母親のこともより曖昧なものになります。こうした状況の中では、母親に怒りを感じると、不安がかき立てられる経験をします。そこで乳幼児は、ある意味で、その怒りを自分自身の感情として保つか、もしくは一時的にでも妄想分裂ポジションの状況に戻るか、どちらかを取らなければならないのです。妄想分裂ポジションでは、苦痛の源、そして苦痛を投げ込む受け手として悪い対象を保つことができます。赤ん坊はもっと現実的に母親を知覚するので、すぐに妄想分裂ポジションを放棄できるだろうと言う人がいるかもしれません。けれども逆にクラインは、乳幼児が母親との現実的な関係性に不安を持ったり、がっかりしたときに、それに耐えられるようになって初めて、母親をより現実的に見ることができるようになる、と考えたのです[原注59]。

　赤ん坊の中で生じるこうしたプロセスは、母親との外的な関係性にもはっきり

第2章　精神分析理論と早期発達論

と変化をもたらします。それと同時にクラインはこうしたプロセスが、母親の内在化されたイメージとの関係性にも変化をもたらすとも考えました。乳幼児が外的な母親に頼っていて、助けられていると意識的に感じ始めると、不思議なことなのですが、同じようなプロセスが内的にも生じるのです。そのプロセスの中で乳幼児は、外的に必要なものを求めている瞬間でも、内的なよい対象を呼び起こして、こころに留めることができるようになるのです。苦痛を経験している間にでも、内的にまとまっている感じを持ち始めることができるようになります。そして苦痛による大きな影響があっても、ただバラバラになってしまうのではなく、そうした苦痛を経験できるようになるのです。赤ん坊の内的な世界がさらに統合されてくると、内的に連続した感覚を持てるようになります。だいたい生後半年ぐらいで、こうしたプロセスは進展し、確固としたものとなります。そうなると、乳幼児は母親が外的にいないときにでも、こころの中の母親との内的関係性を維持できるようになります。母親がいないと寂しいと感じられるのは、こうした内的な関係性があるからなのです。ダン（Judy Dunn）(1977) は次のように記しています。「子どもが母親のいないことに気づき、新しいやり方で母親がいてくれればと感じるようになるとき、深い変化が生じているのです。これは発達において、まさに画期的な出来事として考えられるものです」。

　この内在化された母親と関係を持つことができることと、外的な世界と関わる際の認知が発達することとは、同じことではないのです。認知的な発達は一度獲得すれば、そう簡単に失ってしまうものではないのです。精神分析の経験からすれば、情緒的に学んでいくことは、それとはかなり異なった発達をすると考えられるのです。乳幼児にとって大切なよい人がいないときに、その人と内的な関係を持つことができるようになっても、その間に乳幼児は必要なものが満たされないことをとても強く経験することになるかもしれないため、それは不安定な情緒的進歩なのです。こうした内的なよい関係があるために、赤ん坊は希望や信頼といった気分を持ち続けることができたり、ある程度我慢ができるようになったりするのです。それでも遅くなったり、離れたりしているときには、そのよい関係も不安、怒り、絶望のなすがままとなってしまいます。その感情には赤ん坊の持つ内的なよい像を蝕み、壊す力があるのです。分離の経験は程度の差こそあれ苦痛を伴う経験なのです。そのため、今はいないよい人を寂しく思う感覚を、悪い

第Ⅰ部　理論と方法

嫌な人に見捨てられたという感情に変えてしまう圧力が、絶えずかかることになるのです。赤ん坊にとっては、母親との絆を維持していくことは格闘であり、いつもそれができるとは限らないのです。こうした挌闘ができるようになるのは、結局のところ情緒的な成熟の一部として、長い時間をかけて発達していくしかないものなのです。外的な喪失や失望によって、かき乱される感情に直面するときに、希望、愛情、創造性を損なわず、維持していくことが必要になってきますが、これは大人になっても引き続く問題でもあるのです。

象徴的思考の発達

　抑うつポジションが達成されると、象徴機能に基づいた外的現実との新しい関係性が始まると、クラインは考えています。外的現実との関わりが広がっていくこと、象徴的思考やプレイができるようになることについてクラインが示唆したものは、その死後さらに発展し、重要な流れとなりました（Segal 1957; Bion 1962b; Winnicott 1971）。

　これまで乳幼児の発達について、現にそこにいる母親への心理的な依存関係ができあがることを中心に説明してきました。その関係とは、つまりパーソナリティの基礎の一部分として内在化された外的な関係性のことです。生後1年目さらにその先を通過する中で、第二の大きなより糸となるものがあります。それは乳幼児がこころの中で分離していることを経験し、実際の出来事として分離を経験すること、つまり広い意味での離乳を経験することなのです。ここまで述べてきたモデルから考えれば、こうした発達ラインのいずれもがお互いに大きな影響を及ぼし、その影響がこころの中で象徴形成を生み出すことになるのです。次に述べるのはかなり図式化された発達についての解説です。象徴形成の早期の段階をモデルとして表すために、意図的に経験をさまざまな側面に分けたのです。

（ⅰ）母親と乳幼児が顔と顔を合わせること

精神分析も発達心理学もそれぞれの観点から、新生児と周りの人との間で起き

第2章　精神分析理論と早期発達論

る、乳幼児の潜在的なニーズが周りの人の世話で満たされるような、微妙で複雑な関わり方について記しています。また赤ん坊が成長しようとするときに、限度はありながらも、この潜在的に必要とするものが、どのように周りの人に理解されるのかについて記しています。赤ん坊には、外界と接触を持つための能力に合わせ、育んでくれるような環境が必要なのです。こうした周りの環境があれば、(a) 乳幼児は外的世界と関わりを持つ能力の中で情緒的に支えられている、そして (b) 乳幼児は自分自身の未発達な（だが発達途上の）こころという器官が、受け止めることができ、まとめあげていくことができるという経験を得るのです。ビオンとウィニコットの研究において、乳幼児が必要とするものと外的対象が一致することによって、乳幼児はそのような出会いを大切なものとすることができると述べられています。また、そのような出会いと、知覚することはできても何であるか意味がわからないような外界からの侵害とを区別することができるとも、述べられています。

　フロイト (1911) はこころの発達について次のように説明しています。発達のプロセスが進む中で、非現実的なこころの活動（空想や幻覚）が、現実と関わり、意識的な思考ができるようになっていくのです。クラインはこれらを再検討し、次のように説明しました。つまり、幻想を持つ能力を、現実との関わりを持つ上で妨げになると考えるのではなく、情緒的状態を具象的に取り入れ、投影するという乳幼児の幻想を通して、乳幼児が人との関係性を持てるようになるための**手段**になると考えたのです。また幻想を、こころの現実とともに、こころの生活の一部としてずっと持ち続けていくものであると考えるようになりました。こころは幻想と関わりを持ち続けることが必要なのであり、外的な現実とだけ関わる能力と対立したり、取って変わられたりすることはないのです。クラインの考えをその後発展させた人たちの研究によって、幻想はこころの生活のひとつの側面として、さらに大きく考えられるようになりました。そして幻想は、最も基本的な形での意味の理解や成り立ちに関係し、そして外的世界との関わりの中で、周りの人がいかに重要であるかを取り入れるための手段となっているとも考えられるようになったのです。

第Ⅰ部　理論と方法

（ⅱ）母親がいるところで分離している経験

　生後間もなくから母親に抱かれ、授乳され、見つめられ、話しかけられるといった経験は、乳幼児の中に内在化されます。そしてその経験によって乳幼児は、自分がまとまった存在であるという感覚を持ち続けることができるようになり、とても長い時間をかけて周りの世界に加わっていくのです。また内在化することによって、赤ん坊は最初の瞬間の関係性の中で生じた生き生きした感じや親密さを自分自身の中にコンテインしていると感じることもできるのです。乳幼児は、自分と母親が一緒にいるときの自分自身と母親の間にある空間を、こうした最初の関係性におけるある側面を再度作り上げることができる場所として考えるようになるのです。だから乳房にとても近いところで、赤ん坊は乳房を吸いながらひと休みして、母親を見て、母親の服や手を撫で、母親に話しかけるのです。これを**再創造**と呼び、こうした第二の関係性がその場その場で導かれた、その瞬間の関係性の連続**ばかり**ではないということに注意を向けたいのです。内在化を通じて、赤ん坊は自分のこころの中で、母親との親密な関わりをひとつの概念として持ち始めるように思えます。そのとき赤ん坊は母親との関わりを活発に求め、外在化することができるのです。再創造と呼ぶことで、このプロセスを象徴的な表象と区別したいと考えているのです。撫でたり、声を出したりという動作において、赤ん坊がしていると感じていることは、母親と一緒にいた最初の経験の象徴的な表象というよりも、具象的な再創造であると考えられるかもしれません。シーガル（Hanna Segal）(1957) は象徴形成の発達におけるこうした段階に注意を向け、**象徴等価**と**象徴**とを区別したのです。象徴等価においては、意味は幻想の中で、外的な対象に具象的に押し込められるのです。それに対して象徴においては、外的対象は付与されるのです。そして対象はその意味とともに、もともとの外的な特性を持ち続けており、主体となる人にはその人の重要性がこころの中でひとつの関係性として感じられているのです）。

　今まで述べてきたことを考えれば、母親との外的関係が親密であるように感じているときには、乳幼児は自分の内的なこころの状況を外的に表すことができているように思えます。ウィニコット (1971) はそうした活動がプレイの始まりになると考えています。3か月から6か月までには、乳幼児は母親とプレイするのと

第2章　精神分析理論と早期発達論

同じように、ものともプレイができるようになるのです。そのときものに興味を持ち始めるのを目にするかもしれません。そのときの感覚－運動系の衝動によって、そうした興味がもたらされているということは、疑うべくもないことです。そればかりでなく、乳幼児のこころの表れであり、母親との最初の関係のある要素を再び作り上げ、探索しようとする試みでもあるのです。ですから、乳幼児がものを口に入れ、バタンバタンと叩くのは、かつて乳幼児が乳房や哺乳瓶を吸ったり、叩いたりしたことがあるからなのです。このように見ていくと、赤ん坊は外的な出来事から学び、自分の周りの文化から意味を受け取るだけではなくなります。外的な世界は乳幼児にとって重要さを増し、そして意味あるものとしてとらえるようになり、さらに外的世界への興味が引き起こされるのです。

（ⅲ）実際の分離の際に赤ん坊の中で生じる経験[原注60]

　生後数か月の間は、分離は赤ん坊にとって経験することができない出来事のひとつと思われます。これは早期の分離は影響を及ぼすことはないという考え方ではありません。6か月に満たない赤ん坊は、母親をひとりの人であると見なせるようになる発達プロセスの中にいるのですから、この段階では赤ん坊はおそらく世話をどのようにしてくれるかにとりわけ敏感なのです。つまり自分が関わりを持つようになった部分対象が、どういうものなのかに敏感なのです。乳幼児はまさに周りの世界を部分対象として経験しているし、経験していくことになります。そこでの経験は、乳幼児が出来事を理解し、期待することができるようになり、自己感や母親の感覚をまとめ始められるようになるための前段階と考えられるのです。ここで安定せずいつも変化すれば、このプロセスは損なわれてしまうようです。6か月に満たない乳幼児が母親と離れている間に、母親や母親の部分を長い間こころに留めておくことができないとすれば、その乳幼児は母親がいなくても「寂しい」と感じないと考えられるかもしれません。しかし何か別の形で母親がいないことを苦しむのかもしれないのです[原注61]。

　外的環境の側のある程度の分離や「失敗」は避けられないものです。最初のうち赤ん坊は周りの世界をうつろいゆくように感じます。そうすることで、実際にはそこではしていない経験に関する空想をかき集める手段として、自分自身の感

第Ⅰ部　理論と方法

性と幻想の中に閉じこもることがあります。それの最もはっきりとした形が、指しゃぶりです。望み通りの経験を作り出すのに、もっと洗練された個性的な方法を取る、そんな赤ん坊もいるようです。つまり赤ん坊がそれぞれ口ずさんだり、自分自身の手を握ったりするのです。また、手に入れるまで待たなければならない苦痛を避けようとして、眠ったり、必要なものが満たされないことに注意を向けないようにする赤ん坊もいます。さらに、両親が「あれこれ厳しく注文される」経験をさせられるような赤ん坊もいます。そういう赤ん坊は実際に母親がいないときに、こころの中で母親がいるようにするための方法を自分自身で見つけることができないようで、「切り替える」ことができないのです。分離に対してこのように対応の仕方はさまざまあるのです。このことは生後1年の半ばくらいまでの赤ん坊は、**不在のよい対象**、つまり赤ん坊が対象がいないことはわかっていて、そのよいところを持ち続け、帰ってくるのを待っているような対象をこころの中にとどめることができないということを表しています。分離を経験している赤ん坊は、まるで対象が実際に存在するかのように、対象を「幻覚で作り上げ」、対象への興味をなくしてしまうのです。あるいは、悪い対象の存在に圧倒されてしまいます[原注62]。こうした意味で、赤ん坊は分離を経験することができないのです。

　この話を進めていくため、いくらか人為的ですが、ここで分離を分類する必要があります。赤ん坊にとっていわゆる避けがたいけれども何とか対応できる分離や環境の失敗が発達にもたらす意味と、もっと深刻で、押しつぶされるような分離が発達にもたらす意味とを分ける必要があるのです[原注63]。ごくありふれた対応できるような分離が、乳幼児の生活の中で比較的小さな部分を占めるにすぎない場合は、環境のこうした「失敗」に対して、赤ん坊にとって短い間自分自身で苦闘するための空間ができるのです。乳幼児はこうした分離の衝撃に触れるのを避ける方法を持っていますが、分離から何かを作り出していく能力も同時に育つのです。

　ビオンのモデルによると、外的対象（最初は乳房であり、後にはひとりの人としての母親）がいなくなるために、乳幼児はこころのイメージを作り上げていくよう迫られるのです。そのイメージを持つことで、乳幼児は不在であるという経験（思考）による衝撃に耐えられるようになり、対象がいることで得られる、その瞬時の感

覚的喜びに熱中し続けなくてもすむのです。ウィニコットによれば、母親が「ほどよい」母親であれば、環境のある程度の失敗は、赤ん坊がその欠落を創造的に補うための刺激となるのです。このモデルでは、コンテインする母親がいること、そして基本的に母親からの分離が対応できる程度であること、**このふたついずれもが**、乳幼児が発達していく上で必要であると考えられているのです。対応できるくらいの不在であることが、分離していることに気づくための助けとなるのです。乳幼児がこうして生じる感情を何とかこなすことができれば、自分の内的なものに頼り、考えることを利用することに頼る感覚を育み始めます。乳幼児は自分の思考や感情を、外的世界から離れたものとして経験し、しかも外的世界との象徴的な関係性の中で経験し始めることができるのです。乳幼児のコミュニケートする能力もまた、象徴的な活動として考えられるようになるのです。

　乳幼児が経験する分離は、乳幼児の自分自身がまとまったものであるという感覚がひどく損なわれることで苦しんでしまうことのないよう、乳幼児の消化できる能力の範囲内におさめる必要があります。実際には試みては失敗しながら決まっていくのが基本になります。母親と乳幼児にあまりにも大きなプレッシャーがかからなければ、離乳がこうした意味を持つことがしばしばあります。それは乳幼児が喪失に直面しているときに、ある程度こころの中によい経験を維持していくことができるように、あるリズムやペースで離乳していくときです。そのように離乳することと、どんな理由があるにしても、よい経験を維持することができない段階やできないスピードで離乳することとは、まったく違った離乳になるのです。前者のよい経験を維持できる場合は、乳幼児は自分の記憶や想像の世界の中で、離乳を何かにしていくことができます。しかし後者のような場合では、乳幼児のこころの世界の基準を越えた消化できない、未知のものが残る危険性があるのです。

（ⅳ）内的対象関係の表現としてのプレイ

　生後1年目の中ごろまでには、赤ん坊は身体的にも精神的にも、少しずつ母親から分離していきます。その意味では、離乳は赤ん坊が生きていく中で重要な部分を占めています。そして、その後子どもが獲得していく長いプロセスの一部分

第Ⅰ部　理論と方法

なのです。これまで自立へ向かう外的なプロセスの段階は、赤ん坊の内的世界の発達に基づいて理解できるということを述べてきました。そして外的なものへの依存は、部分的に内的対象への依存に少しずつ変わっていくのです。

　ひとりの人としての母親との間に生じる分離しているという感覚は、生後1年目の半ばあたりで発達します。その感覚によって乳幼児は、自分自身のこころが外的な世界とは異なった何かであると感じるようになります。こうなる時点で乳幼児は、内的世界を占めているものを外在化し、再創造することができるようになるのです。そしてその能力は象徴的な特性を獲得し、外的世界と新たな関係性を持つことができるようになるのです。それにより外的世界が意味であふれる場所となります。同時に、こうしたことによって乳幼児は意味をこころで理解することができるようになるのです。

　外的世界は母親がいるときの喜びを（たとえば、毛布を使ったプレイを通して）再創造するために使われるようになります。1年目の後半頃には、母親がいないという衝撃がより消化されるようになると、外的世界は、母親がいないことについて探索するための劇場にもなりうるのです。しかしその大胆な冒険が脆いものであることは、それより以前のプレイ（ⅱの段階）に比べても明らかなことです。乳幼児は自分自身がしているプレイによって圧倒されることがあります。おもちゃの並べ方やおもちゃが壊れることでむずかったりするのです。外的世界、それ自体に快となるようなものがなければ、乳幼児は長い間にわたり、外的に、そしてこころの中で内的に、象徴的プレイの原動力となるような母親との関係性を維持することはできないでしょう。母親とのこうした関係性は象徴的プレイの原動力となるもので、たとえば分離していることや依存していることに基づいた関係です。新生児の頃にそうした喜びをもたらした世界は、ずっと乳幼児をとらえて離さない場所であり続けるのです。その世界は身体的な対象と出会うときの感覚的、知的な快さをも有しているのです。さらに、プレイそのものをすることによって、乳幼児は関係性の持ち方が広がっていくばかりでなく、自分の感情の新しいコンテイナーを作り上げることもできるのです。乳幼児にとって最初は、母親が外的世界の唯一のコンテイナーであり、仲介役であったのですが、乳幼児がプレイするようになれば、母親がこころに持っていた重荷の大きさをいくらか減らすことで、乳幼児の成長は助けられるのです。しかし、そのように乳幼児にとって地平

第2章　精神分析理論と早期発達論

線が広がることが可能で、満たされたものになるには次のようなことが不可欠なのです。つまり、大まかに言うと、母親（さらにはカップルとしての両親）との間で乳幼児が持つ内的関係が、十分に愛情と豊かさにあふれたものであることが必要なのです。そうすることで、外的世界との出会いにある意味をもたらすような関係性の再創造を生み出すことができるのです。

おわりに

　実際に母親がそこにいること（もしくはいつも献身的に世話をしてくれる人がいること）によってのみ、新生児は連続性を持つこと、集中すること、感覚的な快さを持つことができるのです。このような快い経験は、乳幼児は知覚をまとめていくことができ、こころの発達のプロセスを進めていくことのできるような、乳幼児の基本的な能力を呼び起こすために必要なのです。こうした必要なものが十分に満たされ、乳幼児が差し出されたものを使うことができれば、生後1年の間に外的な人に絶対的に依存することは減っていきます。世話をしてくれて頼れる人たちとの間に親密さやパターンが生じていれば、乳幼児は自分自身の中にあるパターンや連続性があるという感覚をすでに持ち始めていたということになります。つまり、乳幼児はいずれ自分自身の自己感を持つでしょう。母親が自分に対して注意を向けてくれることで、乳幼児は今起こっていることに注目し、起こっていることに少しずつ興味を持つことができるようになるのです。母親が自分のことを考えてくれるという経験をすると、乳幼児は自分自身の経験をよく考え始められるようになります。世話されたときの快さから引き継がれたものは、乳幼児が意味を付けることができる関係性や活動の幅が広がることについての期待、能力、楽しみの中に見出せるように思えるのです。

乳幼児を観察すること
方法についての検討

マイケル・ラスティン
Michael Rustin

　本章では精神分析に基づく乳幼児観察の方法を概説します。行動主義的、実証的でより「科学的」な乳幼児研究との関係や、また一方では精神分析臨床との関係を説明します。そして、精神分析に基づく乳幼児観察の方法が対照的な他の研究方法を補うことができるということ、子どもの発達を理解するために役立つことを示したいと思います。

　第1章では、基本的な観察の設定が示されました。観察者は事実に基づいて逐語的に観察したことをセミナーグループに提示します。乳幼児観察の目的は、個人的な経験の中から情緒的な意味合いについて考えるための素材を得ることです。したがって重要なのは、経験とそのエビデンスがスーパーバイザーのセミナーにそのまま出されることにより、急いで理論をあてはめて解釈されたり、カテゴリーに「分類」されたりすることなく検討されることです。最も役立つ観察報告とは、赤ん坊の活動の詳しい記録、家庭での会話、その他のやりとり、(観察者を含めた)参加者の感情について繊細に、正確に描写するものです。この学習のプロセスは、観察が日常の言葉によって記録され、そのため観察場面の現実の状況に近いことに基づいています。観察報告を書き上げることは、後で抽象的な用語を使うとどのように解釈されるか検討することからは、できる限り分けておかれます。そのため、この方法ではエビデンスを集めることと理論的に推論することとを、互いにある程度分けておくことが重要なのです。これまでの経験からわかってきたことですが、観察を解釈するよりもまず記録することで、観察者の知覚は自由になります。また、ディスカッションの間に、最初に観察者が記録する段階で思い出したり感じたりした以上のことを観察の場で見ていた、あるいは、

第3章　乳幼児を観察すること

その場の瞬間には不確かに見えた状況が違って見えてきたということがしばしば起こります。観察者やセミナーグループがあまりに早い段階で理論化するということは、本当の理解の方法というよりも、情緒的経験の苦痛を防衛しているか、無視していることが多いのです。訓練生は、2年間の観察コースの終わりに論文を書きます。通常これには観察者にとって最も影響力のあった観察の流れや、全体的な発達の振り返り、観察において実際に起こったことが含まれます。こうして観察者は、観察と自分自身の経験、スーパーバイザーとセミナーグループの反応などを含む、自分がさらされたプロセスをこころの中にまとめ上げていきます。

　観察者は毎週観察を行い、記録を書き続け、定期的に発表とディスカッションを行います。この手順を踏みながら、観察者は2年間の乳幼児と母親の発達について考えることができるようになります。こうして個々の母子カップルについて深く知ることができるようになります。また観察を同じ場所で、そしてしばしば週の同じ時間帯に規則的に行うことで、恒常的な設定が得られます。その中で観察の理解が繰り返し検証され、修正されることになります。一貫した観察枠組みを保つ目的の一部は、精神分析臨床において中立的で安定的な設定を重視することからきています。しかしそれだけではなく、観察を定時に行うことで、データを集めるための手続きが得られます。というのは、定時に入浴や授乳といった同じ活動が何度も観察されることがよくあるためです。観察家庭を選び出す手続きは、科学的な無作為標本を集めるという条件を満たすものではありません。私たちは、観察家庭を見つけるときにしばしば使われるネットワーク（保健師の家庭訪問、GP[訳注1]、近所の知人、あるいは出産育児支援財団[訳注2]）を通して、社会的にほどよく多様な範囲の家庭に接触することができます。しかし、この手続きには計画的でないという性質があります。また、観察者を受け入れるかどうかは、母親の自己選択に任されています。これは、どのような母親が当初は見知らぬ観察者が定期的に自宅に訪問することを受け入れるかということに影響します。そのため、

[訳注1] General Practitioner は総合診療医であり、英国では各人が登録する。NHS医療の窓口となる。

[訳注2] National Childbirth Trust は、英国で1956年に設立された出産育児の支援を行う慈善団体。

第Ⅰ部　理論と方法

事例となる家族がより大きな人口の統計的な代表であると主張することはとても
できないのです。

　この後の章では、2年間の観察期間の最初の1年間から選ばれた母親と乳幼児
の観察が、文章の形でかなり詳しく報告されています。それぞれの観察では、1
時間の訪問中に起きたことが物語形式で提示されます。各章で選ばれた観察の事
例は、時系列に沿って報告されます。報告が観察中の特定の出来事に絞られると
きもあります（たとえば、赤ん坊の授乳）。観察期間の全体にわたって物語形式で観察
を提示する形をとるのは、1年間の乳幼児の発達における継続性や関連性を明ら
かにするためです。

　家庭で観察するという自然な設定についてはすでにお話ししました。観察者が
そこにいるということが家族にとってまったく影響力を持たないはずはありませ
ん。とはいえ、母親にはいつもの日課をなるべく変えないように依頼します。確
かに、観察者の存在によって家族にわき起こる感情は意味深いものとなりうるも
ので、本書のいくつかの章で取り上げて検討されます。しかしながら、観察は乳
幼児の自然な発達を普通の状況の中で時間を追って追跡しようとします。これら
は、ビデオ記録、マジックミラー、精密な時間測定などの技術手段を使ったより
厳密な科学的実験室研究で行われるように、研究目的ごとに特定の行動を選択す
ることはありません（たとえば、知覚的スキルや認知的スキル、認識あるいは記憶など）。

　また、これらの観察は日常の一般的な言葉で記述されるという意味でも、自然
な設定です。その意図は、第一に日常の出来事や状況の中で起きる母親と乳幼児
の相互作用を、全体として検討することです。あらかじめ定義された特定の科学
的視点から接近し、この全体的関係性を抽象化するためではないのです。自然の
条件のもとで家族について研究することを選ぶならば、相互作用の全体に焦点を
当てて報告することが必要です。対照的に、限られた特定の行動を集中して取り
上げる方法を選ぶならば、その行動を毎日の生活の喧騒とは切り離して検討でき
るように観察あるいは実験状況を設定する必要があります。

　このように、本書の観察プログラムで使われている事例研究法は、子どもの発
達研究において近年発展してきた方法とはいくらか異なっています^{（原注1）}。精神
分析に基づく乳幼児観察は、精神分析の臨床的方法に密接に関連し、そこから発
展しています。したがって、研究手段の中心は一対一の親密な個人的接触であり、

第3章　乳幼児を観察すること

その相互作用についてできる限り隅々まで細かく内省します。これに対して、発達心理学研究は厳密な実証科学の手法を強く目指しています。この方法では、研究のために特定の行動を取り出し、一定の実験手続きを定めます。主観的な解釈はほとんど行わず、因果関係の仮説を検証するために実験を計画します。発達心理学研究はより公共的な観察方法を目指しています。対照的に、精神分析から発展した乳幼児観察は、観察者の主観に頼る私的な方法であると言えます。

　しかしながら、別のところで示すように、近年このふたつの学派の間で、そしてそれらふたつの学派と第三の重要な研究分野であるジョン・ボウルビィ（John Bowlby）と共同研究者たちによるアタッチメント理論との間で、ある程度意見が一致する傾向が見られます[原注2]。最も重要な「一致」領域は、認識、感情、アタッチメント（3つの用語は各学派の主要な関心に大まかに相当します）の特定の絆が母子間で誕生してすぐに、見方によっては誕生より前から形成され始めるということです[原注3]。これは3つの学派間の新たな合意です。何歳の時点でどのような能力や資質が乳幼児にあると見なすことが科学的に正しいかについては、未だに議論があります。その一方で、乳幼児にとって母親が持つ特別の重要性が誕生してすぐに始まるということは、ほぼ確立されたと言えます。乳幼児が他の誰よりも母親の存在を見分けて選り好む能力、そして母親との多次元的な（あるいは、ダニエル・スターン（Daniel Stern）(1985)の用語で言えば「多様式的な」）関係性にすぐさま入っていくことが証明されました。生後1、2年という早期の段階にある乳幼児にとっての母親あるいは主要な養育者の特別な重要性というのは、ボウルビィと実証を重視する心理学者たちとの間で激しい論争の的でした。また、メラニー・クライン（Melanie Klein）が主張した乳幼児の情緒的経験に注目する精神分析の仮説は、根拠のない机上の空論にすぎないと広く見なされていました。ですから、母親－乳幼児の関係性が早期に基盤を持つという点についての新しい意見の一致は歓迎すべきものです。乳幼児のニーズや乳幼児から母親や養育者に対する要求について理解が深まることは、子どもに関する福祉の政策や実践に貢献します[原注4]。

　実験的研究法やその他の行動主義的な観察研究方法は、綿密に区切られた時間枠の中で起こる現象について確かなエビデンスを生み出してきました。たとえば、生後何日、何週間、何か月の時点でどのような能力を乳幼児が持っているか、短い測定時間内に起きる相互作用と分離の間に、どのような知覚的、情緒的な反

第Ⅰ部　理論と方法

応を母親に示すのかについての知見です。また、実証的研究方法によって以下の
ことも確立されました。まず、生後数年間は、話すことを含め、母親との頻繁で
濃密な相互作用の役割が大きいことです。そして、ひとりの人として赤ん坊に特
別な意味を持つ母親（あるいは母親に相当する人物）についての乳幼児の理解と反応
が、さまざまな能力の発達にとって重要な影響力を持つことです（これは単に心理
学を最もありふれた人間理解に合わせただけだと見えるかもしれません。しかし、それでもこの進
展は重要です。たとえば、新生児のケアや入院中の乳幼児のケアの分野では、病気などの理由に
よって早期に母親と分離することが、母子の情緒的絆の形成を妨げることがわかってきました）。
メカニズムについては未だにはっきりしませんが、この成果から乳幼児早期に母
親と親密な関係性が持てないことで、どのような発達的なつまずきが起きやすい
のかを推測することができます。別のところで論じるように、精神分析の理論は
こころの状態のモデル、そして生後2年間における乳幼児の感情の複雑さに関し
ては、先ほど述べた実証的研究方法の成果よりもはるかに進んでいます。また一
方では、子どもの発達研究において生後数か月間に乳幼児に与えられる養育の質
の重要性について意見が一致したことで、少なくとも一定の共通理解の素地がで
きました。このことは、異なる学術的伝統を持つ研究者たちが生産的に対話する
道を開きました。

　子どもの発達心理学における実証的研究方法は非－精神分析的であり、通常の
用語の意味で「分析的」です。複雑な形式の行動や相互作用を正確に見つけ出し
て、それぞれの要素や構成成分を細かく分けて別々に研究しようとします(原注5)。
対照的に、ここで紹介している観察研究方法は統合的あるいは総合的であること
を目指しています。この研究方法は、母子関係が発展する中で、全体的な一貫性、
繰り返し生じるパターン、そして、それを通して赤ん坊の個別の性格が現れてく
る様子を捉えようとします。そこで生じる葛藤や緊張も重要な研究項目ではあり
ますが、個人的な性格と関係性の一貫性や整合性は重要なテーマです。発達心理
学者による大規模な研究では、研究対象をさまざまな要素に分け、数値で表して
集計する方法が使われています。そのため、個人の同一性や性格の個人差は二次
的なものとして扱われます。発達心理学で追究されるのは、おおむね人口全体を
代表する典型的な個人の事例から導いた総合的な説明ではなく、明確に特定でき
る行動やひとまとまりの行動単位についての確実な知見なのです。

第3章　乳幼児を観察すること

　研究方法の間のこのような対照は、他の社会科学において、特に社会学と文化人類学の間でも見られます。民族誌やライフヒストリー（生活史）、事例研究法といった研究法は、単独の観察者が特定の共同体、個人、集団を研究するときに、通常の生活が営まれる状況の中で使われます[原注6]。他方、社会科学者は、たとえば社会調査や実験計画法のような数値化して量として集計する手法を使ってデータを集めます。そして、行動についての属性や変数、それらの因果関係を研究します。前者は研究対象である人々の主観的経験（ある社会的関係を成立させている「主観的意味」）[原注7]を取り上げ、行為の全体的な社会的文脈を示し、集団や状況の個別性を繊細に捉えることを目指します。後者の方法は、あらかじめ独立した属性や要因を明確に取り決めて、それらの相関関係を調べることで、妥当な一般化や因果法則を導くことを目指します。民族誌や事例研究法はオリジナルな洞察の源となる可能性があります。そこから概念や仮説が形成され、後でより厳密な実証的方法によって検証されるかもしれません。あるいは、大規模な統計学的研究によって因果的関連があることがわかっているものの、詳しくは説明されていない社会的プロセスやメカニズムがあります。事例研究法によってそれらを探索できるかもしれません[原注8]。たとえば、主要な養育者と乳幼児の関係の継続性や破綻の影響に関して、発達心理学では大規模な長期的研究を行っています。それらを基盤として、事例研究その他の記述的観察方法によってさらに詳しく探索することも可能でしょう[原注9]。これらの異なる研究方法は互いに補い合うものであると考えています。

　本書で紹介している観察研究はこれまで述べた意味で「自然な設定」で行われるものです。しかし、理論や先入観が観察者の念頭に無い状態で行われるわけでも、この方法が探索する上で実行可能な望ましい前提条件だと見なしているわけでもありません。観察者は、行動のある側面に焦点を当てる傾向を持っています。重要であるかもしれないことは何かについて、理論に基づいてある程度潜在的で決定的な前提を、観察の場である家族の中に持ち込みます。文化人類学者は、これから発見されるかもしれない意味、実践、価値に関連した予備知識を一通り携えて研究の「フィールド」に赴きます。それらは、村や部族社会に関する既存の報告や文献から得られたものです。それと同じように、精神分析の観察者もまた、一定の先入観や方向づけを持って自分たちのフィールドである家庭に赴

第Ⅰ部　理論と方法

きます。

　精神分析に基づく観察方法では、ふたつのことが観察者に求められます。それは、経験に整合性と形を与えることができる広い範囲の概念や潜在的な期待を持つこと、それと同時に自分がさらされる特定の状況や出来事にオープンで受容的な態度を保つことです。この点は、文化人類学者あるいは民族誌を用いる社会学者の方法と同じです。既知の概念のどれが有効にあてはめられるかはあらかじめ知ることはできません。またいくつかの先入観のうちどれがぴったり合うのか確信を得ることはできません。観察者は少なくとも初めのうちは、理解力の限界をはるかに超える経験に直面することがよくあります。この方法を実践するには、ある程度の期待と概念を緩やかにこころに保っておきながら、観察が進むにつれてその中で起きる経験に対して受容的であり続ける力が求められます。また、観察者には、家族や観察者自身の新しい経験に応答し考える準備が必要です。もちろんその新しい経験は、もともと持っている期待に簡単には、あるいはすぐには結びつかないかもしれません。これは、文化人類学や社会学の観察者がフィールドで出会う状況とそれほど異なっているわけではないのです^{（原注10）}。

　観察者が記録を書き報告するとき、理論用語を避けて日常の言葉を使う主な理由は、ある状況に先入観を押し付けないようにするためです。観察される現象を理論用語にあてはめて分類するよりも前に、複雑さをすべて保ったままで観察者のこころの中に収めるには、ある一定のスペースが必要なのです。この方法では、個別の事例について具体的に記述された観察を、精神分析の概念や理論用語に結びつけて抽象化するのは、セミナーと経験豊かなセミナーリーダーにほぼ任されるのです。そうすることで、観察素材が十分に探索され、消化されるようにします。このプロセスが終わり、個別の観察が十分に議論されたとき、あるいは2年間の観察プログラムの結果、最終的な論文にまとめられたときでさえも、抽象的な理論は観察にとって必須ではないと考えられています。最近まで、この観察方法の主な目的は、精神分析から発展した特定の概念を乳幼児発達の理解にそのまま応用することで、理論の洗練や修正ではありませんでした。しかしながら、より最近の精神分析の思考はむしろ乳幼児観察から影響を受けています^{（原注11）}。そのため、最低限にしか理論を参照しないのは乳幼児観察研究の特徴であり、クライン派臨床実践と対照的です。理由のひとつは、学生である観察者は子どもに関

第3章　乳幼児を観察すること

わる幅広い職業領域で働いているためです。乳幼児観察コースの後、修了者の多くはその職業を続け、それぞれの領域で異なった形で観察の経験を役立てていきます。そして修了者のうち半分だけが、子どものサイコセラピストとしての臨床訓練を続けていくのです。

観察の焦点

　この後に続く章では、観察者たちはいくつかの関心事を共有しています。観察はそれらのまとまりに沿って大まかに形作られています。以下に、それらの関心事を示します。

　赤ん坊の身体感覚と経験への関心。特に、情緒的状態やこころの状態が現れてくる土台として。

　生後数か月間の赤ん坊の母親との関係の性質。特に授乳に関連して、赤ん坊の世話や心地よくしてあげることに関わることすべてを含みます。

　離乳のプロセスと母子にとっての離乳の意味。

　乳幼児が遊びを通じて自分のこころの状態を表現し、象徴的に探索する能力。特に離乳や母親がいないとき、どのように耐えるかということとの関連において。そして、より広い家族的文脈について成長しつつある認識との関連において（たとえば、きょうだいとの競争、父親についての感情）。

　新生児がいることと新生児の要求がもたらす衝撃に対する母親（および他の大人）の反応。母親が赤ん坊のこころの状態を経験するときの、その経験の仕方を含みます。たとえば、満足できずにいる、苦しんでいる、怒っている、拒んでいるなど。

　きょうだい（特に低年齢のきょうだい）のこころの状態と感情、それが母子の経験に及ぼす影響。

　母親と周囲にいる他の重要な大人との関係。特に赤ん坊の父親、時に母親の両親であり、この周囲の重要な大人たちが早期の子どもの養育のために提供してくれるサポート。

第Ⅰ部　理論と方法

　観察報告は、これらの共有された関心事に沿ってまとめられています。これらの関心は、本専門的訓練プログラムの参加者に広く共有されている、乳幼児とその養育者のニーズのモデルから出てきたものです。しかし、さまざまな検討課題のどこを強調するかは、特定の家庭の個性や観察者の想像力によって観察事例ごとに異なります。いくつかの事例では、観察者の存在が母子関係にとって何らかの影響があったことが認められ、それについて描写されています。他の事例では、観察者が、自分が母親にとって重要性があったと十分気づくことができたのは、家庭訪問を終了して長い時間が経ってからでした。いくつかの観察では、低年齢のきょうだいの役割が母親と乳幼児の経験に対して大きな影響を与えていました。これが最も明らかに見られるのは一卵性双生児についての章です。次第に現れてくるふたりの赤ん坊の性格の違いとそれに対する両親の反応は、この報告の主要なテーマです。また別の観察では、両親が男の赤ん坊とその姉に向ける感情の違いが家族力動の中ではっきり認められます。それは、家族内で共有されている明確な性同一性や両親の態度を反映しています。第一子の観察はひとつだけですが、最初の赤ん坊が生まれるという大きな衝撃が描写されています。他の家族が、過去の子育てがたとえ苦痛と困難に満ちていたとしても、その経験をある程度頼りにして新しい赤ん坊に適応することができるのとは対照的です。

　観察者は観察経験の中で最も重要だと思われることを自由に取り上げるべきであり、その検討事項がある程度幅広いことは避けられません。後で提案しますが、これまで行われてきたよりもきめ細かく事例を「マッチ」させ比較することは可能でしょう。たとえば、第一子や双生児、ひとり親に生まれた乳幼児の事例を選び出し、その中で特定の発達課題に焦点を当てることもできるでしょう。また、乳幼児発達のいくつかの側面をあらかじめ選び、それらに少なくとも一定の注意が向けられるようにデザインして、新しく観察枠組みやプロトコルを開発することも可能かもしれません。しかし、本乳幼児観察の方法は、自然な状態で観察し、ある家族の固有の経験を捉えようとします。そのため、よりきめ細かくマッチングされた事例を集めたとしても、観察者が取り上げる経験や問題が非常に幅広くなる可能性はやはり高いのです。そして、この観察手続きのエッセンスは観察者が自然な設定で起こることを何であれ記録し、それについて考え、応答できる状態であることです。そのため、観察手続きを「標準化」する見込みはかなり限ら

第3章　乳幼児を観察すること

れています。

　これまで要約してきた観察の関心事や研究項目のまとまりは、大部分が乳幼児期に関する精神分析的な概念化から発展してきました。この研究の理論的文脈は第2章で検討されましたが、以下に基礎的な前提について簡潔に示すことは役立つかもしれません。

　赤ん坊が両親や周囲の人々にもたらす情緒的衝撃の大きさ、かき立てられる感情の強烈さ、その経験から生じる不安。

　母子関係の中で生じるポジティブな感情およびネガティブな感情と、親密な関係を保つためにネガティブな情緒をコンテインする母親の役割。

　母親（あるいは他の主要な養育者）が乳幼児のニーズに実際的にも情緒的にも応答できること、そして長期にわたり親密な関係を維持できることが乳幼児の発達に与える影響。

　母親に全面的に応答してもらえる状態を失うことや、見かけ上母親を支配しているような状態を失う状況に直面したときに、乳幼児が経験するかもしれない苦痛と悲嘆。そしてその経験によって乳幼児に課される試練。特に母乳や哺乳瓶から離乳するプロセスにおける経験。

　生後2年間に母親が乳幼児からの物理的・情緒的な要求に応えるのを助ける身近な人のサポートの重要性（通常はパートナー、または母親や姉妹等）、サポートがない場合に母子が苦痛を被るリスク（原注12）。

　赤ん坊の登場に伴って家族内でかき立てられる嫉妬や苦痛（きょうだい間、しかし父親や他のメンバーにとっても）、赤ん坊あるいは「一番小さい子ども」の立場から外されてしまったきょうだいのニーズに応える必要性。そして養育者に課される一度にふたり以上のニーズをこころに置くという重荷。

　パーソナリティがまとまっていくプロセスにおいて身体的・情緒的・心的経験の間につながりがつけられること。赤ん坊の経験が、一部は養育者の身体的・情緒的・心的夢想を介して、どのように自己と他者についての一貫性ある経験としてまとめあげられるか。身体的に抱っこすること、情緒状態に応答すること、そして思考し言葉を使い始める能力の発達において母親が欠かせないパートナーとなること。

第Ⅰ部　理論と方法

　遊び、そして後の段階では言語を通した象徴形成と、乳房や母親が不在となる
経験との関係。移行対象あるいは象徴的対象（指、ブランケット、おしゃぶり、特定の
おもちゃ）と不在の母親イメージとの関連。

　母親との相互作用を通じた赤ん坊の最早期の同一性発達。研究対象として赤ん
坊の同一性、内的世界、親のこころの中での赤ん坊の位置。通常範囲内のパーソ
ナリティ発達の中での個人差と早期の関係性の関連。

　以上に述べてきた前提を私たちは持っています。これらの前提によって、この
観察研究がなぜ主にある領域に焦点を当てるのかが、ある程度説明されます。観
察者とセミナーグループは、早期の関係性の大きなつまずきが乳幼児の発達に潜
在的には破局的影響をもたらすかもしれないことを認識しています。しかし通常
このことは、普通の家庭の観察で大きな懸念となることはありません。ただ、こ
のことは臨床的、予防的な福祉実践や研究に関わる人々にとって重大な関心事と
なってきました^{（原注13）}。

観察と理解すること

　ここまで乳幼児観察の主な関心領域と背景にある母親と乳幼児の正常発達の理
論的前提について述べてきました。観察される現象と先ほど述べた関心事や理論
的前提とはそれぞれどのようにつながっているのでしょうか。観察者が観察のプ
ロセスをすべてコントロールすることは不可能です。また、ある時点において何
が観察者の注意と思考の主な対象なのか、しばしば明確ではありません。その中
で、どのようにして観察者とセミナーグループの同僚にとって正確で信頼できる
ような形で母子関係を記述することができるのでしょうか。

　出来事と会話の物語形式で記録され、明確には構造化されていない観察がどの
ように「理解」されるのかという問題は、精神分析に基づく乳幼児観察に限った
ことではありません。社会学と文化人類学のフィールド研究は多くの似通った論
点を提出しました。これらの方法は自然な設定で、研究者や学生でなく主に研究
対象によって形作られる状況の中で観察します。このように研究の条件を選ぶと

第3章　乳幼児を観察すること

いうことは、得られる素材があらかじめ分類も整理もされていないということを意味します。この条件のもとで研究方法を明確化し洗練するためにできるのは、観察の視点や意味づけに使う予備知識を可能な限り明らかに、そして自覚的にしておくことです。逐語記録と、そこから組み立てられた解釈的な描写やコメントをともに検討の材料にすることで、解釈のプロセスをできる限り検証しやすく開かれたものにします。さらに、毎週の観察頻度と2年間の観察期間、そして確固とした技法は、継続性を最大限に、介入を最小限にすることを目指します。そうすることで規律のもとに思考するために最もよい条件を整えるのです。しかし、社会科学のフィールド研究では、短い間隔で観察を繰り返すことや発見したことを共同で振り返ることといった研究の仕組みは、必ずしも常に実現できるものではありません。なぜなら、研究対象となる状況は極めて流動的で素早く変化するので、乳幼児観察のような形でまた同じ状況に戻り、繰り返し検討することはできないかもしれないからです。

　もうひとつ精神分析に基づく乳幼児観察が他の民族誌的方法と共有している特徴があります。それは、観察者がいかに受身的で介入しない役割を取ろうとしても、ある程度観察者がその場の**参加者**であることは避けられないということです[原注14]。観察者は訪問する家庭で何らかの影響力を持つ役割を担うのは疑いのないことです。この点は、この後に続くいくつかの観察で述べられます。観察者はしばしば静かな援助者の役割となります。観察者は、赤ん坊と母親をただ見たいと思っている、信頼できる人物としてその場にいます。すると、母親は赤ん坊の実際的・情緒的な要求に流され続けているばかりではなく、赤ん坊のことを考える時間を得ることができます。時に母親は観察者の共感的な関心に同一化することで、観察から恩恵を得ているようです。母親は、赤ん坊が訴えかける感情やニーズに取り囲まれることと、それらを追い払って、しばしば赤ん坊の犠牲のもとに、防衛的に安全な距離をとることとの間に立たされることがあります。そのとき、観察者の存在は、ふたつの態度の間で情緒的に落ち着くところを見つけることを助けるように思われます。母親の赤ん坊への献身をサポートし、それでいてその衝撃に圧倒されずにいる共感的な大人の存在は、乳幼児のケアにおいてしばしば非常に重要です。ある母親が観察者の存在を暗黙のうちに情緒的に頼ることは、乳幼児の母親にとってこのニーズがいかに重要かを示しています。そして、

第Ⅰ部　理論と方法

観察はわずかでもその助けを提供できるかもしれません。もちろん、すでに家族
や友人との生活の中に深く編み込まれて満足している母親であれば、観察者の存
在は関心の隅に置かれる場合もあるでしょう。しかし、母親が孤立した状況にい
る場合、観察者が母親とよい関係を持つことの困難が、母親が自分の状況に対処
する上でのより深い困難を示していることもあります（そしてもちろん、観察者の個人
的な関係性の困難が、定期的な観察を続ける文脈の中で起きてくることもあるかもしれません）。

　以下の事例研究においては、観察は多くの概念や「ものの見方」に関する理論
的前提に沿って形を整えられています。たとえば、赤ん坊の身体的な感覚や経験
は、身体的－心的状態の連続線上のどこかの部分として見ることができます。観
察者は、赤ん坊が身体的にまとまっている状態であること、あるいはパニック、
吸うことによって（あるいは噛むことによって）母親にくっつくことなどを重要だと考
えます。なぜなら、それらが赤ん坊の身体的な行為だけではなく、こころと身体
の全体的な状態を表すものであるからです。赤ん坊が成長とともにより高い身体
能力や運動技能を獲得するというだけでなく、それらを使用して（視線や動きによっ
て）注意を焦点づけ、意図を追い、こころの状態を表現するということが観察で
は想定されています。観察者が身体の動きに細かく注意を払うのは、身体発達の
実験室研究をものまねするでたらめな試みだと理解されるべきではありません。
そうではなく、早期のこころの発達と身体の発達の間に分かちがたい関連性があ
ると見なす、より全体的な観点を反映しているのです。たとえば、授乳時に見ら
れる母親に対する優しさや攻撃性、身体の頑丈さや病弱さは、乳幼児の身体とこ
ころにまたがる現象です。これらひとつひとつが、現れつつある乳幼児の同一性
にとって、またそれらを促進するかどうか両親が特定の反応をするという点にお
いて、中心的な問題です。こうした観察では通常見られませんが、中にはとても
困難な事例があります。そこで見られる身体的発達のつまずき、あるいは自閉症
に見られる儀式的で自傷的な常同行為への逸脱は、傷ついた同一性がそのような
形式で主に現れていると見ることができるかもしれません。傷ついてしまい発達
が妨げられた事例では、こころと身体の分化が明確には進まないのです。

　観察の第二の理論的前提は、母親と赤ん坊の相互作用は、発達しつつある関係
性のさまざまな側面として理解できるということです。これは特に早期の段階で
観察の中心となる研究対象です。観察者が新生児に最初に接近するのは、通常は

88

第3章　乳幼児を観察すること

母親が赤ん坊について語ることを通してです。初めの段階は、赤ん坊の直接観察からだけではなく、母親がいかに赤ん坊を知覚し経験するのかということからその赤ん坊について学びます。そこから、いかに母親が赤ん坊のニーズや願望に応えるのか、いかに赤ん坊が母親のケアや献身を引き出すのか、またふたりの関係性の中の特定の喜びや失望の領域について知ることができます。赤ん坊は、母親がどの程度自分に応答してくれる状態であるかを知り、また母親の愛情深さを知覚し、それに応じて注意や活気、あるいは無関心や空虚な状態を示します。本書の事例研究は、母親と赤ん坊が互いに至福の喜びを得ている様子を描写しています。しかし、いくつかの事例ではお互いの意思の真剣な格闘が報告されます。ある観察者は、赤ん坊（生後5か月）が「ありふれた幼少期の日常にある些細な行き違いを、母親と交渉して妥協しようとする」様子を描写しています。そのような相互調節のプロセスはどの観察でも報告されるのです。

　観察の対象が個人ではなくむしろ関係性であるために、観察記録は複雑さを捉えて繊細に記述されるものであることが特に求められます[原注15]。単にある時点で赤ん坊ができることやどのような赤ん坊であるかだけではなく、母親と赤ん坊双方が関係性の中でいかに発達していくかが描かれます。発達心理学においても母親と赤ん坊の相互作用は目下の研究テーマです。実験室の不自然な条件のもとであっても、母子の相互作用の豊かさと複雑さの一端は描写されています[原注16]。しかしながら、特定の年齢における母子の相互作用のパターンを設定された条件のもとで記述することと、2年間にわたって進展するパターンを継続的に追跡する試みとの間には違いがあります。家庭という設定で行われる乳幼児観察の事例研究では、特定の母子の相互作用パターンを描写することについて、実験室研究より不正確にならざるを得ません。しかし、それぞれの母子カップルが密接につながりながら発達するプロセスを明らかにできるという利点があります。

　物語形式に基づく全体的な観察アプローチは、発達プロセスの連続性を重視する観点と結びついています。フロイト（Sigmund Freud）以来の精神分析の伝統では、同一性のルーツは早期の経験に根ざすと考えられています。そして、（子どもの精神分析の初期の発展に続いて）乳幼児観察はまさに赤ん坊の誕生から母子の発達の連続性を探索する可能性をもたらしました。臨床上、研究上の精神分析の関心は、重大な発達のつまずきとその潜在的な原因に注目する傾向がありました。その点

第Ⅰ部　理論と方法

は、最初の1年間にわたっておおむね通常の発達を遂げている乳幼児の例では主要な問題ではありません。代わりに乳幼児観察は、より微妙で繊細な問いに取り組みます。それは、性格の個人差の通常範囲内で、いかに1歳児の同一性が形成されるのかという問いです。観察報告では、赤ん坊の生来的な特性がいかに発達を促されたり、拒否されたり、放っておかれたりするのか、ということが検討されます。ある家族（スティーブン）では、おそらく部分的には文化的背景のために身体的な感情表現が好まれています。そのことは、赤ん坊の性格のある部分を特に伸ばしたようです。もうひとつの家族（ハリー）では、母親は赤ん坊の攻撃的な感情に対処することに悩んでおり、このことは将来にわたって潜在的に深刻な葛藤として持ち越されているようでした。双生児の家族では、両親がそれぞれの子どもたちに持つ感情が個々のパーソナリティの形成に意味や影響をもたらすかもしれないということが特にはっきりと示されています。いずれの事例でも、母親と赤ん坊（そしてしばしば他の家族メンバーとの間）の内的および外的経験の間の濃密で微妙な相互作用が発達の基盤となります。そして、その中から赤ん坊の素因が十分に形となって表に現れるのです。こうした子どもたちがどのように発達していくのかを、通常の観察期間が終わる生後2年目の時点まで追跡することは、実に興味深いことです。よちよち歩きの段階の話し言葉の発達や、ひとり歩きによって前に比べて独立していく様子を観察することで、どのように性格が形成されるのかについてのエビデンスがさらに得られるでしょう。またそれらの発達のプロセスと、ここで指摘してきた早期の経験とを関連づけることで多くのことが学べるでしょう。

　本書の乳幼児観察の研究では、乳幼児の様子をどのように描写するかは精神分析の思考に強く方向づけられています。しかし、その方向性は理論的に詳しく、あるいははっきりと述べられているわけではありません。これにはさまざまな理由があります。第一に、観察は研究プログラムの一部ではなく、訓練の一部として行われます。そこでは通常、できる限り理論用語よりも自然な言葉を使うこと、直接観察すること、経験したことそのものの複雑さと衝撃について明確に内省することこそが、最もよい学習プロセスであると考えられています。あまりに早すぎる段階で理論用語を使い、いくつもある理論的定式化の候補からどれかをあてはめることは、観察状況そのものにきめ細かく注意を払うことを助けるよりは、

第3章　乳幼児を観察すること

むしろ妨げてしまいます。まず研修生は、精神分析の概念に対応するような、何らかの心的・情緒的現象を強烈な形で経験します。その後で、必要性が出てきたときに初めて精神分析の概念（たとえば、無意識的意味、転移、逆転移、スプリッティングと投影同一化）を応用してその経験について記述します。教育の手法として乳幼児観察を行う主な目的のひとつは、まさに精神分析の概念と情緒的経験との「一致」を示すことです。精神分析の概念を、情緒的経験と関連づけることなく抽象的に学ぶことはほとんど役立ちません。これは、ビオン（Wilfred Bion）が提案し、私たちに大きな影響を与えた、情緒的に「理解すること」と知識として「知ること」との区別に対応しています[原注17]。

　しかしながら、報告の形式がそれほど理論的でない第二の理由は、観察から生み出されるエビデンスの性質に関わっています。精神分析理論は、主に患者の夢、連想、言語的・非言語的素材の分析を行う精神分析臨床を通して進化してきました。メラニー・クラインは幼い子どもの分析を開拓し、子どものプレイや描画を用いて先ほど述べた技法を拡張しました。それらの素材は通常、分析セッションの中で子どもの患者との会話の話題になります。クラインは、そこからある程度複雑なこころの構造の存在とその力動を推論しました。乳幼児期に関するほとんどの精神分析理論は、このように現在から過去にさかのぼって探求する形で発展しました。それは子どもや大人のこころの中に乳幼児のこころの部分がずっと残っていたり、再び活性化したりするというエビデンスに基づいています。また、複雑なこころの構造があるということが前提とされていて（たとえば、古典的に夢がそうして解釈されてきたように）いくつもの意味の層が重なった象徴的コミュニケーションを分析することで複雑なこころの構造を理解できると考えてきました。こうした分析治療は患者と分析者の対話を通して行われ、そこから得られた理解は解釈を通して繰り返し検証されます。ある分析治療に効果があるかどうかの本質的な基準は、その治療が患者にどのような意味や影響をもたらすかです。明らかに1歳か1歳未満の赤ん坊の象徴能力では、古典的な精神分析の方法で解釈できるような素材を生み出すことはできません。まして乳幼児観察は主に受身の方法であり、精神分析臨床と同じような形で治療として働くはずがありません。

　第2章で述べられた最近の精神分析では、非言語的、身体的な表現に以前よりも関心を注いでいます。子どもや大人の深刻な事例では、乳幼児期のこころの状

第Ⅰ部　理論と方法

態と早期の母子関係がその後のこころの生活にもたらす結果について多くの重要な考えが生まれています。それらは乳幼児観察の発展を深く方向づけました。精神分析の知見がなければ、乳幼児観察の中で赤ん坊のこころの経験と身体の経験のつながりや、母親と赤ん坊の間で思考と感情の親密な相互作用が行われることに対する関心は生まれていなかったでしょう。それでも、研究の焦点はひとりの乳幼児のこころよりも、母親と赤ん坊の関係性に向けられます。赤ん坊のこころの構造は、まず母親との親密な関係の中で発達していきます。その後で、母親とは別に単独で機能することが本当にできるようになるのです。

　こうして観察の中でどのように学んでいくか、観察のプロセスがどのようなものであるか、観察される乳幼児の早期の発達段階とはどのようなものか、といったことすべてを考慮すると、複雑な理論を使うことを控えて観察を報告する方法がおのずと導かれます。精神分析の理論は観察の目的からすると本質的に重要ですが、ほとんどの場合間接的な形で暗に述べられているだけです。子どもの精神分析に親しんでいる方々は、観察の中で鍵となる精神分析のモデルや考えが多くの事例で使われていることに気づくでしょう。たとえば、先ほどふれたアンドリューは、時に極端な優しさと「容赦ない小さな乱暴者」との間を行き来するので母親は困惑していました。アンドリューのこころはふたつに分かれた状態であり、愛と憎しみ、よい対象と悪い対象の分裂を示しています。これはクライン派のこころの発達理論の中心的な話題です。またアンドリューには、それまで取り入れたものや生後数か月の間に得たものに基づいて形作られた内的世界の発達を見ることができます。今後アンドリューは、そのモデルが母親の不在、きょうだいとの競争、そしてドアの向こうの見なれない場所といった外的現実に対して通用するのか、試行していかなくてはなりません。アンドリューは、母親がいつも自分のためだけに応えてくれる状態でいるわけではないと実感します。そしてその実感がつのることには、最初のうち、特に夜の間は慰めようがないほどの苦痛を伴います。しかし観察では、母親がいかにアンドリューの感情に触れて向き合っていくのかが示されます。また、アンドリューがこころと身体の発達から新たな喜びを得ながら欲求不満を乗り越えられるように、母親がいかにアンドリューを助けることができるかが示されます。

　この観察方法を用いる観察者に特に求められるのは、感情に対する感受性と、

92

第3章　乳幼児を観察すること

感情について思いをめぐらせる能力です。観察者が、赤ん坊が母親にもたらす衝撃のいくらかを感じることができたとします。しかし、それだけでは母親と赤ん坊の中心的な関係性を理解したに過ぎません。そこには、もっとさまざまな同一化のプロセスが関わっています。たとえば、赤ん坊に応答してその不安や苦痛を感じることから、赤ん坊のニーズに対する母親のさまざまな応答の仕方に至るまでが含まれます。観察者が赤ん坊や母親と一緒にいる間に、赤ん坊と母親の多彩なこころの状態を受け入れられるように、穏やかで受容的な状態でいられることが鍵となります。母子カップルのお互いの喜び、赤ん坊の苦痛、母親の情緒的な引きこもりの記述は、一見何の変哲もないもののように見えるかもしれません。しかし、それは観察者が母子カップルの感情をこころの中に取り入れ、その後に思い起こし、振り返ることができて初めて可能となるものなのです。観察者は他者と自分の情緒に気づき、こころに収める記録者でなければなりません。

　この観察者の能力は、精神分析の臨床実践において必要な能力の基盤です。これまで述べたように、約半分の参加者にとって観察はサイコセラピー訓練のための準備コースの一部として行われてきました。しかし、これらの観察報告では精神分析の技法に関する概念は使われません。それと同じように観察の最中も、観察者は精神分析による理解を一時的にさし控えるように助言されます。記録では、母親による意図しない無意識のコミュニケーションについて気づいたことが書き留められるでしょう。観察者は母親が言ったこととともに、はっきりとは言わなかったことに耳を傾け、その沈黙の意味について考えることを学んでいきます。たとえば、ハリーの母親は極めて有能だという印象を周囲に与える人物でした。しかし、実は以前の出産がとても苦痛な経験であったこと、そして新しい赤ん坊に対処する上でサポートが無いことが明らかになりました。また観察者は、母親が赤ん坊について話すことと、実際に真実であると思われることとの大きな違いに気づくかもしれません。アンドリューの母親が息子のことを、いかに「年老いて」、「生活に疲れて」いるかを描写したとき、観察者はその潜在的な意味について思いめぐらしました。そして、その言葉がそのときの赤ん坊を正確に捉えたものであるというよりは、母親自身のこころの状態を反映したものとして見るほうが妥当だと感じたようです。観察者が、母親から赤ん坊へのコミュニケーションの無意識的な側面に対して感受性を高めようとするならば、観察状況の中

第Ⅰ部　理論と方法

で暗に示されるもの、比喩的なものについて気づいていかなくてはなりません。

　観察者は、母親が観察者に抱く感情についての感受性を高めることが望まれます。なぜなら、乳幼児期の初期は強烈な情緒に曝される状況であり、母親自身が共感的な関心を向けられることをとても必要とする状況です。そのため、とても強いけれども十分には認識されていないアタッチメントという問題が関わる可能性があるからです。再びアンドリューの事例では、観察者が訪問したり休んだりすることと、それに応じて母親が世話の日課やリズムを変えること、そして赤ん坊がより自立するように押し出される瞬間とが呼応していることが記されました。そのような母親の観察者へのアタッチメントは、観察の中で解釈や治療的介入が行われることも、またそのような意図もないとはいえ、精神分析臨床で起こる転移関係に似たものとして理解することができます(原注18)。受身的で共感的な観察者のあり方は、明らかに治療者の役割とは一線を画すものです。しかしながら、観察者はそうした状況の中でこころや感情の状態について受容的、内省的に考える習慣を学び始めます。そして、それは通常観察者にとって後に専門家として成長していくために役立つものなのです。

　観察者には母親と赤ん坊によって引き起こされた独特なこころの状態の源を見定めるために、かなり自己を吟味することが求められるのは明らかなことです。赤ん坊の観察経験によって観察者のこころの中にしばしば圧倒的な感情がわき起こります。しかし、その圧倒的な感情について考えると同時に、それを他者の実際のこころの状態を知るための有効な手がかりとして使うことは、たやすいことではありません。観察者自身のニーズや脆さのために、観察から受容的に取り入れるよりも、自分の強烈な感情を観察状況の**中**に投影するかもしれません。また、そうする中で理解を深めるよりも歪曲するかもしれません。感情のエビデンスを得ることそのものが、母親と乳幼児の相互作用を理解する上で中心となります。しかし、その感情に対していかに応答するかを学ぶことはとても難しいことです。

　観察者がこれらの情緒的な相互作用について考え、理解することに自分が与えるポジティブ、ネガティブな影響について検討する際、セミナーのスーパーバイザーと参加者が助けになります。セミナーでは、観察者の主観的なこころの状態を、母子の関係性の中で生じている感情状態の手がかりとして検討します。こ

第3章 乳幼児を観察すること

の点では、セミナーのディスカッションは、単に教育方法というよりは、観察プロセスの延長と見なされるべきだと言えます。ディスカッションはしばしば、それまで観察者が気づかなかった重要な状況の側面、あるいは意識上ではほとんど捉えていなかった相互作用の性質について思い起こし、理解することにつながります。

ちょうど精神分析における転移と乳幼児観察の経験のある部分が比較できるように、逆転移の概念もまた、観察場面と関連性があります。精神分析理論においては、患者を理解するために患者からの無意識のコミュニケーションを積極的に使うことは「逆転移」と呼ばれ、有用な技法として考えられています[原注19]。これは、元々は精神分析において主に潜在的な歪曲と見なされていました。しかし、後になって、とても早期の基礎的なこころの状態（たとえば第2章で描写されている投影同一化）を理解するための有効な情報源として見なされるようになりました。本書では、精神分析における原始的な無意識のコミュニケーションは、ある側面では生後数か月間の赤ん坊と母親の間の感情の流れに似たものとして理解されます。母親のこころの機能は、赤ん坊のこころの情熱的な状態を吸収したり調節したりするという観点から理解されます。精神分析的サイコセラピーにおいて、分析者がこうした早期のこころの機能を探索して患者を理解する様式についての考え方は、乳幼児観察に関わる人々に特に影響を与えてきたのです。

転移の概念と同じように、本観察研究でも逆転移について明確に述べることはほとんどありません。これらの用語は精神分析臨床から生まれてきたものであり、精神分析の技法の中心的な問いに関わります。そのため、これらを観察設定に適用することはやや正確さに欠けるので、観察の文脈ではその使用を控えることで臨床と観察の区別が尊重されています。とはいえ、観察者がある状況の一側面として自分自身の感情に気づくことは数多くあるのです。そして、観察者自身と観察されている人々の両方についてその感情が明らかにする内容を検討する必要があると気づいています。観察者の役割は主に受身的であり、歓迎されない感情さえも安易に行動やおしゃべりを通して発散されることはありません。それにより、観察者は消化して考えるために多くのことを得ます。第1章で述べられたように、この豊かな素材を繰り返し振り返り、学んでいくことができるため、観察は後の臨床訓練の有効な準備であると考えられています。

第Ⅰ部　理論と方法

　観察者が観察状況に対して意図せずに影響を与えること、観察者がその場の集団内で担う役割に基づくものの見方が影響を与えること、といったより広い問題は、これまで文化人類学研究や社会学研究との関連で盛んに議論されてきました。観察者から生じる歪曲をできるだけ少なくするためにここで取られている方法（最小限の活動、介入しないこと、受容と中立の態度、観察したことすべての緻密な記録）は、他のフィールド研究で取られている方法と似ています。精神分析的アプローチがそれらと一線を画すのは、経験の情緒的次元に焦点を当てていることです。これが実りある理解の源となるには、自己の気づきや暗に示された無意識的コミュニケーションへの繊細な感受性を高める特別な訓練を必要とします。観察者はしばしば、観察経験について内省的に、また明確に考えるためには個人分析の経験が助けになると気づきます。

想起することと観察を記録すること

　ビデオやマジックミラーなどを使う機械的な記録システムが社会で広く普及したため、他の形式の乳幼児研究ではそれらの技術が盛んに利用されてきました。近年、乳幼児の行動の研究が発展を遂げましたが、その一部は、実験室研究法による正確で構造化された観察なしには実現しなかったでしょう。しかし、全体として精神分析に基づく観察者は、重要な例外はありますが、それらの技術を使うことはあまりありません。

　こうした技術を用いないのは、研究の主な目的として、情緒と感情の相互作用に焦点を当てるということから生じています。行動に焦点を当てる研究では、ある種の突き放した態度と自己の主観的体験から距離をとることは適切です。しかし、本観察方法ではそのような態度は観察の一助になるというよりは、むしろ繊細な観察に対して壁を作ることになると考えられています。赤ん坊によって引き起こされる強烈な感情というのは、両親が日々赤ん坊を世話し育てている状況の本質的な要素なのです（感情があからさまに否認されるときでさえ、このことはあてはまるかもしれません）。そのため、情緒的な要素を最小限にする、あるいは取り除く傾向を持つ研究方法は、精神分析に基づく乳幼児観察からすると深刻な問題となるの

第3章 乳幼児を観察すること

です。ただ、非人間的な距離をとることには潜在的な利点もあります。ひとりの観察者が継続的に思い起こし、正確に文書で報告する能力に頼る記録システムでは、別の種類の歪曲と情報の損失を被る可能性があることが知られています。しかし、本研究では進展しつつある関係性に焦点が当てられます。その関係性自体がとても繊細で移ろいやすい性質であるため、主観的な要素を含む方法でなければ理解することはできません。機械的な記録よりも、個人が観察セッションを思い起こし書き起こすことに頼る方法を重視するもうひとつの理由は、これまで乳幼児観察の実践によって形作られてきた訓練機能です。見聞きし、感じたことを思い出して正確に言葉にすることは、観察の方法を学ぶために、また観察者自身が鋭敏な記録者として成長するために不可欠なのです。

　研究の主題である赤ん坊と母親の感情とこころの状態を適切に記録しようとするならば、特定の方法を選択する必要があります。この手続きが選択的であることは避けられません。なぜなら、ある目的のためにデザインされた観察方法は、他の目的のためには適切でないかもしれないからです。とても小さな対象、あるいは遠くにある対象を研究するためには、顕微鏡や望遠鏡などのふさわしい装置が必要です。それと同じように、人と人との間の感情の流れを研究するためには、その感情の流れを感知し、取り入れることができる人間の知覚を持った記録装置が必要です。感情の相互作用を研究するという特別な問題を脇に置いたとしても、家庭での自然な設定で普段の生活を営む中で母親と乳幼児の研究を行うのであれば、非人間的、あるいは踏み込むような研究や記録の方法で実施することは困難でしょう。

　しかしながら、精神分析の訓練を受けた研究者は、時に機械的なデータ収集や記録の方法を使うことに否定的すぎたり、防衛的であったりするかもしれません。精神分析が第一に臨床の事例研究に立脚しており、それとは反対に、学術分野の心理学者のほとんどが行動主義的な方法論をとっていることは、研究方法に関して時にお互いのこころを閉ざしてきました。これまで病院や保育所で撮影された価値ある（そして影響力のある）子ども研究があるように、観察セッションを録音したり録画したりすることにも十分な利益があるかもしれません[原注20]。もしこの観察方法が、この後に検討するように研究を目的としてより厳密な形で利用され、観察者が書いた記録の正確性を測る何らかの独立した測定方法や相互作

第Ⅰ部　理論と方法

用のシークエンスを繰り返し検討する機会が得られるならば、とりわけ有益でしょう。

研究方法としての乳幼児観察

　これまで述べたように、本書の観察研究は、研究プログラムとしてではなく子どもの治療の訓練コースの中で不可欠な要素として行われました。このことは、40年前にタビストック・クリニックの乳幼児観察コースにおいて小規模で始まって以来、これまで行われたほぼすべての乳幼児観察に当てはまります。いかに慎重に実施されスーパーバイズされたとしても、専門教育の目的で行われた研究は、科学的な目的があらかじめ定められた研究プログラムとは大きな差があります。乳幼児観察の事例研究はスーパービジョンを集中的に、しかも十分に受ける条件で行われていて、その成果は示唆に富んだものであるかもしれません。しかしそれは比較研究を目的として計画されているわけではなく、標準化された測定方法や厳密に定められた研究項目に沿って行われているわけでもありません。こうした理由のために、この素材をもって科学的研究が目的であると主張することはあまりに野心的すぎて無理があります。

　しかしながら、科学的研究のために将来この観察方法の固有の強みをもっと活用していくことはできるでしょう。深く探究し多くのことが明らかになるという点は、この観察方法ならではのことです。そして集中的でもあります。ひとつの家庭に2年間かけて毎週訪問して観察するには、多くの時間を必要とします。また、高い水準の観察技術が求められます（子どもに関わる経験がすでにあっても、観察者は長期間にわたり情緒的な相互作用を正確に記録し、解釈するための特別な訓練とスーパービジョンを必要とします）。こうした設定による研究は、前もって構造化することが困難です。観察が行われるさまざまな条件を完全にコントロールすることはできません。さらに、観察者の関心も母子関係の進展につれて変化していきます。その一方で観察者は、この方法によって実験室研究よりはるかに母親と赤ん坊が生活する状況のすぐそばに接近することができるのです。

　事例研究によって最も豊かな結果が見込めるのは、新しい現象を記述するこ

第3章　乳幼児を観察すること

と、それまで認識されてこなかったそれらの諸側面のつながりを発見すること、そして新しい仮説を生み出すことです。しかし、この方法は因果関係の検証、大規模な記述研究、あるいは正確な再現研究には十分適していません。この方法の強みは集中的ですが広範囲ではないのです。また、データを数値に表して調べられることよりも、データの深さが強みなのです。乳幼児観察研究は、精神分析の臨床研究のように妥当性の検証よりも発見の文脈によりぴったりと位置づけられます[原注21]。近年の精神分析理論は現象学的、観念的な方向に移っていて、科学的方法を重んじるフロイトの態度から離れてきています。その理由の一部は研究方法論によるものです。また一部では、因果関係モデルよりも、主観的意味づけを概念化することや一貫性を重視するモデルがますます好まれるようになったことによります。

　しかしながら、この乳幼児観察方法をより焦点づけられた乳幼児研究の形に適応させる見込みはあります。たとえば、科学的あるいは予防医学的観点から一定の特徴を共有する家族や乳幼児をあらかじめ選び出して観察することはできますし、興味深い研究になるでしょう。たとえば、早期の分離を経験した母子、里子や養子縁組された赤ん坊、双生児、シングルマザーに育てられた赤ん坊、あるいは障害を持つ赤ん坊などです。もし観察が共通の研究テーマに基づいて共同して、目的に合った標本を集めて同時に行われるとします。その場合、（何よりも訓練目的であるために）前もって標本を選定しない場合よりも、複数の類似した事例を比較し、アイディアをふくらませる可能性がはるかに高くなることが期待できます。スーパービジョンセミナーはむしろ、進行中の調査についてのワークショップのようになるでしょう。経験豊富な観察者によって行われれば、さらに大きな利点となるでしょう。

　また、観察を研究目的で行うためには、記録の取り方を標準化する必要があります。鍵となる発達の段階を記録する決まった手順、社会的状況についての標準化されたデータ、重要テーマに絞った記録、定期的に行う検査の結果さえも、大きな不都合や損失を被ることなく今の観察方法に取り込むことがおそらく可能でしょう。乳幼児観察コースでは、観察者が家族の情緒的な衝撃や怖れを感じ取るのを妨げてしまうことには何であれ消極的です。少しでも抽象的な、あるいはあらかじめ分類するアプローチを取ることはそのような抑制につながってしまうと

第 I 部　理論と方法

危惧されています。しかし、研究プログラムの文脈においてはいくぶん異なる優
先順位をつけることが適切であるかもしれません。そうすることで、行動主義的
研究との間でお互いの成果を照らし合わせる機会を増やすことができるかもしれ
ないのです。このことは、今後予測されることですが、行動主義的研究がより縦
断的な形式を取り入れて、乳幼児観察方法とより並行した形式になるときに特に
役立つでしょう[原注22]。すみやかに取り組むべき課題は、生後1年間の乳幼児の
生活の研究を、生後2年目にまで追跡して調べることです。生後2年目の報告に
よって、性格形成と母親あるいは他の養育者との関係性がどのように関連してい
るのかについて、多くのことが明らかになるでしょう。乳幼児は1歳から2歳に
かけて自立性が高まり、言語を話し始め、遊びの能力が伸び、複数の関係性を持
てるようになるため、研究のフィールドは大きく広がります。もしかすると、子
どもの臨床分析やアセスメントから得られた知見や結論と、乳幼児観察の知見と
がより一致するかもしれません。ひとつめの形式は（これまでの記録のフォローアップ
として）すでに終了した観察事例を使う研究、もうひとつの形式は特定の研究プ
ログラムとしてたとえば性格の個人差の起源とその発達に焦点を当てる研究、と
いうように両方の形式で研究することが望まれます。この観点から、乳幼児を後
の段階で、学校や家庭においてより短期の観察を実施してフォローアップ研究を
行うことによっても多くのことが明らかになるでしょう。

　タビストック・クリニックやその他の機関で行われている精神分析の臨床研究
は、以下のパターンで成果をあげてきました。特定の類似性（たとえば、自閉症や精
神病を持つ子ども、施設で養育されている子ども、あるいは養子縁組された子ども）に基づいて
事例が選ばれ、子どものサイコセラピストによって治療が行われます。その際、
子どものサイコセラピストは研究グループの一員として治療から得られた知見の
検討も行います[原注23]。小規模のグループで共同研究することで、集中的な方法
による臨床研究から得られた経験を共有し、新しいアイディアを類似した他の事
例と比較してあてはまるかどうか探索することができます。また、スーパービ
ジョングループを研究の中心にすることによって、ある領域の専門性を持つ少数
の臨床家が、より経験の少ないサイコセラピストの治療を指導し、まとめること
もできます。事例研究から得られた知見は、大規模な行動主義的研究から得られ
た知見とは異なる位置づけを持ちますが、それでも他の知見を補完することがで

第 3 章　乳幼児を観察すること

きます。たとえば、入院が子どもにもたらす苦痛や発達のつまずきといった影響についての事例研究から得られた仮説は、大規模な縦断的研究のエビデンスによって裏づけられました。入院中の母子分離は発達に悪影響を与えることがあることが、無作為標本を用いて示されたのです。このような事例研究を通して、しばしば臨床や診断の技術が向上し、施設養育や予防的ケアの方法が改善されてきました[原注24]。このように母子の経験について集中的に行われる乳幼児観察研究は、実験あるいは社会調査といった技法による研究を補うことができるのです。

　もし私たちが、精神分析理論が説明できる範囲を実際に照らして確かめ、その範囲を広げようとするならば、従来通りに計画された大規模な精神分析治療の効果研究よりも、小規模の共同研究のほうが実現する見込みがありそうです。精神分析臨床やそれに基づく観察の集中的方法を使いながら、標本、臨床的方法論、あるいは知見を提示する方法の標準化を同時に達成するということは、とても難しいのです。精神分析の研究方法は、質的／量的、解釈的／一般化、集中的／拡張的という社会科学の二分法の片方の極に近いということは受け入れておく必要があります。さらに、精神分析研究は標準化されておらず、終わりが決まっていない、といった条件のもとに行われます。以上の理由のために、精神分析によって得られた知見は通常特定の事例研究を典型例として示す理想−典型モデルという形式をとります。臨床研究と観察研究はともにかなり示唆に富んだ情緒的・心的発達のモデルと事例をもたらします。そして、それは新しい現象や経験が起こるさまをありのままに捉え、照らし出すために使われます。こうした観点から、精神分析的研究の産物は、歴史学（これもほとんどが発展の中の継続性を物語形式で描く研究です）、文化人類学、そして民族誌形式による社会学の産物と異なりません。それらの学術領域でも、普遍的な一般化、あるいは応用する範囲が決められていて検証することができる因果関係の理論よりも、理論的モデル、理想型、典型的事例、そして多かれ少なかれユニークな事例の記述的記録を示すことが優勢なのです[原注25]。

　ここまで、乳幼児観察の方法をより広い人文科学の中に位置づけようとしてきました。人文科学においては、実証研究の立場から精神分析を批判する人々が一般に考えているよりも多様な研究方法が使われています。しかし、乳幼児観察には想像的な文学と共有しているものもあります。観察者は、あるひとつの関係に

101

第Ⅰ部　理論と方法

2年以上にわたって没頭し、物語形式で記述します。そして、観察者自身の感受性を通してその経験について思いめぐらします。乳幼児観察には、抽象的で非人間的な科学分析との間だけでなく、フィクション作家や伝記作家が家族の経験を描き出す方法との間にも共通するものがあるのです。母親と赤ん坊の関係を理解するには、観察者と読者の両方に微妙な表現の様式を見分ける能力や、感情に気づいて理解する能力が求められます。フィクションと同じく、乳幼児観察の読者は心理学についてすでに持っている知識と関係づけるだけではなく、自分の個人的経験に照らし合わせて観察の真実味を検討するよう暗黙のうちに促されています。しかし、事例研究の中で想像的な文学に通じる技術を使ったとしても、それはフィクションではありません。この研究プログラムに関わる人々の関心は、精神分析の視点から見た経験のさまざまな側面であるかもしれません。しかし観察者は、観察される事実とできる限り高い水準で一致するように正確に記録するように努めています。すべての人文科学は、系統的に研究するためにあらかじめ取り決めた枠組みや特定の視点に基づいて世界のある側面を取り出します^{（原注26）}。研究の関心が選択的であることは、論理的な一貫性を保つこと、経験に対して理論や概念を的確に用いることといった研究の基準との間で矛盾なく成り立ちます。質のよい文学では情緒やこころの状態が微妙で繊細な形で描き出されます。こうした繊細な描写は、ある種の人文科学研究にとっては矛盾するものではなく必要なものなのです。フロイトが示したように、事例研究法の研究者には、作家が行うように複雑な個人のこころの状態をできる限り理解して描き出すことが求められます。

　乳幼児観察の方法は、精神分析の臨床実践から得られた洞察を補いサポートできるということも本書で示そうとしました。精神分析家やサイコセラピストが面接室で行う臨床研究からは、乳幼児観察よりもはるかに複雑な描写や理論が導かれます。夢、自由連想、子どもの治療的プレイは、無意識にたどり着く何よりも豊かな道となります。そして、解釈と応答によって行われる治療的な対話は、本書で紹介した受身的な観察方法よりも、より積極的に探究する研究方法です。その一方で、精神分析の方法はそこで生まれた考えが精神分析の領域の外に広がりにくい不利な点を持っています。なぜなら、精神分析の作業は、研究テーマである患者という人間を絶えず変えていくからです。研究テーマであるこころの構造

102

第3章　乳幼児を観察すること

とこころのプロセスについての理論は、分析家と患者との変わり続ける転移関係を研究することから導かれました。そのため、精神分析の対話で交わされるコミュニケーションの感触や繊細さを十分読者に伝えるように報告することは極めて難しいのです。読者がすでに個人的に分析の技法を経験していない場合、精神分析の事例報告を読んで理解することは非常に難しいと感じられることが多いようです。

　乳幼児観察はおそらく臨床研究のようには理論を発展させる豊かさを持つことはできないのですが^(原注27)、それでもいくつかの長所を持っています。観察者は受身的で踏み込まない役割をとるので、家族を訪れて見守る人物と大きな違いはありません。乳幼児観察の対象者は、観察者の存在からわずかな程度しか影響されないようです。観察記録では、理論用語を控えて日常の言葉で逐語的に記述します。それにより私たちは、精神分析の思考に特に親しんでいないけれども、普通の繊細さを持ち合わせている人々と、観察の知見について円滑にコミュニケーションすることができます。そこから得た知見や推論は、理論としては洗練されていないかもしれません。しかし、理論が複雑に組み立てられた臨床論文よりも接しやすく、別の事例で検証されやすいかもしれません。転移感情でさえも、母親の観察者との関係や、観察者の母親と赤ん坊に対する逆転移関係の中で時々観察されるものであり、日常生活の中でよく見られるものなのです。このように精神分析に基づいた乳幼児観察は、精神分析で想定されている情緒プロセスについて新しく独立したエビデンスをもたらすことができるかもしれません。特に観察者は、観察の対象を現実に生きていてさまざまな側面を持っており、人生で最も重要な出来事のひとつに取り組んでいる人物として描写します。全体的な人間の現実を捉えるということは、人文科学のひとつの美徳なのです。

　乳幼児を対象として発展したこの観察方法は、対象を幼児から子どもにまで広げ、たとえば保育園、病院やプレイグループでの研究にも使われています。こうしたプログラムの教育的な価値は第1章で検討しました。受容的で踏み込まない態度による観察と報告の方法はより広い分野で実績をあげています。そして、この観察方法に求められる訓練は、臨床的な治療技法を学ぶのに必要とされる訓練ほどには多くのものを要求されないのです。また本方法は、子どもの情緒的ニーズや経験に焦点を当てて、養護施設やそこでのケアに関わる措置の質とその影響

第Ⅰ部　理論と方法

について調べる方法も提供してきました[原注28]。その要点は、子どもが経験する環境の質を適切に評価するには、観察者は子どもたちの情緒とこころの状態に接触することが必要であるということです（近年の子どもの虐待の悲劇的な事例は、ソーシャルワーカーへのサポートが乏しくスーパービジョンを受けていないこと、そのようなソーシャルワーカーがストレスに満ちた危機的な家族状況に対して十分にきめ細かい注意を向け続けることがいかに難しいかを示しています）[原注29]。精神分析に基づく乳幼児観察が子どもの理解のために第一に貢献するのは、経験という次元への感受性です。子どもを理解することは、この経験への感受性から出発するのです。精神分析に基づいたきめ細かな観察方法を、各年代の大人と子どもの健康に関わる医療、教育、福祉の場に応用した実際的、潜在的な例が数多くあります。しかし、学ぶ経験としてのこのアプローチの核心、そして際立った価値は、この後に続く事例研究で示される乳幼児観察方法にこそあるのです。

104

第II部

観察

執筆者

*

Mary Barker
Susan Coulson
Ricky Emmanuel
Trudy Klauber
Jeanne Magagna
Ann Parr
Emanuela Quagliata
Gabriella Spanó

第4章

エリック(原注1)

　初めての赤ん坊が両親に与える影響は計り知れません。本章では初めての赤ん坊の誕生が若い夫婦にどのように影響を及ぼすのかを詳述します。また同時に、新生児が母親の体外に存在する経験を受け入れられるように、母親が助けるやり方に対して、両親間の関係がどのような影響を与えるかも示します。家族関係に生じるさまざまな変化は、赤ん坊の人生最初の3か月についての詳細な観察を通して明らかにされます。

　訪問保健師の紹介によって、私は母親と会い、私の家庭への訪問に同意するかどうかをご主人と話し合ってほしいと頼みました。そして、赤ん坊が生まれた数日後に再び母親と会うと、私が毎週訪問して、家庭の中での赤ん坊の発達を観察することに夫婦で同意したと言いました。

　この夫婦は、20代後半のアイルランド人で、結婚するのは子どもを持つためであるという伝統的な考えを抱いていました。夫がある医学的調査を終わらせるまでの2年間はロンドンにいました。妻は、地元の図書館でとても満足して働いていました。夫婦は、人を惹きつける容姿と知性、そして個人的な魅力に十分恵まれていました。これから、私の最初の観察の話をします。

生後12日目の観察

　父親は玄関で私を迎えて、居間に招き入れる。あいさつを交わした後、はっきりとしながらも穏やかに話す女性である母親は、自宅での最初の2日間はひどいものだったが、今日の赤ん坊は落ち着いていると説明する。

第Ⅱ部　観察

新しいベビーカーと生まれたての赤ん坊と一緒に、誇らしい気持ちで公園を通り抜けたような気持ちだったと言ってから、次のように付け加える。「すべてがあまりに新しいから、目立つし、ちょっと愚かな感じがしたわ」。父親は親しげに、なぜ私が来ているのかを尋ね、それから赤ん坊誕生の前後のときについて詳細に説明する。誕生の４週間前は大丈夫だったが、その後、赤ん坊が最終的には逆子になったことを話して、父親は帝王切開に立ち会いたいと医者に主張したが、許されなかったことを付け加える。

　父親が赤ん坊と会ったとき、赤ん坊の顔はまったく押しつぶされていて、黄疸があった。「それはめちゃくちゃだった」。赤ん坊が大丈夫ではないかもしれないとひどく心配した、と言う。赤ん坊は、高口蓋であるので、食べたり話したりすることに支障があるかもしれない。父親は、帝王切開と麻酔薬のせいで、妻が赤ん坊と会うことがすぐにはできなかったし、その結果、妻は、赤ん坊を産んだからというよりも、自動車事故に遭ったから入院していると感じた、と付け加える。母親は、赤ん坊が集中治療を受けたので、最初の２日間、赤ん坊と会えなかったのである。

　そうこうしている間に、母親は赤ん坊に授乳している。母親が赤ん坊を抱き起こし、げっぷをさせているとき、赤ん坊は自分の腕をゆっくりと挙げて、窓のほうを凝視して、わずかに足を持ち上げる。乳房に戻ったとき、赤ん坊の掌は固く結ばれていて、腕は体に沿ってじっとしている。膝は引き上げられて、つま先はわずかに丸まっている。母親は掌で赤ん坊の脚を包み込んでいたが、密着して抱いてはいない。母親は、看護師から授乳するときは毛布で赤ん坊をしっかり包むように言われたけど、赤ん坊によっては動きたいだろうし、窮屈さを感じたくないだろうと思ったので、言われたようにはしなかった、と言う。

　母親は貧血で、あまり母乳が出ないので、赤ん坊がほんの少ししか飲めないことを心配している、と言う。母乳を飲んだのかを確かめるために、授乳の前後に赤ん坊の体重を測ろうとして体重計を借りていた。この時点で、母親は哺乳瓶のミルクで母乳を補う。父親が哺乳瓶を取ってくる間、母親は赤ん坊に再びげっぷをさせる。そして、膝の上に赤ん坊を座らせて、私の方向に赤ん坊の顔を向ける。赤ん坊は頭と首を曲げて弓なりに反った

108

第4章　エリック

ので、その目は母親の顔のほうを見上げている。母親は背中をさすって、少しばかりとんとんして、赤ん坊はガスで苦しいとき、こういうふうに頭を弓なりにするんです、と言う。

父親が哺乳瓶を持って戻ってきて、自分がミルク作りの「名人になった」ことを話す。赤ん坊が哺乳瓶からミルクをごくごく飲み込むことを心配する。そのあと、赤ん坊が吸っていた哺乳瓶の乳首が扁平になったので、父親がその乳首に触れていると、新しい乳首を取ってくるように母親は言う。哺乳瓶を待つ間、赤ん坊は首を弓なりにし、母親の顔のほうを見つめて、固く結んだこぶしを大きな音を立てて吸い始める。

母親が赤ん坊をわずかに動かすと、手は口から落ちて、動きが遮られて静止しているように見える。身体は緊張している。何度か口を動かして何か言うような顔つきをすると、よりリラックスしたように見える。目を後方にぐるりと動かし、首を弓なりにし、顔をしかめて、くぐもった声で泣き始める。それから数回、頭を弓なりに反らせたが、身体の他の部分はほとんど動かさない。再び弱く泣き始めると、母親は赤ん坊のお腹をさする。泣きが激しく続くと、母親は乳房を与えて、こう言った。「たぶんお腹がすいていたんだわ」。乳房を吸って数分経つと、父親が新しく清潔な哺乳瓶の乳首を持ってきた。母親はほっとしたような口調で、哺乳瓶から飲むときはどのくらい飲んだか見ることができる、と言う。

夫婦は、6週以内に決めなければならないのに赤ん坊の名前を決め難いことについてジョークを言う。父親は赤ん坊のことを「アルジー (Algie)」[訳注1]と呼んで、「母親への打撃」である子に与えられたその名前についての詩を暗唱する。母親は、赤ん坊は家族の中の第三番目だ、と言う（名づけるまでに夫婦は2週間かかった。赤ん坊の顔がゆがんでいて、両親のように完全な形ではなかったので、両親の希望が傷つけられたのかもしれない）。

母親は、赤ん坊を着替えさせて、眠らせる準備をする。赤ん坊に違う服を着せたがる父親とちょっと言い争う。着替えさせながら、母親は「新し

[訳注1] algie は痛みを意味する。

第Ⅱ部　観察

いお客さんを見ているの？　目を離すことができないのね」と言う。
　私が帰り支度をしていると母親は言う。あなたにまた来てほしいと思っ
ていないわ。訪問されると不安になるの。なぜなのかわからないけど。私
（観察者）は、赤ちゃんとたくさんの新しい経験をしていて、その上、私を
居させることが、どんなに難しいことかわかります、と告げる。母親は、
まずは赤ん坊に順応するためにもっと時間がほしい、あなたがそこにいる
と神経質になる、と言う。父親は、妻の腕に触れて、こう言った。「来週
には平気になるよ。事はもっと落ち着いているよ」。父親は、電話をかけ
てまた来て、と私に言う。母親は、父親の言葉によって安心し、来週電話
をして観察を続けるかどうかについて母親の考えを確かめる、という私の
言葉を受け入れたように見える。訪問できたことについて夫婦に感謝を述
べて、私は立ち去る。

　私の訪問に気が進まないという母親の言葉を聞いて、私はとても衝撃を受けま
したが、父親が母親を安心させてくれたのでほっとしました。母親はとても不安
定でした。赤ん坊をなだめるのに何をすべきかわからないことが、耐え難いよう
でした。十分な母乳が出るかどうかを心配し、授乳の前後に体重を計ります。母
乳についての心配の下に隠れているものは、赤ん坊が生き残れるのかどうか、そ
して自分に赤ん坊が生存し発達することを助ける普通の感性があるかどうかにつ
いての心配だったのではないでしょうか。
　母親はとても不安に見えましたが、父親や看護師の助言にまずは反抗によって
応じる強さもありました。母親は、助言が何をすべきかを知らない自分への批判
であると感じたのかもしれません。また、自分らしく母親になるやり方を見つけ
ることへの妨害として体験したのかもしれません。助言と反対のことをすること
によって、看護師に侵入される感覚から自分を守っているかのようでした。赤ん
坊をしっかり包んで抱く代わりに、赤ん坊をゆるく包んで抱きます。就寝のため
に赤ん坊を着替えさせているとき、何を着せるべきかについて、父親と少し言い
争います。父親が哺乳瓶の乳首に手で触れるや否や、母親は乳首が汚染されたと
感じて、父親に乳首を洗いに行かせます。母親は、自分が「ほどよい母親」では
ないとの心配にさいなまれているようでした。私に観察されることは、自分が不

110

第4章　エリック

適格だと思われるという母親の心配の的となって、初回訪問の最後に再び来ないようにと、私に告げたのです。

時には、父親は新たな課題によって母親が圧倒されたりしないように、慰めたり安心させたりすることで、母親に力を与えてもいました。こうしたとき、父親には自信があるので、よき支持的な夫になることができます。でも他のときには、父親の能力は、自らが体験してきた「極上の親」との同一化に基づいているようでした。このことは、父親が、自分は養育の熟練者であると感じる一方、自分の不安を母親と赤ん坊に投影していることを意味していると思われます。この場合には、よい親であることは、母親との競争となるのです。この競争は、母親と赤ん坊がペアになり、除け者になることに対する防衛と思われます。

父親の不安は、経済的に、身体的に、そして情緒的に母親を支える人としてひとり立ちするという自らの問題と関連しているようです。母親が赤ん坊を養育する自信を持てるよう促すためには、母親が赤ん坊を世話する主な人であるよう支える必要があることに父親は気づいているようでした。そのためには、父親は、赤ん坊の主要な世話役である喜びを捨てなければならず、母親の主な注目の的である喜びを手放さなければならないのです。

母親と父親と赤ん坊がともに新しい経験に直面するやり方を作っていくには、危機感が伴っているようです。最初の2週間、母親は赤ん坊が「いつも」泣いていると感じました。後になって、初めの1週間は赤ん坊に圧倒されていたので、私に立ち去って欲しいし、「まったく混沌としている」事態を観察しに来てほしくなかった、と母親は言いました。家での最初の2日間、母親は泣いている赤ん坊と取り残され、どうしたらいいのかわからなかったのです。赤ん坊は授乳の前も後もいつも泣いていた、と言いました。母親は、最初の頃、自分は十分な母乳が出ないと確信していたので、授乳は難しかったのです。

父親は1週間仕事を休みました。乳房で授乳しようと努める私を夫が助けてくれなかったら、母乳を諦めていただろう、と母親は後に言いました。母親は、乳房で授乳してから哺乳瓶でミルクを補充することにとても困惑していました。また、出産育児支援団体の女性が、赤ん坊に母乳を与えて、必要なら哺乳瓶のミルクで補うように励ましてくれたので、それでサポートされたとも感じていました。

母親は、ふたりの妹を育てる手伝いをした経験があるので、最初、赤ん坊の世

第Ⅱ部　観察

話がなぜこんなに難しいのかが理解できなかった、と言いました。どうにでもなれという気持ちで、数人の子どもがいる近所の友人を招きました。その女性は、母親の不安を和らげる点で、すばらしい支援者だったのです。赤ん坊が授乳される間、その友人は耳を乳房に近づけて座り、赤ん坊が母乳を飲んでいるかどうかを確かめようと試みました。また、母親が生活の中にある種のルーティンを作るように助けたのです。母親は、泣いている赤ん坊とただ一緒に家にいることは、仕事をすることからまったく異なったことへの突然の変化である、と言いました。

　赤ん坊の誕生は、アイデンティティの喪失を母親に突然引き起こしていました。もはや、赤ん坊が生まれる前までの能力のある大人、スリムな女性、有能な図書館司書ではなかったのです。自分が誰なのかわからず、母親としての新しいアイデンティティにほとんど自信を持てずにいました。自分らしく物事に取り組むやり方を見つける必要があったので、夫や看護師からの助言を無視したりしたのです。おそらく、これまでのアイデンティティを失った当惑と痛みの感じが一体となって、母親は自分にまったく依存した赤ん坊に対する全面的な責任感の認識へと導かれたのでしょう。母親は、この課題を果たすにはまったく無力だと感じました。赤ん坊という新しいものに適応するには時間が必要だということにまったく気づいていませんでした。赤ん坊のように、母親は急に傷つきやすく、無防備で抱えられていないと感じているように見えました。

苦痛の慰めを見出す

　赤ん坊が自宅で過ごすようになって2週間目、父親は家にいて、母親が新しい生活に適応することを助けました。その週の終わりに、私が訪問を続けてもよいかと尋ねる電話を母親にかけると、私が来ることをとても喜んでいるようでした。その訪問のとき、母親は、赤ん坊に哺乳瓶ミルクの補充をもうしていないと、とても嬉しそうに話しました。医師の診察を受けたら、生まれてから1ポンド [訳注2] 少し体重が増えていて、それはよいことだと言われた、と話しました。母親は「だから、結局、私は十分な母乳を与えていたのよね」と付け加えました。

　この観察で、母親と父親は、先週赤ん坊と多くの時間を一緒に過ごした経験と、

112

第4章　エリック

赤ん坊がどう感じているのかについてのふたりの印象を、私に語りました。母親と赤ん坊はとても満足できる授乳のルーティンを作ったようで、赤ん坊が泣くと乳房を短時間でも与えて、1時間に3回授乳していました。小児科医は、赤ん坊がすごく泣くときには、要求に応じて授乳するように勧めていたのです。

生後18日目の観察

　父親が私を玄関に迎えに来る間、母親は授乳をしている。母親は私にあいさつし、赤ん坊は元気よく乳房を吸っている。赤ん坊の爪先はしっかりと丸まり、脚はわずかに胸のほうに引き上げられ、カップ状の形にした手は腰の近くに置かれている。目は閉じられていて、私は、赤ん坊と母親が授乳のプロセスにひたすら熱中しているという印象を抱いた。母親は、赤ん坊の口に合う位置に乳首を支えていて、もう少しで終わる、と言う。

　その後少しして、赤ん坊を乳房から抱き上げて、膝の上に横向きに座らせる。背中を優しくとんとんしていると、赤ん坊は頭をのけぞらせて、腕と手を自分の顔のほうに挙げる。急に後ろへ傾くときは、一瞬、母親の顔を見ることができるが、そうするときはいつも、母親は赤ん坊の頭を真っ直ぐな位置へ優しく戻す。頭が後ろにのけ反ることと母親の手が前に動くことが5、6回続き、揺れ動きのスローモーションの感じがする。母親は、この子はいつもこのように頭をのけ反らすみたい、と言う。母親が背中をさすってあげると、赤ん坊の動きはより落ち着いて、目で周りをあちこち見続けている。

　母親は赤ん坊を右の乳房へと戻す。今度は自分の横腹にさらにしっかりと抱く。母親は右腕を赤ん坊の背に沿って伸ばして、その手のひらでお尻をしっかりと支える。赤ん坊は足をわずかに動かしながら、腕を上げることが二度あった。残りの時間には、体は穏やかに休んでいるが、強く乳房を吸っている。

［訳注2］約454グラム。

113

第Ⅱ部　観察

　母親は、私に話しながら、赤ん坊の背中を再びさすり始める。赤ん坊は、体の側面から腕を横に伸ばして、指をきつく握りしめている。つま先はピンと伸ばされて、顔がわずかに赤らみ始める。排便しているように見える。周りを見続けているが、頭はわずかしか動かさない。少しげっぷをした後に、母親はおむつを替えることにする。

　赤ん坊をマットの上に置いて、母親は使い捨てパンツを取りに行く。赤ん坊は私を見続ける。腕を顔の前に伸ばし、ゆっくりと円を描くように脚を動かして蹴る。母親がおむつ替えに戻ってくると、目を母親のほうに向け続けるが、目はそのあたりをよく見ている。指を広げて、手を外向きにして、上に下にと扇ぎ動かす。リズミカルな脚の動きは、母親がおむつを取ろうとすることで中断される。赤ん坊は指を握りしめて、脚をすぐにお腹のほうに巻き上げる。

　母親が赤ん坊の脚を伸ばすと、赤ん坊はわずかに脚を引く。母親はお尻と性器をきれいにする。赤ん坊は顔の周りで腕を動かし、ためらいがちに脚を蹴り出す反応をする。落ち着いてきて、身動きしないで、ちょっと微笑むだけである。それから、赤ん坊は少し動き始める。腕と脚を中空に伸ばして、母親が陰嚢をきれいにすると、くしゃみをする。

　おむつをつけ終わると、赤ん坊を携帯ベッドに寝かせる。赤ん坊の周りに毛布をしっかり押し込めると、赤ん坊は腕と脚を動かし始める。母親は、眠りから目を覚ますときは、体をよじって、すべてのカバーから脱け出してしまっているだろうと話す。あたかも泣き出すかのように赤ん坊は押し殺した泣き声を出す。母親は、今までしていたように揺り動かすのではなく、置いておくつもりだ、と言う。母親が離れると、軽い泣き声は徐々に甲高い叫びになる。私は、赤ん坊の視界の外に立っている。今や、赤ん坊は興奮して四肢を絶えず動かしている。頭は、後ろにのけ反らされたままである。叫び声が強くなると、母親は戻ってきて、携帯ベッドを居間に持ってくる。

　母親が床の上のベッドを揺り動かしていると、父親は赤ん坊の上にかがみ込んで、この子は時に、自分自身の気持ちをだんだん高ぶらせるね、と言ってから、あなたのほうが子どもより泣かれることで困っているみたい、

114

第4章　エリック

と言う。夫婦は、赤ん坊がいかにうんざりしているかについて話し合う。ふたりは、赤ん坊がすぐに眠ってしまわないで、どうしてちょっとの間も起きていないのかが理解できないのだ。夫婦は、赤ん坊に与えてみたが、興味を示さなかったおもちゃの品々を列挙した。赤ん坊のバウンサー、いくつかの光るおもちゃ、モビールなどである。夫婦は、赤ん坊と一緒に遊ぶべきかどうかがわからないのである。

　赤ん坊が足を蹴り、腕を激しく揺り動かし始めると、父親は、僕が抱いてみようか、と母親に尋ねる。母親は、もし、あなたがそうしたいならどうぞ、と応える。父親は赤ん坊を優しく自分の胸に抱き上げる。父親は、椅子をセミクライニングの位置にして座っていて、赤ん坊の頭を自分の首の近くに、そして身体を胸につけて抱く。父親が「よし、よし」と言うと、赤ん坊はすぐに静かになる。膝を腹部に引き寄せて、身体はじっとしている。指で親指を包んで丸めた両手は自分の頭に近づけている。

　父親は、僕に母乳のにおいがしないから、僕に抱かれると赤ん坊はそんなに焦らされることにはならないのだ、と説明する。赤ん坊は時々、乳房があるかのように、僕のシャツをぐいとひっぱる、と言う。父親が話しているときに、赤ん坊が頭を上向きにしたので、ゆっくり動かした顔が数回父親の首をかすめる。父親はそれに応えて言う。「よしよし、坊や。僕たちは、女性の独裁政治に一緒に反対するふたりの男だよ」。そして、父親は私に言う。「ああ、そういえば、あなたに伝えるのを忘れていました……エリックと名づけました」。

　父親は、赤ん坊の背中、腕、そして脚をさすり始め、少しすると、赤ん坊がしゃっくりを始める。しゃっくりが強くなるにつれて全身が震える。ある時点で、しくしく泣き始める。父親は、しゃっくりを腹痛発作のせいにする。数分後、母親はエリックを抱いて、ベッドの中に寝かせる。

　エリックは、母親が携帯ベッドを揺らしていると、指を吸い始める。父親は、うつ伏せに寝かせたら、と言ったものの、両親ともに、この子はそれが好きじゃない、と同時に言う。母親は、もしうつ伏せに寝かせていたら、公園を歩くとき、この子は携帯ベッドから外の物を見ることができないわよ、と言う。両親は、赤ん坊が指を口に入れていることを心配する。

第Ⅱ部　観察

> 父親は、お腹は空いていないだろう、と言って、赤ん坊の口から手を出す。
> 小さなテディがそばに置かれると、眠りにつく。

　この観察において、母親と父親は、赤ん坊をなだめ、そのニーズを理解しようとして協力しています。赤ん坊は、抱かれて、乳房をたっぷり吸っているときは、たやすくなだめられます。授乳を別にすると、赤ん坊の原初的ニーズは、しっかりと安全に、親密に抱かれていると感じることであるようです。母親の体からより距離をとって、膝の上に抱かれるときには、赤ん坊は母親を見て、母親の顔と視線にしがみつくことを必要とします。父親の腕の中にいるときは、父親の首との肌の接触を求めます。父親は、空腹なときには、父親の乳房を探し求める、と言います。

　母親がそばにいる安心を体験しているときには、しばらく笑ったり、周囲を見回したりして、体をリラックスさせています。赤ん坊は、とても重要なものがおもちゃではなく、両親の情緒的で身体的存在であることを明らかにしています。おむつ替えマットの上に置いていかれたとき、赤ん坊は情緒的に「しっかり抱かれている」と感じ続けるために、観察者の顔に視線を集中させます。完全にひとり置いていかれると、甲高い叫び声を出し、とめどなく腕と脚を激しく揺り動かします。ひとり置いていかれていることを、完全に脅えているようです。

　母親は、ひとりでいられて、待つことができる能力が発達することを求めています。赤ん坊が自分の負担になることを心配しているのでしょう。そのために、母親は子どもの苦痛が圧倒的に感じられるまで、抱き上げようとしません。エリックは母親が近づくと、大きく反応します。そして、泣きやむことによって、母親と一緒にいたい気持ちを母親に示しています。赤ん坊は、指しゃぶりに助けられて眠りにつくことができます。眠るとき、指にしがみつくのは授乳を求めてではなく、しがみつくことができる何かを求めているのです。

　エリックが生後21日目になったとき、父親は仕事に戻りました。その数日後、母親はひとりで家にいるのは慣れていなくて難しい、と言いました。母親は、出産する直線までの人生ではずっと働いてきたことに気づいたのです。どのように日々を過ごしたらいいのかと思うけど、何をしたらいいのかわからないのです。

第4章　エリック

友達がお茶に招いてくれても、思い切って受け入れるべきなのかどうかがわからないのです。家の外で授乳したら、赤ん坊のルーティンを混乱させることになるのではないかと心配だからです。しばらく考えた後、母親は実母に来てほしいと頼もうと決心します。自分自身がもっと落ち着いて赤ん坊といられるまでは、実母に来るように頼むつもりはなかったのだけど、と言います。

　祖母がやってくると、朝はいつもしくしく泣いている赤ん坊は、滞在している数日間は、とても落ち着いていると、母親は言いました。支持的な人がいてくれると、自分もエリックも落ち着いていられる、と母親は認めているようでした。私が次に訪問したとき、祖母が帰ったら、赤ん坊は落ち着かない状態に戻ったことに母親は気づいていました。

生後24日目の観察

　　母親は私にコーヒーを入れて、自分の家族について少し話しをする。エリックがしくしく泣いているのが聞こえる。私たちは静かに聞いている。母親は、本当に泣き叫ぶまで待ちたい、と何度か言う。自分はとても疲れていたので、夫が昨晩11時にミルクを飲ませた、と説明する。時々は哺乳瓶から飲ませたほうがよいと感じるわ。家族で出かけるときに、この子は哺乳瓶に慣れていることになるからね、と言う。今では十分に母乳が出るようになっていることを母親は再び強調する。

　　エリックが、さらに大声で泣き始めるので、母親はコーヒーカップを片付けて、赤ん坊部屋に行く。エリックは、ベッドの角に頭を押し付けながら、仰向けに寝ている。右手は、親指を指の間に挟んで、固く結ばれている。左手は、指を広げて、左右に振っている。脚は、カバーの下で蹴っている。

　　母親は、壁にかけてある、鮮やかでカラフルな縦縞のつなぎについて、話し始める。エリックはこれを見て楽しんでいる、と言う。母親が話していると、エリックはかすかな声を出して、口を開けて、腕を空中で動かす。舌は唇の間で静止していて、それから口の中でぐるりと、舌を動かす。ある時点で、右手で左手をつかんで、軽く握る。母親がベッドの中をじっと

117

第Ⅱ部　観察

　見ていると、エリックは大声を出す。口を大きく開いて、目をすぼめて、脚を素早く動かす。母親がおむつを取りに部屋を出ると、赤ん坊は、「ああー、ああー」と泣き始め、泣き声は次第に強くなる。

　数分して、母親が戻り、エリックを右の肩の上に抱き上げると、激しい泣き声はやむ。母親は優しく背中をさすり、肩にしっかりと抱きしめる。「よし、よし」と繰り返すと、エリックは大きなげっぷをする。

　母親はおむつを替え始める。エリックは顔をしかめて、脚を力強く、いらいらした様子で蹴り始める。頭をマット右手のベッドの角へ押しつけている。前額部は、ビニールのおむつ替えマットが持ち上げられた角にもたれかかっている。いらいらしてくるにつれて、頭をその柔らかな角にこすりつける。私のほうをじっと見つめる。

　母親は、濡れたおむつを外す。赤ん坊の脚を持ち上げると、大声で泣いて、素早く脚を蹴り出し、伸ばした腕を激しく揺り動かす。おならをして、少し排便をする。

　母親が、陰嚢の下を脱脂綿で拭くと、すぐ動かなくなる。数秒間、泣くのをやめて、穏やかな表情を取り戻す。腕は、身体の近くで動かさない。母親が脚を持ち上げておむつを当てると、エリックは急に泣く。おむつを当てられるのが嫌なのよ、なぜなのかわからないけど、と母親が言う。エリックは抱き上げられるまで、泣き続ける。母親の肩の上に乗せられると、エリックは両手を見つけて、握り合わせ、手の一部を口の中に入れる。目は大きく開いて、まっすぐ前をじっと見つめている。母親は腰を下ろし、左の乳房で授乳し始める。身体の下を母親の左腕でそっと支えられて、エリックはリクライニングの姿勢になっている。母親は、乳房を抱えたり、時には、手を赤ん坊の上に置いたりする。母親は、エリックが今や身体の上に足を丸めていて、親指を他の指で固く握りしめた手を腰に近づけて、横たわっていると話す。徐々にリラックスした姿勢になっている、と言う。

　エリックは、最初は力強くお乳を吸っていたが、それからゆっくり吸う。母親は乳房から離して、背中をさすって、そのけだるそうな目と眠気についてコメントする。母親が他方の乳房へと戻して、赤ん坊の身体全体を自分の横腹に巻き付けるようにぴったりと抱きしめる。するとエリックはリ

第4章 エリック

ラックスする。その指をわずかに広げる。人差し指と、時には隣の指で、母親の乳房を伝って上下に動かす。脚をわずかに動かして、足の親指でもう片方の脚を上下にこすっている。

その後、母親はげっぷをさせるために、膝の上に座らせる。エリックはまるで、だらりとしたぬいぐるみのように、母親の胸の上に頭をもたれかけ、手を脇にだらりと垂らす。眠っているかもしれない。すると、目を開けて、今にも泣き出すかのように顔をしかめて、それからいくらか小さな声を発する。それからすぐ、腕を顔のほうに動かす。

軽くげっぷをさせてから、母親はエリックを右の乳房へと戻す。とても静かで、身体はリラックスしていて、目は閉じている。片方の手で他方の腕を握っている。母親は乳房を抱えて口元へ付ける。するとエリックは、一方の手をカップ状にした他方の手の上に乗せて、その両手を乳房の近くに付ける。母親は授乳の間、黙っている。雰囲気はとてもリラックスしているようだ。

生後24日目のこの観察が示すのは、ひとりぼっちにされる、空腹になる、母親がいなくなる、ある姿勢から次の姿勢へと変えられるといった、ストレスがある状況に、エリックがどのように関わるのかということです。最初、目覚めたときは、少し不快なようにいらいらしています。母親は、子どもの要求によって自分が疲れ切ってしまうかもしれないと心配していて、ひどく苦痛を感じて、大声で泣くときにだけ応答すると決めています。

赤ん坊部屋にひとりにされると、エリックは、この激しい苦痛の状態が永遠に続くと感じているかのように振る舞います。そこにいる母親が、自分を慰めるために戻ってくる母親であるという確信がまだ育っていないのです。母親は、エリックを抱き上げる前に、「本当に泣いて」ほしいと望んでいます。

ひとり残される恐怖に直面すると、赤ん坊は、生き残るための自分なりの方法に頼らねばならなりません。泣き叫んでいることに母親が気づくとき、エリックは親指を他の指の中にきつく握りしめています。頭の後ろはベビーベッドの角に達して、そこにこすりつけています。親指を握り、頭をベッドの角へこすりつけることは、まるで自分自身を情緒的、身体的に抱えるという意味であるかのよう

119

第Ⅱ部　観察

に思われます。また、自己の解体の恐怖を緩和するかのように、カバーの下でとめどもなく足で蹴っています。力強い動きで、非存在の不安を寄せつけないようにしています。

　母親が部屋に来るまで、エリックは極度なパニック状態にありました。母親が近づいてくると、母親を目で捉えます。すると自分の舌のことを意識します。舌を唇の間でじっとさせ、それから口の中で舌をぐるりと動かし、右手で左手をつかみます。目で母親を見つけ出すことは、口や手でしがみつくものを見つけることで反復されるようです。舌は、口の中の乳首のように、唇と唇の間に置かれていて、舌で口の中を触れることによって自分をなだめようとするのです。左手もまたしっかり握られています。

　エリックは、母親が傍にいるときは、母につながっていると感じることができます。おむつを取りに行った瞬間、泣き叫びます。母親の存在にしがみついていて、母親とつながりを持っているときには安心していました。母親が去ると、単に失望するだけでなく、気が狂ったかのように見えます。母親は赤ん坊を抱き上げ、しっかりと抱いて、落ち着くまで苦痛をやわらげる必要があります。

　それから、母親はエリックを自分の身体から離し、おむつ替えマットにおろして、服を脱がせて、両脚を引き離します。すると大声で泣き、脚をより速く蹴って、腕を激しく揺り動かし、ちょっとげっぷをして、それから少し排便をしました。母親は傍にいるのですが、乳児期の初めの段階では、母親の抱擁によって、そして身体を覆うおむつによって守られないと、すぐにエリックは、包容されない情動の嵐を「まき散らす」ように思われます。母親の身体的な抱擁が、エリックをひとつにまとめるのです。エリックは、あらゆる変化が安全の喪失の前触れであると感じているのです。

　母親が赤ん坊の陰嚢の下を拭くとすぐに静かになり、数秒泣くのをやめて、穏やかな表情を取り戻し、腕が身体の横に保たれたことは印象的でした。母親が触れると、エリックは喜びます。「バラバラになる」ことから守られ、防がれているのです。じっとしていることは、接触が好きなことの現れ以上のことです。母親との接触が力を持つのは、それがエリックにとって、具象的な身体的アタッチメントの感覚を再確立する意味を持っているからです。

　母親が触れていた手を離して、脚を持ち上げたとき、エリックは苦痛の鋭い泣

120

第4章　エリック

き声を発します。母親とのつながりが壊れるからです。母親が抱くと、素早く反応して、与えられた慰めを使うことができて、その後は、バラバラの自分をまとめるエリックなりのやり方を回復することができるのです。両手を握り合って、何本かの指を口の中に入れます。自分をまとめるエリックのやり方を回復するためには、母親が自分を抱いていると感じられなければならないと思われます。

　乳房による授乳の間、エリックはリラックスして、母親に依存することができます。同時に、母親に触れたいという願望も表します。母親に授乳され抱かれていると、エリックはカップ状に丸めた両手を互いに重ねて、乳房の近くに置きます。自分の手をリラックスして握るやり方は、母親にエリックが抱かれている仕方とよく似ているように思われます。身体的に赤ん坊を抱き、心地よいやり方で栄養を与え、赤ん坊の苦痛に情緒的に応じることによって、母親はエリックが自らの不安と闘う能力を内在化することを可能にするのです。

　授乳のときの、満足する体験に影響されるのは、赤ん坊だけではありません。母親もまたそうなのです。エリックは乳房を受け入れ、満足して飲み、母親の慰めに応じます。このことは、よい母親と感じ、母親を愛しているという子どもの体験を母親が取り入れることを可能にします。この子が最初の子どもであり、母親としてのアイデンティティが不確かに感じられていたので、母親はエリックによって、よい母親であると頻繁に元気づけられることが必要なのです。

　授乳と授乳の間には、エリックはたいてい寝室に残されます。母親は、要求されても、すぐに授乳する気になれません。そうすると、2時間半ごとに授乳しなければならなくなると怖れているからです。また、もしも泣くことに応じたら、赤ん坊が決してあるパターンに定着しないことを心配しています。エリックが毎朝ぐずるのは、朝の授乳後、ベッドルームに本当は戻されたくないからだということを、母親はよく理解しています。ただ居間にいて、母親の私がしていることを見ていたいのだ、と言います。周りを見回すことが好きで、ベッドルームにあるカラフルな縦縞のつなぎに関心を向けることがよくある、と言います。また、エリックが、特に観察者の私が到着したときに、私を見ていることに母親は気づいています。エリックはとても好奇心が強くて、新しい世界と新しい人の顔を探索しているように思われます。

　探索のために目を使うのと同時に、目を使って「母親にしがみつく」こともま

第Ⅱ部　観察

た必要としています。なぜなら目が覚めて、外的母親がそばにいないときに、安心感を与えてくれる内的母親をまだ保持していないからです。同じように、母親が不在のとき、安心を求めて、ベッドの隣にある馴染みのつなぎに関心を向けます。周囲に同じ対象が存在することは、すべてが恐怖感を与えるほど真新しく、異なったものではないことを示しているからです。

　エリックの世界との関わり方には、いくつかのパターンが現れてきています。ひどく脅かされるときには、パニックを追い出そうと試みるように見えます。このことは、素早く腕を揺り動かす、不快な感覚を蹴り出すかのように暴力的に蹴る、叫んだり泣く、排便をしたりおならをするといった、多様なやり方を通してなされます。母親がこうした苦痛をいくらかは耐えられるように助けると、エリックはより統合したままでいられるし、「自分をひとつにまとめる」ための独自の防御策をいくつか使うことができるのです。たとえば、目を使って色鮮やかでカラフルなつなぎに集中する、指を口に入れる、親指を指のなかに握り込み、そして脚を体のほうに丸めて抱えるようなことです。これらは、身体が崩壊するのを防ぐ企てです。付着的な方法で「しがみつくこと」を含むこの硬さは、いかなる変化にも耐えられないことを意味しています。だからエリックは、母親がちょっとでも動くと泣くのです。

　それと違って、エリックが抱かれて、母親の乳房で慰められ、栄養を与えられるときには、ある種の内的な抱える母親を取り入れるように思われます。それによって、すべての身体的防衛——手、足、首の筋肉の特徴的なこわばりを緩めることができます。身体的防衛が緩まることで、母親を取り入れ、世界を探索し、学ぶことが可能になります。しっかり抱きしめられ、乳房で授乳されるときを過ごした後には、エリックは、自分に母乳を与えてくれる乳房の手触りを感じるように、指を上下に動かし始めます。同様に、つま先を自分の脚伝いに動かし、自分の肌の手触り、乳房と同じような柔らかさを感じています。エリックは、生存のための闘いの感覚から、母親について知ることを可能にする母親との関係性へと移行していくのです。

第4章　エリック

対話を発展させる方法

　夫婦は、家で通常やるべきことをやらないで、週末を友達たちと過ごします。赤ん坊が一緒にいても、安らぐ時間を持つことができることに気づきます。エリックが自分の手を使ってできることを発見するようになって、たくさん笑うようになったことにも気づきます。1週間の赤ん坊の活動について詳細なコメントを私に伝えるだけでなく、毎日夫が仕事から帰るとエリックが何をしていたかを夫に話すと私に伝えます。次の観察が示していることは、赤ん坊が感じていることを表して、両親がその要求を理解しようと努めて、触れたり、語りかけたり、抱いたり、授乳したりすることによって応じているさまざまな方法なのです。

生後6週目の観察

　　私が到着すると、母親は陽気にあいさつする。父親はお茶を入れてくれる。ふたりは、週末に家を離れたら、いかに元気が回復したかを説明する。その間、赤ん坊は床の上のビニールのおむつ替えマットの上に横たわっていて、激しさやいらだちが感じられない、軽く弱い泣き声で泣いている。それから、親指と人差し指で口を見つけると、指しゃぶりを始める。母親は、エリックがそうしたいと思うとき、親指を吸うことができる、と言う。

　　エリックは泣き始め、頭を左右に動かして、脚を蹴り出す。父親は、もし僕が赤ん坊を抱き上げたら、きみは嫌な感じがするか、と尋ねた。母親は、いいわよ、と言ったので、父親は赤ん坊を自分の胸に寄りかからせ、しっかりと抱きしめる。エリックの頭は父親の首の近くにあって、頭を父親の首にこすりつける。赤ん坊は身動きしなくなり、まったくリラックスしているように見える。親指しゃぶりまでやめる。母親は「見て、エリックはとても心地よさそう」と言って、「でも、本当はお腹が空いているのよ。ちょうど食べたいのよ」と付け加える。

　　しばらくして、母親は赤ん坊を入浴させるために浴室に連れて行く。母親がエリックを膝の上に置くと、泣き叫び始める。エリックの泣き叫ぶ声はだんだんひどくなって、顔が赤らむほどである。興奮して両腕を振り動

123

第Ⅱ部　観察

かし、脚を早く押し出すように蹴り出し、頭を素早く後ろに打ちつける。赤ん坊の泣き声はひどく苦しそうで、かき乱される感じがする。服を脱がされると、苦しみを表すエリックの動きは素早く強くなる。顔と体は赤くなる。お湯の温度を測ってから、母親は小さな風呂でエリックの身体を洗う。

　まず、母親は濡れた脱脂綿で目の上を拭く。エリックは悲鳴をあげて、両腕と両脚をぐいっと引き寄せる。母親が"よしよし、大丈夫よ"と頭をなでて慰めると、赤ん坊は落ち着く。母親が頭をお湯につけると、赤ん坊は大声で泣き、真っ赤になる。母親は石鹸で頭をこすって、その後、石鹸の上にお湯をしたたらせる。赤ん坊の両腕は、タオルで体の脇にしっかり包まれている。片方の腕が自由になると、手を口の中に入れて、すぐ泣きやむ。

　次に、母親は"よし、よし"と歌うように言いながら、濡れた脱脂綿で片方の耳の周りを拭く。今や、エリックの泣き声はほとんど聴き取れないほどだ。母親がもう片方の耳をきれいにすると、赤ん坊はわずかに手足を緩ませるが、母親がエリックを包んだタオルを外すと、死に物狂いで蹴り出す。素早く空中で両手を振り、頭を繰り返し後ろに揺らし、下唇の近くが震え始める。母親が小さな赤ん坊風呂にエリックを浸すと、怯えたように泣く。母親は、赤ん坊の胸にお湯を注ぎながら、"ごーし、ごし"と歌い始めた。そして、母親は自分がしていることすべてをエリックに伝えながら、胸、両脚、お尻をこすっていく。お湯が胸を完全に覆うときには、エリックは静かになっている。だんだん穏やかになって、プレイフルで甲高い声で"あーあーむー"と声を出す。赤ん坊は楽しんでいるように見える。お湯の中で優しくゆっくりと脚を蹴り始める。母親は、ママに微笑んでくれるの、と尋ねる。

　このとき、父親が入ってきて、本当に楽しんでいるようだね、とエリックに語りかける。父親は、赤ん坊の頃の自分の写真を持ってきて、妻に見せて、この子は自分が小さかった頃に似ていると思うか、と聞く。父親は、この写真の自分はまさにエリックと同じ生後6週目なんだ、と付け加える。写真の中の父親の母親は、赤ん坊の上にかがみ込んで、微笑んでいる。母

124

第4章　エリック

親は、エリックが父親に似ていることに同意した。それから父親は写真を私に見せる。私は、ふたりの間には似たところがありますねと同意すると父親は言う。「ええ、まあ、たぶん赤ん坊はみんな似ているんでしょうね」。

母親が湯船から出すと、赤ん坊は再び悲鳴をあげ始める。真っ赤になって、電光石火のごとく素早い動きで蹴り出し、下唇が震えている。頭を後ろに突き出す動きを続ける。母親がシャツを着せる間、この動きを続ける。唯一、泣き声の激しさが弱まったのは、母親が頭の後ろを少しなでて、自分に近づけて抱えたときである。母親が長いナイトドレスを着て、授乳させようとして居間に連れてくるときも、エリックは激しく泣いている。

そのとき、エリックは自分の手を見つけて、吸い始める。母親が、ゴム製パンツをしっかりとはかせようとして床に寝かせても、静かである。母親が抱き上げると、すぐにまた赤ん坊は泣き始めて、空中で腕を振り動かし、頭部を後ろに押しつけて、蹴り出し始める。泣き続けたが、母親はエリックをしっかりと左乳房に押し当てて、落ち着かせる。エリックが吸っている手を外して、母親が乳首を口に入れると、力強く吸いついて、大きな音を立てながら、母乳をごくごくと飲む。エリックがとてもお腹が空いていることに驚いて、どうしてなのかわからないわ、と言いながら、「もしかしたら、新鮮な空気の中に連れ出したのが原因なのかも」と話す。

このとき、父親がやってきて、授乳を観察しようと身をかがめる。父親は自分の頭を母親の頭にもたれかけて、エリックが授乳を楽しんでいる様子について話して、エリックの小さな手がどれほど美しいか、を語る。この瞬間、夫婦はとても親密で、穏やかで、一緒にいることを喜んでいるようである。

この観察には、多様なレベルでの、母親、父親、赤ん坊の間の対話があります。母親はエリックに身体的な抱っこと授乳を提供し、身体的な手段を用いて赤ん坊の苦痛を緩和し慰める母親がいるから大丈夫であることを伝えています。また、父親と母親は、風呂の中で赤ん坊が情緒的な心地よさと不快さを経験していることについて、赤ん坊に話しています。父親は妻の頭に触れるとき、穏やかで侵入的でない愛情を示すことによって、母親が赤ん坊とコミュニケーションをとるの

を支えて、生まれたばかりの赤ん坊への温かい気持ちを表しています。

　この観察中、エリックは、自分の経験をどのように感じているか、母親に表し続けています。風呂に入るとき、ひどく苦痛を感じ、恐れの悲鳴をあげますが、母親によってすぐに慰められます。母親が「よし、よし」と言うと、エリックは穏やかになります。風呂の中に落ち着くと、赤ん坊は「あーあー」というプレイフルで、高い調子の声を出して、自分の喜びを母親に伝えます。入浴後、服を着る過程での著しい欲求不満にもかかわらず、母親がエリックの手を口から出すと、エリックは母親の乳房を激しく求めて近づくことができます。

　これらは、母親と赤ん坊が合意点を見つけた対話です。エリックの慰めてほしいというニーズは応じられ、よい母親として受け入れられたい母親のニーズは満たされています。母親が赤ん坊を迎え入れ、そのニーズに応じるこれらの対話は、そばにいて信頼できるよい母親の取り入れ、つまり赤ん坊が何を求めているかを知って確実に提供する母親の取り入れの基礎となるのです。

　同じように興味深いのは、父親の貢献です。父親の（写真のエピソードに見られるような）感動的な赤ん坊との同一化は、母親（妻）の関心をめぐっての潜在的な競争心を緩和し、母親と赤ん坊の親密さを楽しむ能力を示しています。

新しいアイデンティティの発見

　母親が自分の赤ん坊について知っていくことは、よい母親として受け入れられている感情とつながっているように思えます。泣き声に迫害されているときは、赤ん坊について考えるのが難しくなることに母親は気づいています。考える代わりに、母親は単純化して、赤ん坊は疲れているか、お腹が空いているか、腹痛発作を起こしていると言います。時にそれはエリックが感じていることですが、エリックには感情の複雑さ全体を体験する潜在能力もあり、より自信のあるときには、母親はそれらを知り、理解することができます。

　母親が自分の赤ん坊のことを知り、ひとりの人間として見て、そのニーズを理解することによって、母親役割における安心感を得て、母親としてのアイデンティティが確立されたと感じるのです。母親がその役割に満足している感覚は、

第4章　エリック

母親を安心させます。また、その感覚のおかげで、母親は赤ん坊が生まれたばかりの時期には、どれほど困難であったかを自由に理解できるようになります。母親は、私（観察者）の仕事について尋ね始めます。「あなたの治療によって子どもは発達するのですか？　あなたは子どもの支援に成功しているときに喜びを感じるのですか？」子どもに対する私の役割に関するこれらの質問は、赤ん坊を助け、母親という新しい役割をうまくやれているという喜びを母親自身が経験するのと同時に尋ねられています。

　今や母親は、エリックのあまり明白でないしぐさの意味に当惑し始め、エリックともっと話して、何が好きで、何が好きでないかを理解し始めます。以下は、この時期の観察からの抜粋です。

生後9週目の観察

　　母親は、上機嫌にあいさつし、私を出迎える。エリックがその瞬間に泣き、声を出すのが寝室から聞こえると、母親は、エリックが夜中ずっと眠っていた、と言う。午前8時に起きたけれど、泣かず、ただベビーベッドに横たわって独り言を言っていた、と話す。

　　母親は、エリックが生まれてから、いかに多くのことが変わってきたかについて述べる。生まれた当初は、「肉のかたまり」でしかなかったが、今や、エリックには人格があり、現実の赤ん坊であって、本当にたくさんのことをするし、あらゆる種類の異なった泣き方をする。母親は、空腹を意味する泣き方と、抱き上げて優しく抱きしめて欲しいことを示す泣き方を区別することができる。エリックが頻繁に笑うようになってきた、と言って、母親は、ある日のこと、エリックが一方の乳房から飲んで、それからもう片方の乳房を吸い始めた後に、エリックがどのように乳房から顔を背けて、母親を見上げて笑ったか、について思い出す。

　　母親は、赤ん坊が生まれて最初の日々の困難を振り返り、もしも父親が乳房での授乳を試し続けるように支えてくれなかったなら、おそらく諦めていただろう、と話す。今日、母親は出産支援団体のヘルパーに電話をして、援助への感謝を伝えた。

127

第Ⅱ部　観察

　　寝室の中のベビーベッドに横たわり、エリックは眠っている。その指は
手のひらのほうへわずかに丸まっている。左手は胸にくっつけるようにし
ている。ほんの少し後、まるで乳房を吸うように唇が動く。左手を顔の近
くに動かす。そして、横向きから仰向けへと転がる。両手を口のそばに動
かし、顔をこする。目を細めて、わずかに蹴り出す。

　　しばらくして、左親指を口に入れて、吸い始める。それから、横向きに
なり、親指を力強く吸う。同時に、3本の指を扇のように広げて、少し湾
曲させて顔の上に置く。左手で、ベビー服の胸のあたりをつかんで触るよ
うなしぐさをする。すぐに、指しゃぶりを除いて、すべての身動きが止ま
る。それから、親指が口から落ちて指しゃぶりが止まって、エリックは深
い眠りに落ちる。5分くらいの間、完全に静止して横たわっている。

　　それから、エリックの目がわずかに開く。とてもわずかに口を動かすと
き、私はほとんどエリックから見えないところにいる。親指が口に向かい、
再び指を吸い始める。このとき、手は固く結ばれて、人差し指が鼻の下を
こする。指しゃぶりは数分間続く。エリックは一定だった指しゃぶりを中
断して、親指を離すと、緊張が解けて眠りにつく。ほどなく、再び左手で
つかむようなしぐさを始める。その腕は少しぐいっと動き、指がベビー
ベッドのカバーに触れる。再びエリックは少しの間微笑む。

　　初めて、母親はエリックの寝室に入ってくる。母親はいくつかのおむつ
を置いて、そして出て行く。エリックは再び動き始める。仰向けになり、
両手を顔の近くに動かす。その両手で時々顔をこする。一瞬、自分の袖を
つかんで、それから再び横向きになる。

　　この観察では、母親はエリックのことを楽しんでいることを認めています。授
乳のさなかにエリックが見上げたときの、愛に満ちた微笑みの中に示された、母
親としての自分への評価に気づいています。母親によって慰められることができ
るエリックの能力は、母親に安心をもたらし、泣き声の多様な意味について考え
る空間を与えています。母親は、赤ん坊が「肉のかたまり」から、現実の人間へ
と変容したと経験しています。そして、赤ん坊を愛する母親である喜びを感じて
いるのです。

第4章　エリック

　エリックは、眠っているけれども、ほんのわずかな変化によって容易に脅かされる赤ん坊であることから発達してきたことを示しています。エリックはもはや未統合の状態ではありません。動揺させられるときには、赤ん坊の動きはすべて口に向けられますが、もはや、口で指に強く「しがみつく」のではないし、「必死になってしがみつく」のでもありません。その動きは穏やかです。吸いついたり握ったりする運動はすべて優しく、柔らかい接触の動きであり、授乳中に観察されるしぐさのようです。エリックは乳房を吸うときのように微笑みます。

　母親が部屋に入り、エリックを抱き上げることなく、再び出て行くとき、眠っている赤ん坊の動きは変化して、素早い動きになります。一時的ですが、自分のつなぎのベビー服をしっかりつかみます。エリックは目を覚ましません。

　エリックは、眠りの内と外とをさまよっていて、親指を吸い、ほおに指を乗せて、それから親指を口から離し、微笑んで、眠りに落ちていきます。このことは、母親が述べていたこと、授乳中のエリックが片方の乳房を吸って、それから母親に微笑みかけたやり方にとても類似していると思われます。おそらく眠りながら、エリックは、自分を慰めてくれる乳房を、愛する母親を、見つめたり触れたりすると、喜びから微笑みたくなるような母親を再体験していたのかもしれません。エリックが少し動揺しても眠ることができるのは、母親の温かい記憶につながる方法を見つけたからだと思われ、それゆえに自分自身を慰めることができるのです。

母親に対する葛藤的な感情

　母親と赤ん坊の満足した時期に続いて、エリックの顔じゅうに発疹が生じました。この身体的障害と同時に、エリックは乳房から顔をそむけ始めます。まだ授乳している間に、エリックが母親との複雑な関係を発達させていることは、初めのうち母親には理解し難いことでした。

第II部　観察

生後13週目の観察

　　エリックは、母親の左の乳房から飲んでいた。2分ほどすると、乳房か
ら顔をそむけて、目の近くをこすり、それから左手のこぶしを口に入れる。
母親がこぶしを口から出すまで力強く吸う。母親は乳首を素早くエリック
の口に戻す。もう一度、エリックは乳房から顔をそむけて、こぶしを吸う。
母親は、エリックは最近こうしたことをする、私にはなぜなのかはわから
ない、と言う。エリックを乳房に戻す前に、母親はしばらく手を吸わせて
いる。エリックはわずかにすすり泣くが、再び乳首を吸い始める。その目
はわずかに開いている。エリックは母親の肩にもたれかかって、眠りに落
ちるように見える。それから、げっぷをして、すすり泣く。

1週間後、顔の発疹は消えていました。

生後14週目の観察

　　エリックは裸で、タオルに包まれている。風呂にはお湯が準備されてい
る。母親の膝の上に横たわって、母親の後ろにある鏡のほうにエリックは
顔を向けている。そのときエリックは笑って、自分を見て、さらに鏡の方
向へ向かって足を踏ん張って、頭部を押し出している。背中全体がピンと
弓形に反る。エリックは、少し穏やかに微笑むことがあったが、笑い続け
る。腕を頭の上の後方へ伸ばす。もし私が気をつけないと、エリックは私
の膝からはみ出てしまうでしょう、と母親は言う。それから、エリックを
より安全な位置へ戻して、頭を脚の上に置く。エリックは、腕を振り動か
し、大きく不満そうな声を発して抗議する。

　　母親はエリックを膝の上に抱いて、全身を泡立て始める。落ち着いて母
親の顔に注意を向けている短い間だけ、後方に向かって身をよじらせるこ
とを止める。それから、母親はエリックを風呂の中に入れる。身体が弛緩
して、後方への頭の動きは止まる。エリックはうれしそうに見える。エリッ
クは、左脚の足首を右足でこすったり、風呂の縁に両足を押しつけたりす

130

第4章　エリック

ることを、交互にする。時々、足で反対の脚をこする動作を繰り返す。その後、エリックは鏡から頭をそむけて、向かい側に立っている私を見る。

　母親が私に話し始めると、エリックは母親の顔を見る。右側へと身体を丸めて、母親に近づく。その手が母親のまくりあげた袖に触れる。一瞬、袖にしがみついた後、手を母親の腕伝いに先のほうへと動かす。エリックは、時々、このようにゆっくりとためらいがちに、母親の腕に触れて、つかんで、滑るように動かすことを繰り返す。母親は、エリックがベビーベッドの上の布や服など、異なった手触りの感じが好きだ、と話す。母親がそばに置いてあげたおもちゃをエリックは好きそうではないが、物に向かって手を伸ばすことが好きで、それらを繰り返し触る、と言う。今週、エリックは私の腕をまさに発見したんです、と母親は話す。エリックはそのとき、お湯の表面を優しく叩いている。そして、手のひらで母親の袖に触れる。

　母親がエリックをお湯から出すと、エリックは「あー、あー」とうなる。頭の上で腕を素早く振る。抗議しているのだ。母親は、エリックの頭ははみ出たが、その身体を自分の脚の上に横たえた。この位置で、エリックは、断固として頭と胴体を後方に押し出すしぐさを繰り返す。鏡の中に映る自分の顔を見つけたとき、エリックは微笑む。時折、鏡に映った私の顔のほうを上向きにちらりと見る。

　母親はエリックをうつ伏せに返すと、エリックは自分の握りしめたこぶしに届くように前方へと身を乗り出す。頭を上げる前に一瞬こぶしを吸い、頭をぐいと後ろに動かし、こぶしから顔をそむけて、鏡を見る。エリックの微笑みは消えている。母親が頭にシャツをかぶせると、エリックは、めそめそ泣き、足を蹴り、腕を振り、シャツから逃れようとして頭をぐいと動かす。その手はついに口を見つけて、再び、何度かこぶしを吸う。

　母親が寝室のおむつ替えマットの上に連れていくと、エリックは泣き出した。すぐに母親はなだめるような声で話しかけて、オルゴールのひもを引く。オルゴールが子守唄を奏でると、母親はエリックに聞いてと言う。エリックは静かにじっとしている。ゆっくりと中指と人差し指を口の中に入れて、優しく吸い始める。それからほどなく子守唄は止まる。エリックは吸うのをやめて、口の中に指を入れたままにして、それから振り返り、

第II部　観察

私の顔を見る。母親は、エリックが今ちょうど観察者をわかるようになっている、と言う。

　授乳が始まると、エリックは泣く。そして、右手の中二本の指を口に入れる。力強く吸う。母親が指を口から外すと、エリックはまた泣く。母親は右側の乳房の乳首をしっかりとエリックの口の中に入れる。エリックは母親の顔を見上げながら、吸い始める。

　5分ほどして、エリックは乳房から顔をそむけて、泣く。母親は、最近エリックがたびたび右の乳房から顔をそむけて泣くの、なぜなのかはわからないけど、と私に話す。そのとき、エリックは指を口の中に入れて、音を立てて吸う。母親は優しくエリックに「どうしたの？」と尋ねる。それから、エリックの顔を乳房に向け返して、その手を口から外し、乳首を口の中に入れる。エリックは数分間吸って、再び自分の指へと顔を向ける。ちょっとの間、脚を蹴りながら、左手で頭を触る。

　母親は、エリックを休めるために、肩の上へと動かす。エリックの背中を優しくさする。エリックは大きなげっぷをする。それから、エリックは指を口へと戻す。再び、私を見ようと頭を後ろに動かす。母親は、左の乳房をエリックの口に入れる。母親はエリックをこれまで以上にぴったりと抱きしめる。エリックは乳首を吸うが、母親は母乳を飲んでいるのではなくて、ただ口を動かしているだけと心配する。エリックの目は次第に閉じて、母親はエリックを起こそうとして頬を何度かこする。エリックは泣き始める。げっぷをした後、母親はエリックを右の乳房に戻し、エリックは眠りに落ちる前の数分間、乳房を吸う。

　母親は、エリックを寝室に運び、注意深くベビーベッドの中に包み込む。エリックは右側に寝返りをうつ。右手の二本指を口の中に入れて、左手をカップ状の形にして覆う。エリックは、目を閉じるとすぐに指を優しく吸う。

13週目の観察で、エリックは、母親が自分のニーズに対して、より信頼でき予測できる仕方で応じることを経験し始めています。授乳される直前に赤ん坊がどんなに欲求不満になっているかに注意が向かない乳房からは変化が生じてきているようです。今や、エリックは授乳されている間の不快を表現しているように

第4章　エリック

みえます。母親はエリックの抗議を経験します。母親は抗議に耐えて、再び乳房に近づけるようエリックを支えようとします。興味深いのは、1週間後、エリックの顔の発疹が消えていることです。おそらく、心身症的ないらだちの表現は、認識された情緒へと変容していたのでしょう。

　次の観察で見ることができるのは、エリックの持つ強さと快感です。エリックは、鏡の中に自分を発見し、見失い、再発見できることに喜びを感じているようにみえます。エリックは、自分の自由を妨げる母親を好きではないのです。母親が膝の上のより制限された安全な位置にのせると、エリックは抗議します。その抗議は、母親が全身を泡立てるなだめ方によって和らげられ、母親の顔を見つめている間は休息できるのです。

　エリックは慰めを与えてくれる母親を経験したので、風呂の中で体を緩めて、そして動きまわることを楽しんでいます。エリックは鏡を見つめて、母親を、それから私のほうを見つめます。ひとりの顔にしがみつくことはありません。母親が私に話していると、エリックは母親の顔へ目を向けます。エリックは目で母親に抱きつき、その間、その手は母親の袖に直接触れています。エリックはたびたび、母親の腕伝いに手を滑らせるように動かすしぐさを繰り返します。自分のしぐさを何度となくやめては繰り返すエリックの能力は、親密さへの繰り返される要求です。エリックには、母親の近くに居続ける自分なりの優しい方法を見つけるような情感があるように思われます。エリックは探索し、水に触れて、それから母親の腕に触れることへと戻ります。これらすべては、エリックの気持ちの表現のようです。「僕は安全だ。水に触ることができる。探索することができるし、お母さんはそこにいる。僕は安全だ」。絶え間ない発見があります。母親がそこにいるので、エリックはいつも「しがみついて」いる必要がないのです。エリックの安全感は、母親がエリックのニーズに応じることによって、絶え間なく更新され、確認されています。

　かつて、エリックは、母親が膝の上に抱くことによって、容易になだめられていました。今や、自分の求めることに母親が正確に合わせないと、エリックはとても不満であることを示すことができます。何か正しくないと感じているとき、抗議します。たとえば、母親がエリックの動きを制限し、風呂から出して拭くときに、エリックは不満を言い、微笑むのをやめます。頭を覆われて、もはや母親

第Ⅱ部　観察

を見ることができないと、エリックはしくしく泣き、蹴り、腕を振ります。エリックの抗議の声が増えるのは、頭がシャツで覆われて苦痛なときです。母親を見ることができなくなると、おそらくエリックは母親が消えたかもしれないと感じるのでしょう。頭が覆われるとき、エリックは、自分が求める通りにしてくれない母親と関わるという悪い体験にさらされたと感じるのです。エリックの泣き声は、抗議のために強く聞こえて、そのときは、恐れ以上の何かを感じていることを示しています。エリックは、自分のこぶしを見つけて吸うと回復します。

エリックは、寝室に戻されることによる遮断の間、泣いています。しかし、母親のなだめるような声と音楽によって容易に慰められます。

その後、授乳が始まって、くわえていた指がなくなると、エリックは泣きます。乳房から顔をそむけて、自分の指を取り戻します。今や、エリックは母親をより愛しているという感じが増しているのです。母親からの分離の痛みはより激しくなっています。エリックが経験しているのは「バラバラになること」への単なる恐れだけではなく、自分を理解していると感じられる母親、愛している母親をいつも所有しているのではないことの痛みでもあるのです。

エリックの心理的発達におけるこの時点で、苦痛は、顔や尻で経験していた身体的な炎症から変化してきたように思われます。エリックの好むように振る舞ってくれる母親とは異なる母親であるとき、悪者になった母親に対するエリックの抗議や憤怒が見られます。母親は、あるパターンが生じてきていることに気づきます。すなわち、右の乳房で授乳される経験には、何か適切でないものがあって、それにエリックの抗議が向けられることです。母親は、自分の赤ん坊のこうした変化に困惑しています。過去には、エリックは、母親に待たされる、あるいは十分しっかりと抱かれないといった欲求不満体験の後、だいたい母親を許して、すぐに受け入れていました。エリックは、なんと心理的に強くなっていることでしょう。なぜなら、苦痛から自分を守るために、「バラバラにならないようにする」身体的方法を単に用いるよりも、むしろ自由に抗議することができるのですから。

第4章　エリック

欲求不満に耐えること

　エリックには次第に新しい発達が起こっているように思えます。その発達に促されて、母親は、夫婦で週末外出したときのエリックが「とてもよい」状態でいられて、とても満足していて、「まったく完璧だった」と述べています。そのとき、エリックは「うめき声を出すのをやめ」始めて、2時間の祝宴に参加して、そこで赤ん坊のバウンサーにきちんと座って、みんなを見ていた、と言います。下記の観察は、エリックのいくつかの変化を示しています。

生後15週目の観察

　エリックは、とても満足して寝室のベビーベッドで横たわり、真ん中の二本指を吸っている。私が近づくと、エリックは私を見て、そして指を吸い続ける。それから、エリックは口から手を取り出し、微笑んで、「ああ」と声を出す。それから、腕を頭のあたりで動かし、少し興奮し始める。エリックは柔らかくて白いアンゴラの毛布を両手で握る。それを頭の近くに引っ張り上げる。それから、両手をあちこちに動かして、やがて左手で再び毛布をつかみ、右手の指を口の中に入れる。そして毛布は口の中の指を覆っている。エリックは、母親が来るまで私を見続けている。

　週末を通してエリックがいかに愛らしかったかについて、母親が話していると、エリックは足を蹴り、指を口から出す。再び両手を使って毛布をつかみ、自分の顔に向けて引っ張り上げる。それから毛布を手放して、再び毛布をつかむ。母親がエリックの上にかがんで抱き上げると、母親を見る。

　母親がおむつ替えマットの上に寝かせると、エリックは数秒、中指を吸う。そしてじっと動かないまま、私を見る。母親がおむつを外すと、脚をゆっくり動かす。それはゆっくりとした自転車漕ぎ運動のような印象を与えるもので、片方の足が他方の脚をさする。それから自転車漕ぎ運動は、他方の足と脚を使って繰り返される。この体験の中では、さすることが、自転車漕ぎの運動よりも重要であると思われる。時々、エリックはベビー服の布をつかみ、母親の手に触れる。そして口から指を出す。すぐ急に微

第Ⅱ部　観察

笑み始めて、それから「ぐー、あー、ひー」というような一連の声を出して笑う。肩のあたりでバタバタと手を振っているうちに、声はさらに興奮してくる。母親が語りかけるのにまさに応じて、エリックはもっと声を出す。時々、指をくわえたり、離したりするのをとても楽しんでいるように見える。エリックは、指を口から入れたり出したりするとき、脚をほんのわずかに蹴る。

　母親がおむつをつけて締め始めると、エリックは母親の右人差し指をきつく握る。母親は、エリックに手を放すように言うが、そうはしない。母親が、自分の指を解き放つと、エリックはもう一度握る。母親が手で、エリックの手を摘み上げて自分の指を解放すると、エリックは笑い始める。指を握らないで、と母親が伝えると、エリックは母親のブラウスの袖と手を伝って、自分の手をこする。他方の手の指を口に入れながら、母親の顔を見る。もう一方の手を母親に向けて伸ばす。エリックはかわるがわる、母親に向けて手を伸ばしたり、私を見たりする。ますます興奮して、笑い始める。エリックは、再びとてもしっかりと母親の人差し指を握りしめる。ゆっくりと、母親のブラウスの袖伝いに手をこすりつける。母親の顔を見る。母親を見続けながら、エリックは両手を母親に向けて伸ばす。母親に向けたこの揺れ動きは、私を見ることと交互に起こり、その間、エリックの右手の指は口の中にある。

　母親が、エリックのつなぎの襟を頭の上へとひっぱると、エリックは突然笑い始める。母親はエリックに言う。「かくれんぼ遊びみたいね。今、隠れているけど、あなたはここにいるよ」。エリックは大喜びで左腕を振っている。「あー、ああー」とか「え、ええー」という声を出す。その声を楽しんでいて、喜んで声を出し続けている。その声の調子、強さ、形態はさまざまである。このことに満足して、母親は、エリックは私が話しかけると楽しいんだわ、と言う。

　エリックを居間に連れてきてから、母親は左の乳房でエリックに授乳をする。乳首を吸っている間、エリックは母親の腕に触れ続けていて、右手の親指を口の中に入れている。そして、エリックは母親のシャツを握る。エリックは、強く母乳を吸っているのでなく、そんなに空腹ではないよう

第4章　エリック

だ。乳房を吸いながら、エリックはまず母親の顔を凝視していたが、それから母親の背後にある観葉植物の大きな緑の葉っぱを見ている。

　母親が私に話し始めるとすぐに、エリックは乳首から顔をそむけて、母親の顔を見る。母親がエリックを見下ろすと、エリックは「ああ」と声を出し、微笑む。母親はエリックの頭を乳首へと戻し、エリックは母親の顔を見続けながら、再び乳房を吸い始める。身体の他の部分は微動だにせず、腕は自分の腰にもたれかかっている。エリックは、母親のブラウスを伝って手を動かして、一瞬、それを握る。乳房を伝って指を滑らせ続ける。手を再び持ち上げて、母親のブラウスから乳房の上へと続けて、優しく滑らせるように繰り返し動かす。身体の他の部分は微動だにしない。

　しばらくすると、エリックは乳房を吸うのをやめる。以前より思いやりのある仕方で母親の目を見上げる。その後に、二本指を口の中に入れる。それから、母親はエリックを膝の上に乗せて、数分間一緒に遊ぶ。エリックは母親を見て、それから私を見る。微笑んで、多様な「おお、ああ」という声を出す。続けて、母親の両わきから部屋を見回したが、それから母親に目をとめて、微笑む。母親は、今のエリックはより長い間目を覚まして楽しんでいる、と言う。

　その後、母親はエリックをベビーベッドに寝かせることにする。居間にベッドを置いて休ませてあげるから、そんなにがっかりしないで、とエリックに話しかける。身体が毛布で包まれると、エリックは右手で毛布をひっぱり始める。それから、両手を使って、顔のほうへ毛布を引き上げる。母親は、何をしているの、とエリックに尋ねる。エリックは、右手の真ん中の指々を口に入れて、それらの指を左手で覆って、それから鼻を覆う。覆った手の指々はゆったりと伸ばしている。エリックはとてもゆっくりと、その手を自分の顔に沿って下方向へ動かして、他方の手の上に重ねる。両手は口から離している。エリックは、両手を顔の上へ乗せ、それから手と手を重ね合わせる運動のレパートリーを繰り返す。

　顔がシャツの下に入ったときのエリックのパニックは、母親とのかくれんぼ遊びへと変化しています。エリックには、自分に授乳する母親の内的な像――すべ

第Ⅱ部　観察

すべした乳房が自分の顔に触れていること、母親の身体的な抱っこと声などエリックのこころの中にあるすべてを含めての母親の内的な像が、発達し始めていると思われます。母親が傍にいるとき、エリックは愛情を込めて母親のすべての面に触れようと試みます。あらゆる点で母親に近づいていることは、エリックにとって大変重要なことです。

　エリックが情緒的に身体的に母親への接近を求めることと同時に生じたことは、母親がいなくなることに対する新しい反応です。今や、エリックは、母親の乳房に抱かれて授乳される状況を「再創造する」ことによって、母親が離れることに耐えられるのです。エリックは、指を吸い、手を顔の上に置いて、口の中の指の周りを手でカップ状に覆うことによって、それを成し遂げます。エリックの新たな内的な強さは、自分自身の中にあるよい母親との対話から引き出されているように思われます。

おわりに

　本章では、発達初期の経験における赤ん坊の中心的な関心事のあるもの、特に、統合の欠如と解体恐怖に焦点を当てています。新しい未知の赤ん坊を世話するというストレスに満ちた課題は、新米の母親にとってアイデンティティ喪失の感覚を生み出します。これらの観察は、いかに赤ん坊の乳児的恐怖の衝撃が初めは母親を混乱させて、赤ん坊のニーズを理解することと赤ん坊と情緒的に親密であることを妨げるかを示しています。夫と友人の支えと、母親の存在を喜んで受け入れて容易になだめられる赤ん坊によって、母親は自分が母親であることへの自信の感覚を育むことができるのです。赤ん坊をいろんな方法で世話する母親を父親が手伝うことができるので、エリックはふたりの養育者を頼りにすることができるのです。それゆえ、エリックは自分の内部に、エリックが愛する両親による世話の経験を育み、保持することが可能となるのです。

第 5 章

キャシーとスザンナ
双子の姉妹

　ここで報告をする観察は、遺伝と環境にまつわる問いへの関心に基づくものです。双子の発達を観察することは、同一化とアイデンティティ形成の複雑さについての探求を可能にするとともに、双子であることに特有な潜在的リスク要因についていくらかの理解をもたらすだろうと観察者は望んでいます。一卵性双生児を当時見つけることができず、最終的に観察したのは、9週早産の帝王切開で生まれた二卵性女児でした。双子のうちのスザンナは、もう片方の赤ん坊によって子宮の片隅で押し潰され、一時とても危険な状態になりました。心拍がひとつしか確認できず、スザンナが絶望的に思われたので、緊急手術が必要となりました。それゆえ、出生時の状況は観察者が予期していたものに比べてはるかに複雑でした。出生後の赤ん坊の発達と両親の心理的状態には、出生前体験が重要であると考えていくことが、観察者の体験の相当な部分を占めました。双子たちのパーソナリティの生得的および後天的側面を識別するという興味より、生後数か月間の双子たちの苦痛なドラマに巻き込まれることのほうが重要になりました。つまり、生き延びることへの現実的な不安が多大な状況の中で、観察者は情緒と苦悩の渦に引き込まれたのでした。

両親

　私は、双子の姉妹が生まれた5日後に、病院で、看護師長によって両親に紹介されました。

第Ⅱ部　観察

　母親は30代の浅黒い女性で床についており、眠そうで痛みがあるように見えました。前日に看護師から伝えられていたこと、すなわち双子の赤ん坊の発達を観察したいと私が希望していることを忘れていたようでした。母親はまだたくさんの薬を飲んでいるので、常にひどく眠いのだと釈明しました。そのとき部屋に入ってきた父親は、弱く痛々しい母親の声を補うかのように、大きすぎるほどの声で熱心に話しました。父親は、両親それぞれの家族に双子がいること、だから自分たちが双子を持つことになったことにも驚かないと語りました。私は、両親が私の定期的な観察の求めに対して何も質問をしなかったことに驚きました。両親は週に1回、訪問者が来るという考えにとても乗り気なようにみえました。孤立しているカップルであるかもしれない、と私は思いました。

　母親は私に、たいへんな苦痛を伴った出産について「ひどい目に遭った」と告げました。子宮内での赤ん坊の発達は、妊娠数か月間はどうやら正常のようでした。6か月目頃にスキャンが撮られました。母親は、片方の赤ん坊が「サルみたい」に見えたと言いました。そのため、その赤ん坊が「知恵遅れ」かもしれないと考えて怯えていたのです。母親は「正常でなかったら、この赤ん坊はいらない」と夫に言ったと私に語りました。次のレントゲン検査では、片方の赤ん坊が、他方の子に押しつぶされて非常に危険な状況にあることが示され、さらには心臓の鼓動がひとつしか聞こえませんでした。その時点で、母親は緊急の帝王切開手術を受けました。赤ん坊は9週の早産と考えられました。しかし母親から聞いたところでは、押しつぶされていたほうの赤ん坊は、実のところ5週間遅れて妊娠がなされた[訳注1]と推測されたので14週の早産でした。私が最初に訪問したとき、母親は立つことができず、赤ん坊は保育器にいたので、母親はまだ赤ん坊を見ていませんでした。夫が双子の写真を何枚か見せて安心させるまでは、双子のうちひとりは死んでしまったと思っていました[原注1]。母親は、明日には初めて双子を見ることができるだろうと言いました。

　妊娠と分娩にまつわる母親の話にははっきりしないところもありましたが、あたかもそれを空で覚えているかのように話しました。そこに疑問をはさむ余地は

[訳注1] 受胎の時期が違う双子がごく稀にいる。

第5章　キャシーとスザンナ

なく、疑問を持たないという傾向は母親の性格特徴であることがやがて明らかになりました。

　ここで、時間と共に蓄積された素材を使って、この両親について簡単に描写をしてみましょう。

　母親は30代後半に見えますが、おそらくそれよりは若いでしょう。東アフリカの小さな村の出身であり、ロンドンで同居している妹を除いて他の家族は今もそこに住んでいます。

　母親の体つきと身のこなしは典型的なアフリカ黒人でしたが、顔つきはアジア人の特徴を顕著に持っていました。実のところ、母親自身の父親の家族はスリランカ出身でした。ひどく寒い気候のときでさえ、母親が毛織物を着ているのを見たことは一度もありませんでした。そして赤ん坊も、健康状態がそれほどよくないときであっても、暖かい服を着ていることはほとんどありませんでした。

　母親はやや肥満ぎみですが、頑強な肉体を持った女性という印象を受けました。手は男性と同じくらいの大きさでした。とてもかわいい顔をしており、笑うとはるかに若々しく見えました。声はいつもとてもやわらかく、英語は文法的にも発音もいまだにかなり下手でした。妹とともに10年ほど前にロンドンにやってきて、結婚するまでは空港で働いていました。夫とは職場で出会ったのですが、あらゆる点で正反対の夫婦のように見えました。

　夫は自分がとても手際よく教養があり魅力的であることを示し、これらの資質を、妻の欠点に注意を向けさせるように使う傾向がありました。背が低く、やや小太りな40代前半の男性でした。空港で夜間に働いており、それゆえ観察中もよく家にいました。夫はものを作るのがとても得意で、住居を何とか改良したいと思っていました。在宅時はたいてい忙しくしており、時にそれは家族との関わりから逃れるのに役立ったかもしれませんが、おそらく夫なりの家族の生活への貢献の仕方でもあったのでしょう。

　母親はほとんど教育を受けておらず、父親は母親の無知に気短さと横柄さで反応していました。母親がそれに慣ったことはないようで、そのように扱われることを求めているかのようでもありました。ふたりの関係性は、母親が子育ての大変な仕事のすべてを担い、父親は娘たちと楽しく遊ぶという期待に基づいているように見えました。

第Ⅱ部　観察

　観察の当初から、母親は、私と気楽で親密な関係を築きたいと望んでいました。母親は自分を洗礼名で呼んでほしいと私に求め、自分の家族の写真を見せ、もう着られなくなった服を私にくれようとしました。私にとって「負担になる」ことを母親は気にしているのだと、次第に私は思うようになりました。つまり、自分と同じように空虚感を私が抱くようになるのを恐れているようであり、贈り物は私の内的資質を補充するためでした。これに関連することは、リビングの模様替えを月に1回ないしそれ以上行うという習慣でした。部屋の中には変化があり、赤ん坊の服はいつも違って見えました。こうした絶え間ない変更は、もしかすると母親の不満を表していたのかもしれません。

　私を基本的に信頼していたにもかかわらず、母親は部屋の汚さと散乱ぶりにひどくうろたえました。赤ん坊のおむつ交換を見せることは決してなく、寝室が片づいていないと、眠っている赤ん坊たちを見るために私が寝室に入ることを嫌いました。最初は、これは単に家のプライベートな場所に入れたくない態度にすぎないと思ったのですが、それはずっと続きました。赤ん坊への親密なケアをプライベートにしておきたかったのに、それを見せる不快さに由来したのでしょう。

　父親は、在宅時にはいつも私の注意を引こうとしていました。父親は、自分だけが知っていると思い込んでいる事柄を「説明する」のを好みました。私はいくらか見下されていると感じました。おそらく、女性はすべて教育される必要があると感じているのでしょう。しかしながら、次第にしつこさはなくなり、自分の意見を強要するよりは私の意見をもっと多く知りたがるようになりました。そのうち、赤ん坊が遊んでいるのを座って見るようになり、これまでのように眠り込んでしまうのではなく興味を示し始めました。

病院で

生後18日目の観察

　最初の観察は、生後18日のときでした。ふたりとも経管栄養でした。1日に1回、母親はふたりに哺乳瓶で飲ませました。母乳が十分出なかったと母親は話し

第5章　キャシーとスザンナ

ましたが、あとになって、授乳しようとしたけどすごく難しかったのだと言いました。

母親は私に会うのがとても嬉しいようで、コーヒーを入れることができないことを謝った。病院のことでは、子どもたちがあと数週間入院していられることに安心したと言った。というのは家庭で育児をする準備がまだできていないと思うから、と話した。また、自宅で夫婦が行っている仕事について話をした。この会話を10分くらいしてから、母親は私を赤ん坊たちに引き合わせた。キャシーは小児用ベッドの中で寝ていて、スザンナは授乳がちょうど終わって母親の膝の上で抱えられていた。姉妹はとても似ており、ふたりを別々の子として語れるには時間が要るだろう、と思ったことを私は憶えている。この最初の観察のとき、母親は自分自身のために観察者をどれほど必要としているかをはっきりと表して、自分が先に注目を受けてから、私が赤ん坊たちに目を向けることを望んでいることを示した。その後の多くの観察において、これはひとつのパターンになった。ほどなく母親はそれまでに気づいた双子の間の違いの話に移ったのだが、その違いをこころの中で明確にしておくことがとても重要なようだった。スザンナの体重のほうが重く、キャシーよりもミルクを飲むのがうまく、覚醒していることも多いこと、誕生時の体重はまったく同じで1.67キログラムだったと話した。

スザンナは、小児用ベッドに置かれるとほどなく眠った。母親は、ちょうど目覚めたキャシーのために哺乳瓶の準備に行った。しばらくしてキャシーは短く泣いたので、母親は抱き上げながら、キャシーは今まで泣いたことがないが、他方スザンナはとても頻繁にひどい大声で泣くのだという事実を述べた。母親は不満げな口調で述べた、「病棟の向こうの端からでも泣き声が聞こえるのよ」。キャシーのおむつを変えながら母親は、キャシーはいつでもミルクを飲むのに、スザンナはおむつを替えてもらったときにしか飲もうとしないと言った。廊下の騒音が聞こえたとき、母親は、キャシーがどんな物音にもとても敏感なのだと言った。「スザンナは」と付け加えて、「父親からキスされることだけわかるの」。キャシーはミルクを

143

第Ⅱ部　観察

飲むあいだ母親を見ており、哺乳瓶のミルク全部を飲んだ。母親は喜びを
表し、このことを看護師に誇らしげに述べた。キャシーは、母親といると
とても心地よさそうでくつろいでいるように見えた。私は観察の半分だけ
を終えたという印象を持ったのだが、それは1時間滞在したにもかかわら
ず片方の赤ん坊だけを見ていたからである。私はそれでスザンナの観察を
するために別の日にまた来ることを決めた。

「何かを抜かしている」という感情は最初の観察でいだいたものですが、私の
個人的体験だけでなく、観察セミナーでも常に見られるパターンとなりました。
ふたりの赤ん坊について十分に時間がとれなかったために、仲間たちはセミナー
の終了時に常に不満を感じていました。

生後4週目の観察

スザンナに会いに行ったのは、生後4週目でした。母親はそばにいませんでし
た。父親の勤務のシフトに合わせて病院に来る時間の変更をしていたからです。

スザンナはちょうど看護師によってミルクを与えられ、おむつを替えて
もらったところで、子ども用のベッドに横たわっていた。私のほか部屋に
は誰もいなかった。スザンナは寝つこうとして、眠ることの恐怖と戦って
いるように見えた。何度も目を閉じ、そして突然に目を開けた。スザンナ
はまた、握りこぶしを口の内に入れたり出したりしていた。30分以上たっ
てから、スザンナはしばらくの間周りを見回し、それから自分の手を目の
前に持ってきて、その手が顔にばったりと落ちるまで注意深く見ていた。ス
ザンナは驚いた顔をした。ほとんど眠ってしまいそうだったが、突然に再び
目を覚ました。しばらく鼻に触って、それから腕を毛布の上に降ろした。
再び、手を顔の前に持ってきて、そして手をばたっと落とした。スザンナ
は指を、今は閉じている目の中にほとんど押し入れようとした。ついには
親指を口の中に入れ、それからもう片方の手に頬を乗せて眠りに落ちた。

第5章　キャシーとスザンナ

　自分の手にもたれかかることで、心地よい感情、何かにしっかりつかまっている感情をスザンナは持てたようで、それによってリラックスして、眠りに落ちる恐怖感に打ち勝つことができました。寝つくのにおよそ1時間かかりました。スザンナは、最初は手の動きによって、次には指を目に押し込もうとして、最後には親指を口に入れることで、安心を与えてくれる外的対象との結びつきを確立しようと試みているように私には思えました。スザンナは、手を、ミルクを飲み終えて取り残されたことの埋め合わせに使っているようでした。何かにつかまっていて、口の中に何か吸うものがあると感じたとき、スザンナはまた手で顔を支えることを楽しめたのです。

自宅にて──母親と赤ん坊との最初の相互作用

　両親はロンドンでも生活に便利な施設が少ない、やや辺鄙な地域に住んでいました。一番近い店でも歩いて約30分かかりました。両親のアパートは非常に小さく、家具は質素なものでした。赤ん坊用の部屋はなく、両親のベッドの足元にふたりの子ども用ベッドがありました。

生後6週半目の観察

　自宅での最初の観察は、生後44日目でした。37日間入院していましたが、まだ家が落ち着いていないという理由で、母親は前の週に自宅での最初の観察をキャンセルしました。自宅での仕事がまだ終わらないだけではなく、母親自身が落ち着かず混乱していて、訪問者を望んでいないということを意味しているのだろうと私は思いました。

　　母親は寝室でスザンナにミルクを飲ませていた。キャシーは子ども用ベッドで寝ていた。母親は私に会うのを喜んでいるようだったが、いくらか戸惑っているようでもあった。スザンナは、哺乳瓶でミルクをあげている間に眠ってしまった。母親は、スザンナが眠ってしまうことが多いので

145

第Ⅱ部　観察

哺乳にはいつも長い時間がかかるの、とうんざりしながら言った。……ス
ザンナは、父親が子ども用ベッドに置くと泣き、体位を変えてあげても、
両親のベッドに寝かしても泣き続けた。両親はともにスザンナが現実的な
問題なのだと私に言った。スザンナは本当に困った子で、泣いてばかりで、
ミルクを飲むのも時間がかかりすぎる。スザンナはまた、キャシーの後に
おむつ交換をされるのを嫌がる。スザンナは欲しいものをすべて手に入れ
る、と母親は辛辣に言った。……スザンナの哺乳中、母親がスザンナを抱っ
こせず、体を触ってもいない状態で、腕の上に置いているだけだというこ
とに私は気づいた。スザンナは自分の腕を体に沿ったままにして、目はほ
とんどの時間閉じられていた。それはあたかも、授乳にはまったく関心が
なく、いかなる満足感も得ていないかのようだった。次に母親はキャシー
に授乳をしたのだが、キャシーはすぐに哺乳瓶1本のミルクを飲んだ。
キャシーは母親を凝視し続けて、片手で母親のブラウスをつかみ、もう片
手では哺乳瓶を持っていた。キャシーは母親と強く結びついているように
見えた。そして母親は、キャシーはとてもよい子で静かなのと評した。キャ
シーは、目と口と手を使ってよりどころを見つけ出したのである。

　母親は、キャシーを抱いて台所にコーヒーを入れに行くので、スザンナ
を抱っこしていてくれないかと私に頼んだ。雰囲気は非常に混沌としたも
のになった。

　……母親は以前に住んでいた家について述べていた。それから、父親は
買いたてのビデオレコーダーを私に見せたがり、映画を上演した。ラジオ
もついており、後に父親は3匹の猫も見せてくれた。

　……おそらく観察者でいることは退屈だろうと考えて、新しくてエキサ
イティングなものを見せてくれたのだろうが、そのことによって、あたか
も私の気を逸らしているように感じられた。父親はたしかにこの時点では
赤ん坊に興味がひかれるところを何ひとつ見つけておらず、父親にもっと
反応するような「子どもたちの成長を楽しみにしている」と言った。

　振り返ってみると、最初の自宅での観察には、赤ん坊と両親との関係性を特徴
づける重要な要素が含まれていました。まったく異なったふたりの赤ん坊を両親

のこころの中に置いておくという問題は、とりあえず、ひとりは「よい」、もうひとりは「悪い」赤ん坊とすることによって解決されました。母親には一度にひとりの赤ん坊だけを抱っこしたり、注目したりする能力しかないように見えました。観察者はもうひとりを抱っこするように求められました。父親の興奮した会話は、気を逸らせるのに役立っており、活気づけるつもりのようでした。おそらくそれは、父親を憂うつにしたり、退屈や空虚を感じさせたりするすべてのものを覆い隠す父親なりのやり方でした。母親が部屋を離れるとき、父親はビデオをつけたがります。母親が赤ん坊たちに専念すると、父親は飼い猫をそこに連れてくるのです。

生後8週目の観察

私はこの観察においてスザンナと取り残された。
母親は、キャシーのおむつ替えのため浴室に行った。スザンナは突然に目を覚まし、大声で泣き始めた。私はスザンナの泣く勢いに驚き、泣いても母親がやって来ないでキャシーと浴室にいるという事実に驚いた。ついに母親が部屋に来たとき、スザンナはまだ泣いていた。母親はスザンナを持ち上げ、まったくなだめようとすることもなく浴室に連れて行った。スザンナがいっそう泣いたので、母親はスザンナを連れて戻ってくると、すぐにキャシーが泣き始めた。母親はスザンナをソファーの上に残してキャシーを抱き上げ、お腹の具合が悪くて、ミルクを消化できないのかもしれないと言った。母親は、スザンナがまだ泣いていたので、スザンナを私の膝の上で抱えていてほしいと私に頼んだ。私はスザンナのこわばった姿勢に気づいた。頭を仰け反らせて、後ろの壁をじっと見ていた。

母親が一度に対応できるのは赤ん坊ひとりのだけのように思われました。すなわち、ひとりの赤ん坊が何かを得ても、もうひとりは間違いなく何も得られないのです。母親には、双子の両方に足る十分なものが内部に無いようであり、私は母親にひっきりなしに注意を向けておく必要があると感じられました。注目されたいという母親のニーズは、母親が自分自身を子どものように感じていると、時

第Ⅱ部　観察

には私に感じさせるものでした。

生後10週目の観察

　　赤ん坊たちがふたつの異なるタイプの哺乳瓶でミルクをもらっていることに気づいた。母親は、「スザンナにミルクを飲ませるのは、ミルクをこぼし続けるのではるかに面倒なの。だから大きくて短い哺乳瓶を使っているの。ずっと持ちやすいから」と私に説明した。

　　……母親は、スザンナを自分の体から少し離して抱いている。スザンナは眼を閉じたままで、手はだらりと垂れ下がっていた。スザンナは、母親の肩だけで頭を支えられているように見えた。スザンナは短く泣き、ぼんやりと周りを見回した。母親は途切れることなく私に話してきた。スザンナが眠ろうとすると、母親は膝の上で上下に揺すって目を覚まさせ、おもちゃで気を紛らせようとするのだが、スザンナは明らかにこのすべてが好きではなかった。

母親のスザンナとの関係性

生後11週目の観察

　　母親から、スザンナがひどい風邪をひいて、前の晩にはほとんど呼吸ができなかったと聞いた。母親は、仕事に出ていた父親に電話をし、父親は家に帰ってきた。2〜3時間するとスザンナはいくらかよくなったので、医者は呼ばなかった。母親は、スザンナが死んでしまうのではないかとひどく怯えていたことを私に話した。母親はとても疲れており、張り詰めているように見えた。スザンナはベッドにおり、頻繁に泣いた。母親は、スザンナは注意を引くために泣いていると言った。父親もまたそこにいて、スザンナの泣く「ふりをする」癖についてコメントした。「スザンナは妻の妹が仕事から帰って来るといつも泣くのだけれども、それは妻の妹が真夜

148

中までスザンナを抱きしめてくれるのを知っているからだ」。スザンナは、両親から得ることのできない暖かさを、この叔母に見出していた可能性があるようだ。

生後13週目の観察

母親は、げっぷをさせるためにスザンナを肩にもたれさせて抱いていた。スザンナは両腕を体に沿わせたままじっと壁を見ていた。母親はスザンナの体に触れておらず、ただもたれさせたままでいた。それから母親は、膝の上にスザンナを横たえて、足先を自分の胃のほうに向けさせていた。スザンナは完全に水平に横たわり、天井を見ていた。母親は再び哺乳瓶でミルクを飲ませようとしたが、スザンナは吸おうとはしなかった。

母親から距離のある抱かれ方をされたスザンナが、筋肉の緊張と壁や天井の凝視によって、自分をひとつにまとめていることは繰り返し観察されたことでした。私が観察をしている間に、スザンナは自分の泣き声がニーズのコミュニケーションとして母親から応答される体験、あるいは身体的に接触して安全に抱かれる体験をしたことはありませんでした。

生後14週目の観察

スザンナに消化する力がついてきたとはいえ、まだどれほど困っているかについて母親は話した。医師による薬の処方があり、スザンナが泣くことは今ではだいぶ減った。にもかかわらず、やはり夜中に何度も目を覚ましたので、それは母親と父親にとって問題だった。母親は、特別な注意を向けてほしいというこの赤ん坊のニーズを何はともあれ否認し続けていた。……この話を私にしている間、母親はスザンナを膝の上で抱えていた。スザンナが泣くと、よくない子ねと言ってスザンナの体位を変えた。両膝に横たえて、うつ伏せにしたので、スザンナの顔は床に向いて腕と脚が宙に浮いた。それから、母親はスザンナの背中を規則的にぽんぽんとしてあ

149

第Ⅱ部　観察

げたが、スザンナは泣き続けた。母親の服を握りしめたまま、頭を持ち上げ、そうした苦しい姿勢から、非常に辛そうな顔つきで私のほうを見た。しばらくすると母親はスザンナを引き起こして、厳しく見つめて、泣くのをやめなさいと言った。スザンナは泣きやんだ。するとすぐに母親は、コーヒーを入れたいと言って、赤ん坊を私に手渡した。スザンナは、母親がドアの後ろに消えるやいなや、再びワッと泣き出した。

　……同じ観察の中で、母親は自分の妹のうちのひとりが、3歳までは規則的に、5歳までは時々母乳を与えられていたことを話した。母親はむかむかした様子で、妹を羨ましいと思ったことはない、というのは「……母乳を与えられている子を見るのは不快になるから」と言った。そう言った直後に、母親はスザンナを引き起こして、膝の上でスザンナを弾ませながら「私たちはダンスができる、ダンスができる」と言った。

　スザンナを抱っこせず、ほとんど身体に接触しないことによって、母親はこの赤ん坊のニーズと要求による影響を寄せつけないようにしていました。スザンナが耐えねばならない不快感は、妹が母乳をもらっていたときの母親の心をかき乱された記憶と結びついていました。母親が示した嫌悪は、その後の赤ん坊との遊びでも示されましたが、それは授乳のイメージによって喚起される感情に対する母親の防衛を表しているように思えました。スザンナの要求がましさは、貪欲な妹を思い出す引き金となり、おそらく母親自身の貪欲な部分をも刺激したのでしょう。母親は、依存が満たされると、やがて分離や自立が達成されるという自然な成長過程への楽観的な確信を持っていないようでした。

　その一方で、母親は、ふたりの赤ん坊のニーズの違いを理解していたようで、たとえば、異なった哺乳瓶を使って、異なった授乳の仕方で飲ませていました。しかし、スザンナの苦痛が、怒りや、不快やお腹にたまったガスによるのではないかとは、決して考えようとしないのは際立ったことでした。たとえば母親はいつも同じように反応し、スザンナの感情を自分自身から遠ざけ逸らし、苦痛を自分の中に吸収しようとする代わりに、興奮した遊びによってスザンナの感情を消し去るようにしていました。

　母親は、スザンナと一緒にいるのは難しいと体験しているようで、元気が与え

第5章　キャシーとスザンナ

られるのではなく退屈ないし気を重くするもの、鈍くてのろいものと感じていま
した。これは、父親が頻々と母親に感じさせていたやり方に似ています。ひょっ
としたら、スザンナは母親自身の依存的な気持ちを思い起こさせたのかもしれま
せん。自分が母親としてふさわしくないと感じるとき、赤ん坊を大きな重荷とし
て経験するのです。

母親のキャシーとの関係性

　キャシーの観察は著しく異なっており、それはスザンナの観察と同時に行われ
ていましたが、時にキャシーは別の環境のもとで別の人たちと生きているかのよ
うでした。
　生後9週目のとき、母親はキャシーの健康状態を心配しました。キャシーはお
なかを壊しやすかったのです。

生後10週目の観察

　　母親はキャシーを自分に近づけて膝の上で抱えて、哺乳瓶でミルクを飲
　ませた。キャシーは、母親の顔を見ながら両手を哺乳瓶に添えて規則的に
　吸っていた。しばらくすると吸うのをやめて、目を閉じた。母親はキャシー
　の頬をやさしく撫でて、眠らないでと言った。キャシーは再びミルクを
　吸って、飲んだり休んだりしながら約20分かけてすべてを飲みほした。
　母親は、キャシーはこういったのが好きだと言ったが、キャシーに対して
　とても辛抱強く、キャシーのタイミングを尊重しているように思われた。
　ミルクを飲んだ後、母親はキャシーを膝の上に座らせて背中をやさしく
　マッサージした。キャシーは母親のスカートをぎゅっと握りしめていた。

生後14週目の観察

　　キャシーはひどい風邪をひいた。母親は、観察のあいだキャシーをずっ

151

第Ⅱ部 観察

と膝の上で抱いており、途切れなく泣き叫ぶのを無理もないと受けとめて、気分が悪いのよと同情的に言った。キャシーがミルクを飲むのを拒むと、母親は、消化がうまくできないのかもしれないので、待ったほうがよい、後でまた飲ませてみようと言った。キャシーが苦しんでいるように見えるときは、キャシーを自分の体にぴったりと引き寄せ、胎児のような格好にして抱っこをして、こうすれば落ち着くだろうと言った。キャシーは実際にほどなくして落ち着いた。

生後16週目の観察

母親は、キャシーの指や手や腕に触りながら、それらの言葉を歌って遊んでいた。これは通常ないことであった。というのは母親が、とても興奮した行為へ誘うために、おもちゃを使わずに遊ぶことは稀なことだったからである。

キャシーは、スザンナよりもはるかに「実在している」ようでした。母親は、キャシーと一緒に経験をしつつ生きていくことができたし、キャシー自身のリズムの確立を認めることや、身体的接触を与えて安心させたりすることができました。また、母親はキャシーに対してどれだけ求めることができるかを、よく知っているようでした。母親の態度に反応して、キャシーが微笑んでいるのを見ることができたし、母親に向けて自分自身のすべてを伝えて、母親の腕に囲まれてとても喜んでいるように見えました。

キャシーは「模範的な赤ん坊」で、ミルクを元気に飲み、規則的なパターンで眠り、めったに泣くことはなく、全体的に見て健康でした。他方で、スザンナはより多くの注目と忍耐を必要としましたが、それは双子であることに加えて未熟児ということから予測されうることでした。スザンナは相対的に発達が遅れていて愛情をより欲しているが故に、多くのケアと保護が両親から与えられるだろうと期待する人もいるでしょうが、実際のところ両親の反応はまさにその反対でした。両親は、キャシーのほうが興味深く魅力的であり、不安にさせられることが少ないと見ているようでした。全般的に見て、キャシーの成長と満足はこの両親

を安心づけました。不幸にもスザンナは、ただでさえ弱者だったのですが、相対的にネグレクトされ、その結果あまり活発な子には育ちませんでした。

スザンナをネグレクトする傾向は、スザンナが重い病気にかかるたびに母親が示した多大な恐怖や心配と対照をなしていました。母親がこのことを最初に口にしたのは、危険を伴った出産の詳細を語ったときでした。のちに一度ならず述べたのは、暑いときのスザンナの呼吸困難についてでした。こうした話をする際には、母親はひどく緊張しているように見え、不安をやわらげるために自分のことを長々と話したがりました。もしかすると母親は妊娠中に、スザンナが死んでいるのではと、または障害を負ったかもしれないと感じたとき、迫害されるような気持ちを繰り返し抱いたのかもしれません。おそらく、スザンナを拒絶する母親の傾向には、生きている赤ん坊のスザンナに向ける意識を限定することによって、恐れている喪失の痛みを回避する試みであったのかもしれません。後になって母親は、病院で臨死患者の援助と支援の仕事をしたいと述べたのですが、それは母親が死に深く心を奪われていることのさらなる徴候に思えるものでした。

その後の発達

この双子が生後17週目のとき、短時間ですが双子同士の相互作用を私は初めて見ました。

生後17週目の観察

キャシーは母親がいないことに不満げであったので、私はスザンナを、ソファーの上にいたキャシーに近づけてみた。キャシーの泣き声が大きくなったが、スザンナは即座に反応して姉に向かって二度微笑んだ。母親は、以前のあるとき、ふたりがとても近くに座っていたら、キャシーがスザンナを蹴って泣かせたことがあったと語った。

生後5か月目と6か月目のあいだに、母親の見方が変化しました。赤ん坊はふ

第II部　観察

たりとも賢いと言って、ふたりとも歯が生え始めているために夜眠らないとか、ふたりとも母親に同じように反応するなどと話しました。違いではなく似ているところを評することが中心でした。この重要な変化は、スザンナのたいへん急激な発達の前触れのように思われました。夏季休暇の後、この家族の観察に戻ったとき、双子は8か月になっていました。スザンナは、背が伸びてふっくらとして、かなり成長したように見えました。私に向かってはっきりと微笑んで、2本の前歯を見せました。キャシーはまだ歯が生えていないのですが、内気で引きこもっていて、まるで私を覚えていないような印象を受けました。

生後34週目の観察

スザンナは大きくなったように見えたが、まっすぐに座ることができず、片側にころげ落ちてしまいがちであった。けれども、スザンナは満足しているようで、何が周りで起きているかをよく見ていた。自分の足を見て、それから両手で触った。次に、服についているリボンを丹念に調べると、リボンを上下に引っ張って遊んだ。10分くらいこの遊びをして楽しんだ。

　この時期からの観察の中で、スザンナはひとりでいる能力をたびたび示しました。ほとんどの場合、立方体か哺乳瓶の蓋などのおもちゃで長いあいだ遊んでいました。対照的に、キャシーは背筋を伸ばして座ることはできますが、自分のおもちゃにより早く飽きてしまいがちで、時に別のおもちゃを母親にねだり、手の動きを使って欲しいものを示しました。
　これに続く観察では、スザンナはすぐさま観察者に微笑んで、立ちたいとかジャンプしたいときには、それを観察者にわからせました。言葉に似た音声を出すことができ、時にそれは「会話」のようなものへと導かれました。スザンナの、観察者との相互性への関心や能力は、両親とのものより発達しているように見えました。そしてスザンナは観察者の衣服やアクセサリーに特に興味を持ちました。それとは対照的に、キャシーは際立って黙ったまま笑わず、観察者の膝の上に取り残されると、ぐずぐず言って泣き出しました。事実、キャシーはこの時期、周りに見知らぬ人がいると不安になったのに対して、スザンナの社会的応答性は

第5章　キャシーとスザンナ

育っていました。

父親との関係性

　この頃、父親の能動的な存在が観察の通例となりました。母親は、台所にいたり、アイロンかけや洗濯で忙しく、観察場面に不在なことも多かったのです。赤ん坊の誕生からその夏までの期間、父親は観察中にしばしば眠り込んでしまいました。

　父親は、赤ん坊たちの違いに絶えず注目していました。父親はスザンナを無視するにとどまらず、あからさまに拒絶しました。スザンナがそう呼ばれたくなく、顔をそむけることを知っているのに、よく「太っちょ」と呼んでいたのです。

▌生後36週目の観察

　父親が入ってきても、スザンナは向き直って父親のほうに行くことはなく、私のセーターとブローチを見た。スザンナはその両方に触ってブローチを外そうとしたが、結局は諦めて、静かに私にもたれかかった。その間も、父親はなお「太っちょ」と呼んでスザンナの注意を引こうとしていた。父親はそれから、スザンナが太り過ぎていて妻の身内の双子に似ているが、キャシーはやせていて父親の親戚に似ていると言った。

　父親は、キャシーに対してはとても誘惑的で、甘いものやチョコレートを差し出していつも注意を引こうとしました。そうすると、キャシーは父親の膝によじ登って父親の周りに両腕を回しました。すると父親は、「キャシーは何が欲しいか、見てごらん。私が欲しいんだ！」と誇らしげに私に言ったものでした。

　父親は、キャシーの発達的な推移について定期的に私に情報をくれたのですが、スザンナの成長に気づくことはまれでした。私は時にスザンナの成長について言及するのが大事だと感じて、実際にそのようにしました。それに対して父親は、キャシーよりずっと遅れているとよく言ったので、私はスザンナがよりひど

155

第Ⅱ部　観察

い未熟児であったことを父親に思い出させねばならないと感じていました。ここ
で、私は双子のうちの拒絶されたほうへの同一化を通して、家族の葛藤の中に巻
き込まれていることに気づきました。

　スザンナはしばしば父親を探し求めており、キャシーが父親から何かをもらう
のにスザンナはもらえないとき、明らかに嫉妬していました。おそらくこの苦痛
な状況を避けようとして、スザンナは窓をじっと凝視し始め、そうして父親をめ
ぐる競争やその他すべてのものから身を遠ざけました。

生後38週目の観察

　　父親は肘掛け椅子に寝そべってテレビを観ながら、スザンナを膝に乗せ
て抱っこしていた。スザンナは、父親の体を背にして哺乳瓶を手に持って
ミルクを飲んでいた。飲み終わるとすぐに、父親はスザンナを私に預けて
部屋を出ていった。母親とキャシーは台所にいた。スザンナはぐずぐず言
い始めた。私はスザンナを持ち上げて、私の正面に座らせた。スザンナは
ほんの少し微笑むと、向きを変えて私から顔をそむけ、窓を5分ほどじっ
と見つめていた。母親はキャシーと一緒に入ってくると、キャシーを父親
の膝の上に置いてコーヒーを入れに行った。キャシーは紙切れで遊び、そ
れを口に入れると、不快な感じの顔をした。それから父親のやや大きなお
腹に目をやって、しばらくじっと見ていた。そして父親の腹に触っていた
が、その手が父親の性器の上に滑り落ちた。父親はキャシーを持ち上げ、
頭の上に抱えて、スザンナに向かってこう言った。「見てごらん、スザンナ。
キャシーはスーパーガールだ！」。……それから父親がスザンナに封筒を
渡すと、スザンナはそれで遊んだ。その後、父親は再びキャシーのほうを
向いた。キャシーはまだ父親の膝の上におり、今は父親のネックチェイン
で遊んでいた。スザンナは何かの物音を立て、それはだんだん大きくなっ
た。スザンナは次に両手で私の膝頭をポンポンと叩いてから、再び窓を
じっと見つめた。

　スザンナが周囲から引きこもった最初の3回は、父親が部屋の中にいることと

156

第5章　キャシーとスザンナ

父親のスザンナへの態度に関連していると思われました。しかし後になると、これらの白昼夢的な状態は外的刺激がなくとも起こるようでした。

　父親は、キャシーがすでにできることを、自分もそうしたいと思いたくなる状況にスザンナを置いて、しばしば双子の間の競争心をかき立てました。

　　　父親は、部屋に入ってくると、キャシーを持ち上げたので、スザンナは、見るからに怒っているようであった。父親はテーブルのそばに行って座り、キャシーにビスケットをあげた。それからスザンナを呼んで、自分で行ってひとつ取ってくるようにと伝えた。母親はスザンナを床におろしたのだが、両親はスザンナがまだハイハイできないことはわかっていた。けれども、スザンナは「水泳をする」動きをして、部屋の中央までたどり着くことができた。そのとき父親は、キャシーにビスケット（スザンナのものと思われていたビスケット）を見せて、キャシーの口に入れた。そうして父親はスザンナにこう言った。「見てごらんスザンナ、キャシーが手に入れた！賢い子だね！」。スザンナは父親をじっと見つめていて、それからドアのほうに目を向け、そちらの方向へと移動した。

　スザンナの白日夢は、この例に示されるように親による拒絶からの引きこもりを表すもので、もっと満足させてくれるものをどこかに探しているようでした。時に観察者は、スザンナにとって関心の的となるものを提供しました。キャシーはおとなしい赤ん坊の状態に留まり、スザンナに比べて声による表現は概して少なかったのです。

　生後11か月のとき、キャシーは長い距離のハイハイができました。他方、スザンナは、13か月になってもまだハイハイは難しいようでした。にもかかわらず、ふたりの運動発達のパターンはとても規則正しいものでした。キャシーは9か月でハイハイができるようになって14か月で歩けるようになり、スザンナは14か月でハイハイをして19か月のときに歩きました。

第Ⅱ部　観察

1歳

　クリスマス休暇後、スザンナは観察者に笑いかけることはなく、悲しそうに見え、観察者が近づくと今にも泣きそうになりました。キャシーは少し微笑みました。母親は、観察者が驚いているのに気づいて、スザンナがこの数週間（そのころ父親は家を離れていた）、母親にべったりするようになったと告げました。実際、ひっきりなしに母親と一緒にいたがって、母親が観察者のもとにスザンナを残していこうとするとすぐに泣きました。母親は、スザンナの依存の程度が心配なので、医者に連れていくことを考えていました。キャシーは、母親とスザンナのこの新たな親密さに明らかにひどく嫉妬しており、しばしばそこに加わろうとしました。それゆえ、母親はふたりとも抱っこしなければなりませんでした。右腕が腱鞘炎だとぐちをこぼしました。父親の不在、あるいは観察者が知らないクリスマス休暇中の別の出来事によって、赤ん坊たちの求めに母親がより応じやすくなっていて、特にスザンナにとってはそうでした。スザンナは、自分の感情を示すことが、周囲から引きこもるよりも満足のいくものだということを見出したのです。そのうえ父親がいない間、父親が仕向けがちだった競争のプレッシャーがおそらくキャシーには少なく、それによって、スザンナは母親と親密になる道を見出すことができたのでしょう。

　この大きな変化は、スザンナがいかに痛ましくも父親のあざけりによって締め出されていると感じていたかを示していました。人への信頼や希望的な期待は根底から侵食され、それから言えることは、引きこもる必要性は、スザンナにとって父親が本当に「ひどすぎた」ゆえに生じたことでした。この要因が取り除かれたとき、スザンナの感情表出と、母親の注目を得ようとする格闘が前面に出てきたのです。

　父親が帰宅した直後（12か月1週）、スザンナは喘息発作のために入院することになって観察はキャンセルされました。この深刻な喘息のエピソードは、父親が再び現れたことによる再適応の要求に応じる苦痛を表していたのかもしれません。1週間後母親は、自分はまだ調子はよくなく、キャシーは夜中じゅう嘔吐していたからと、キャンセルを告げてきました。母親がスザンナに付き添って入院していたとき、キャシーは母親の妹とともに家に残ったのですが、嘔吐のエピ

158

ソードはキャシーにはこの事態が困難だったことを示唆していました。キャシー
は、母親と双子の妹の不在によって喚起された不安と荒れ狂った感情をコンテイ
ンすることができなかったのでしょうか。嘔吐は、心的苦痛が身体の形式をとっ
て表現されたものであることは十分考えられることでした。

　次の観察の間、スザンナはひどく青ざめて見え、双子はともに風邪をひいてい
ました。それにもかかわらず、ふたりはいつもの薄手の服を着ていました。スザ
ンナは片手に包帯を巻いており、前日にやけどをしたのだと母親は語りました。
この事故は明らかに台所で起こったもので、スザンナを抱っこしたまま沸騰した
お湯を父親のカップに注いでいたとき、スザンナが突然手を前に出したのです。
両親は、治療のためにスザンナを病院に連れて行きました。この事故にもかかわ
らず、スザンナはまったくいつもの通りに見えて、母親と観察者に向けて微笑み
ました。

　その次の週、スザンナは、ほぼ歩くことのできるキャシーと、張り合おうとし
ていました。父親をめぐって競い合うところもかなり多く、ある時点ではふたり
の赤ん坊がともに父親に登ろうとしていました。

　その翌週、スザンナは母親の膝の上でお茶をこぼしました。母親は文句を言っ
てひどくいらいらして、「この子といるとこういうことがいつも起こるの。自分
が何をしているか見ていないんだから！」と言いました。父親は、スザンナの成
長が遅いことの不満を言い続けました。再び、赤ん坊たちはふたりとも父親の膝
を取り合いました。

生後1歳5週目の観察

　母親は、テーブルのそばでスザンナを膝の上に抱いていた。何かが落ち
て、母親はかがんでそれを拾った。スザンナは落とされないように母親の
腕をつかんだ。母親が再び体を起こしたとき、突然悲鳴をあげた。という
のは、スザンナが、腱鞘炎になっていた腕にもたれかかったので、鋭い痛
みを引き起こしたからである。母親は涙を浮かべたが、父親はそんなに深
刻なことではないよと言った（ひどいことになったのではと明らかに父親は非常
に驚いていたのだが）。しばらくすると母親は落ち着いて、（私が膝に乗せてい

第Ⅱ部　観察

た) スザンナにこう言った。「悪い子ね、いつもママを傷つけて！」。

　数日後、スザンナは同じ手を再びやけどして、また病院に連れて行かれました。
　これらすべての事故は、スザンナが父親の留守中に見つけた母親との親密さを引き延ばそうとしたことの結果とみることができるかもしれません。今や母親がたくさんのニーズに取り囲まれているので、それは絶望的な手段によってしか得られなかったのです。事故は、母親から忘れ去られるか「落とされる」かという恐怖を伝える試みとして理解することができるかもしれません。スザンナの1歳の誕生日のちょうど前後に起こった病気と事故の継起は、母親に喚起された不安とも関連していたでしょう。誕生日は難産と不安定であった初期の頃を母親に想起させたのです。キャシーは反対側の極を、とりわけ歩くことを上手に成し遂げて、成長の興奮を表していると思われました。

おわりに

　この観察の中でとりわけ興味をひかれるテーマは、この双子の出生前の体験が、生まれたときの身体的かつ行動上の特徴に与えていると思われる影響についてです。
　在胎月齢ではスザンナがはるかに未熟児であり、その結果として出生時には、姉よりも活発で、より覚醒しており、過敏で、かつ空腹でした。こうした特性上の差異は一卵性双生児研究にも現れていて、そのことは、かかる特性が子宮内生活または出産の経緯の中で獲得されたことを示唆しています。
　生下時の行動として母親が伝えてきた状況によると、スザンナはがつがつした赤ん坊であり、ミルクがまだ経管と哺乳瓶の両方から与えられていた生後10日目は、キャシーよりも多くを飲んでいました。15日目には、スザンナはキャシーより5グラム重く、その後も体重の重い子どもになりました。18日目に母親は、スザンナがひどく大きな声で泣くので恥ずかしい思いをしていると私に語りました。この性格もまた続いていて、相変わらず「うるさい」赤ん坊でした。もっともそれは部分的には呼吸をする困難さによるものだったのです。スザンナは、18

第5章　キャシーとスザンナ

日目にはキャシーより目を覚ましている時間が多いと報告されました。これは、スザンナにはいつも寝つきが悪いという問題があり、夜中に目を覚ましやすい傾向があるという変わらぬパターンとして残りました。

スザンナの出生前の経験は、安全をめぐる真の恐怖と、成長するための空間が十分ではないというフラストレーションとが特徴的でした。おそらく、生存にまつわる不安のいくらかはスザンナの絶望的な泣き声に表現されていたかもしれません。生下時のスザンナの空腹と不穏さは、おそらく子宮内での不満足で栄養不良の生存の兆候だったのかもしれません。これらすべての要因によって、スザンナは、世話されることを非常に求める赤ん坊になったのです。スザンナの困窮は、身体的にも精神的にも両方において顕在化しました。スザンナは虚弱体質であり、最初はミルクの、それからは離乳食の消化において、常に困難を抱えていました。喘息発作により頻回の突然の入院を引き起こしました。そのときにスザンナは、母親から引き離されることに強い不安を示しました。

こんなに気がかりで要求の多い赤ん坊を持つことは、育児スキルについての母親の心配を猛烈に増加させ、重い要求を母親に課すものでした。母親は最初から、よいと悪いに峻別して赤ん坊たちを見て反応しているようでした。スザンナは貪欲で満たされることがない、時に実にうんざりする赤ん坊と見なされていました。母親自身が、子どものとき拒絶されていると感じ、不器用でデブだと烙印を押されたように感じていたという証拠があり、これらの記憶がスザンナの知覚と絡み合ったように思われます。さらに際立っていたのは、結婚においても、見下されているという経験を繰り返していると思われる事実です。

母親は、キャシーを健康で愛らしい赤ん坊だと見ていた一方で、スザンナは"満たされることがない"赤ん坊として距離を取っておかねばなりませんでした。母親はスザンナに触ることも、抱っこもキスも避けました。近づいてきたときには、そうすることに嬉しさも満足感も示しませんでした。

スザンナは、それに対して母親との相互作用から引きこもることで反応しました。授乳の間も母親の顔を見ることはなく、母親の膝の上で抱えられても、めったに母親の服をつかみませんでした。ふたりの間での満足のいく積極的なやりとりがないところでは、母親との安定したアタッチメントは発達しなかったのです。その代わり、スザンナは無生命の対象に注意を向け、おもちゃや哺乳瓶のふ

第Ⅱ部　観察

たで長い間遊んでいました。（膝の上で）弾ませてもらうのを楽しんだことはありますが、母親はしばしばまずいときにそうしようとしたので、それに対してスザンナはひどく動揺した反応を示しました。

スザンナは赤ん坊のとき、授乳中いつもミルクを垂らしたので、母親は試せる範囲でさまざまな哺乳瓶で飲ませました。この連続的な垂れ流しもまた、身体的そして心理的なコンテインメントの欠如の反映であり、そして哺乳瓶の乳首と口が、赤ん坊と母親が「うまく合わない」ことの反映でした。

スザンナの病気は母親にとって迫害の源であり、どのような不平もみな、もっと注目してほしがっている、またキャシーが得ているものをうらやましがっていると解釈されました。この受け止め方は、スザンナがさらにいっそう絶望的な泣き声をあげて反応するという悪循環につながり、両親はやがてスザンナへの忍耐を失って怒りを覚えるようになりました。

父親が4週間以上にわたって家庭を留守にしていた間、母親とスザンナはより親密な関係性を築きました。しかし、父親が戻ってきた以降の観察では、この進展は行き詰まりました。互いがより近づくと、スザンナと母親は似た特徴を示しました。たとえば不器用なことです。母親はかつてスザンナの手に熱湯をこぼしたのに対して、スザンナは熱いお茶を母親の膝にかけてしまったことがあります。また母親は、子どもの頃は太っていて、走ると足から血が出たものだったと私に話しました。母親は、かつての自分のようにスザンナが肥満児になるのではないかと怖れているようで、このことをよく私に話しました。実際には、スザンナは普通のぽっちゃりした赤ん坊に見えました。

子宮内でのキャシーの経験もまた、死のリスクはなかったにせよ困難なものでした。生下時は低体重であり、ミルクをうまく飲めるようになるのが難しかったのです。しかしその後（自宅に戻ってからは）、手のかからない赤ん坊になりました。一定の間隔でミルクを飲み始め、睡眠のパターンも健康状態も常に良好でした。それによって両親は深く安心することができました。キャシーはミルクに飢えたり要求がましいところがスザンナより少なく、対応しやすかったのです。魅力的で優しい性質は、良性の相互作用をつくりました。病院にいた最初の1か月間に見られたキャシーの授乳の困難さは、自宅での一定したケアと母親の存在によって減少しました。キャシーは極めて授乳しやすい赤ん坊になり、キャシーの応答

第5章　キャシーとスザンナ

性のよさは、自分が認められたという感じを必要としていた母親にとって大きな意味を持ちました。

　これらの赤ん坊には、互いの関係性において、そして両親との関係性において自分の空間を見つけるという双子に特有の課題がありました。お互いが非常に近くなったときに、キャシーがただちに強い不安を示したことは興味深い観察でした。キャシーは途方もない苦痛によってわんわん泣き出し、スザンナは遊びが荒々しく中断されたことにひどく驚きました。キャシーの、引きこもりやすく、他者とのいかなる接触にも脅えてしまう傾向に、母親の関心は向けられませんでした。おそらくそれは、内気や社会的孤立という母親自身の感覚の何らかの反映だったのでしょう。

　キャシーは、母親の子宮内でしばらくひとりで過ごした後に、第二の胎児が存在することに順応するため、とても困難なときを過ごしたに違いありません。その妹は脅威として、キャシーの成長に必要な空間に侵入してくる何者かとして感じられたのでしょう。損傷を与える競争という怖れは、子宮外生活においても明らかに続きました。折々のキャシーの反応に対してのスザンナの戸惑いは、すでに両親から頻繁に直面させられた否定的フィードバックの反復の苦痛のように思われ、家族に対する関心から顔をそむけて自分ひとりの遊びに専心することによって、そのフィードバックはさらに強化されました。空間を共有するという問題は、ゆえに最初の1年間の赤ん坊たちの生活においては、キャシーは普通に両親から親密な関与をより多く得たこと、スザンナはその彼方にあるおもちゃや観察者（そしておそらく他の大人たち）を見ることと、そして内側に向かって自己固有の資源を探求することとによって解決されたのです。

第6章

アンドリュー

　アンドリューはふたり兄弟の第二子で、出生時、兄は2歳半でした。両親はともに30代前半で、教育水準の高い中流階級の人たちです。父親は現在自営業で、母親は結婚して子どもを持つまでは教師でした。母親は英国の生まれではありませんが、かなり幼い頃からこの国に住んでいます。外国に住む姉妹がひとりおり、両親は他界しています。父親には兄弟がひとりおり、両親は健在で国内の別の地域に住んでいます。第一子はハンサムで健康な男児であり、特別な問題は何も示していませんでした。

生後3週目の観察

　初回の観察では、最初のやりとりを終えると、母親には言いたいことがたくさんあった。「ありがたいことに、この子は夜もよく寝てくれるんです。ひとり目は夜中にいつも起きていて、とんでもなく大変でした！　今はあまり深くは眠りません。風邪をひいているので。私も風邪をひいています。時々この子は、年がいって、疲れているように見えて、ずいぶん退屈そうなんです！」。母親はとても心配そうな声で続けた。「時々この子を私のベッドに寝かせるんです。そうすると、この子にはもっといろいろなものが目に入るでしょう」。そして、のちに、「この子は上の子よりも恵まれていると思うんです。周りに他の子どもがいると、家の中がいつもにぎやかでしょう。お兄ちゃんはしょっちゅう自分の顔を赤ん坊にとっても近づけて笑いかけているんです。こういうのって赤ん坊には素敵なことで

第6章　アンドリュー

　　しょう。大人はまずやりませんから」と話した。

　母親からアンドリューを紹介されたこの初めての出会いの中でとりわけ印象的だったのは、母親が本物の赤ん坊と接触をしていないという感覚でした。母親には赤ん坊についての先入観があって、そのため赤ん坊を誤認しているようでした。生まれたばかりの赤ん坊を、年がいき、疲れていて、人生に退屈していると見なすことにはかなり無理がありますが、母親には赤ん坊がこう見えていました。母親は、現実の赤ん坊を知っていくことや耳を傾けることに困難を感じており、そうする代わりに自分の考えを赤ん坊に重ねがちでした。それでは、これらの考えは一体どこからきたのでしょうか。「風邪をひいた赤ん坊」[訳注1] という母親の体験は、自分自身を風邪ひきだと感じる [訳注2] 母親の気持ちと関係があるようです。赤ん坊が必要としている温かい感情というのは、母親自身が与えることができないもののようです。母親は代わりに赤ん坊を自分のベッドに寝かせましたが、そこは、目を向けて、取り入れるのにちょうどよく、魅力的なものがあると母親には思えるところでした。母親は、幼い兄から弟になんらかの温かいものが与えられていることをとても喜びました。兄は自分とは違い赤ん坊にとても近づいて笑いかけることができ、母親はそれが自分にはできないことだと感じていました。また母親は、ふたりの子どもからの要求に対処していくという悩みが尽きないようにも見えました。第一子に関しては、兄が見捨てられていると感じて、自分をひどいママだと体験してしまうのではないかと不安でしたし、弟に対する兄の怒りや嫉妬の感情にも悩んでいました。母親は、いかに兄に分別があり、いつも赤ん坊によくしているかを強調することで、こういった恐れを埋め合わせようとしていました。

　　「赤ん坊をルーチンにはめたくないんです。ニーズに応えていきたいんですが、ふたりの子どもに気を配らないといけないと思うと、かなり大変なんです。今は、ふたりの各々のニーズを考慮しないといけないのです」。

[訳注1]　原書では、cold baby（冷たい赤ん坊）。
[訳注2]　原書では、full of cold（冷たさでいっぱいだと感じる）。

第Ⅱ部　観察

　母親は、第二子については気が楽になり、より自信が持てて、不安が小さくなったと言いました。しかし赤ん坊がよく眠るという安心感は、眠っていれば母親が対応できないと感じるような要求をすることはないという事実に関係しているとも考えられるでしょう。手のかかる赤ん坊だという不安は、ひとり目が「いつも起きている赤ちゃん」で、「とんでもなく大変」だったという過去のことにされてしまっています。

　　　それから、母親がベビーラックから降ろしたので、私は赤ん坊を目にすることができた。「この子はとてもやせているんです」（母親の声は再びとても心配そうな調子を帯びていた）。「このやせ具合を見てください。ほら、おむつが脱げてしまうでしょう。以前は静脈まで見えていました」。母親が服を脱がすやいなや、赤ん坊はひどく泣き出し、母親がクリームで体を拭いている間中、さらに泣いた。そして、皮膚が再び服で包まれると、すぐさま泣き方はまったく違うものになった。強烈な響きではなくなり、リズムは緩やかになり、それから間もなく落ち着いた。

　服を脱がされたアンドリューは、パニックと崩壊の反応を示しました。アンドリューは自分自身の皮膚にまだ慣れていないのだと言えるかもしれません。心的な皮膚は、圧倒的な解体の不安からこの子を守るほど丈夫ではありませんでした。寝かされて、裸にさせられると、ひとつにまとめられているという体験は失われました。母親は泣き声を聞くと、赤ん坊が母親によってひとつに抱えられ、コンテイニングの体験を与えられなくてはならないかよわい存在だと気づいて圧倒されてしまいました。不安があまりにも激しかったので、母親は不安のなにもかもを、第一子にまつわる遠い過去の出来事にして追いやろうとしました。「私はほんとうに不安でした。あの子が泣くと、傷つけてしまうかもしれないとか、ミルクが足りないのではないかと、悩んでいたんです」。
　ミルクが足りないというこの悩みは、現時点では、自分が不適切だという母親の感情を強めるようでした。母親は、子どもを落ち着かせるのに食べ物は使いたくないのだと明言しました。母親はもしかすると、食べ物が安心を与えることや、赤ん坊に求められて食べ物を与える自分自身のイメージをこころに思い描くこと

166

第6章　アンドリュー

が難しかったのかもしれません。母親は別のものに頼りたがり、それはたとえば子どもたちに話しかけることでした。「私、大きくなった子どものほうが好きなんです。しゃべれるし、なにがどうしたのか話せるでしょう。赤ん坊だとこちらが推測するしかありませんから」。

　　観察のこの時点で、授乳の時間となった。母親は右の乳房で赤ん坊に授乳した。乳首が口元から外れたとき、母親は赤ん坊を手助けしなかった。それは、母親の言葉を借りれば、「この子は乳首の探し方を学ばないといけない」からだった。赤ん坊はとても静かに吸っていた。乳首をようやく探し当てたときには少しの間激しく吸ったが、やがてまたゆっくりになった。時々吸うのをやめて、眠りに落ちているように見えた。そこで母親が赤ん坊の頬に指をそっと押し当てると、また吸い始めた。一度乳首を見失ったときには、赤ん坊は口の中に自分の指を2本入れた。

　この乳首のコントロールの喪失の体験を、一体感あるいは一体である雰囲気の喪失として描写する人もいるかもしれません。赤ん坊は、母親の乳房と自分が異なっていることや、その間に空間があると感じることの脅威に反応して、自分の指で乳首を再現したのでしょう。

　　この間、母親は私にこう話しかけた。「少ししか食べない赤ちゃんっていますよね。満腹になりたくないような。この子はひとり目と同じなんです。完全にお腹がいっぱいになったら、やっと飲むのをやめるんです。最後の一滴まで飲むんです」。母親は左の乳房を与えた。「この子は右のおっぱいのほうが好きなんです。だから、おっぱいのときは、まず左側から始めることにしています。ひとり目は左のおっぱいを断固飲まなかったんですよ。この子には、そこまで決まった意見はないみたい」。

　ひどくお腹を空かせた赤ん坊というこの説明は、実際の赤ん坊の行動とは合致しないように思えます。それよりも、自分が不適切で空虚であるという感情に直面する母親の不安と関連があるようです。赤ん坊に拒絶されるのではないかと、

167

第Ⅱ部　観察

母親はかなりの迫害感を抱いていました。母親が積極的に乳首を差し出せなかったのは拒絶を恐れていたからであり、赤ん坊に乳首を探させて、そうすることで安心したかったのでしょう。母親は、よい母親というものについて持っている厳しい考えを私に引用して聞かせました。「理想は常に赤ちゃんを胸に抱いていることだろうとある教授は言っていました。そうすると、赤ちゃんはなんでもしたいことができるし、望んだときにいつでもおっぱいを飲んだり、休んだり、寝たりできるだろうって」。

　赤ん坊の左足の動きは、吸う動きとリズミカルに調和していました。その閉じた目もまた、授乳中に母親との一続きの体験に没頭していることを示唆していました。その体験においては、母親の心拍と流れ出る母乳のリズムが、赤ん坊の中で自己のものとして再生されるのでしょう。それから、母親は哺乳瓶を赤ん坊に差し出しました。「哺乳瓶だと、この子は努力する必要がなくなります。ミルクがお腹に直接入っていくでしょう。哺乳瓶から飲んでいるときは、この子の目は開いているんです」。母親は、自分と哺乳瓶とを比較しているようで、哺乳瓶は食べ物を供給しますが、乳房は食べ物以上のものを与え、かつ子どもから求めてくるものだと感じていたようです。

生後4週目の観察

　次の週には、赤ん坊に対する母親の態度に顕著な変化がありました。それは関心を向けていた観察者を、抱える母性的対象として体験したことが関係しているかもしれません。それによって母親は、内的には抱える母親的対象との接触を失ったと怖れていましたが、今や再び接触してきていると感じていたのでしょう。自分の中のひどくお腹を空かせた手のかかる赤ん坊が、必要とされる（母親的）対象を損なうかもしれないという恐れの気持ちを母親は表しました。「赤ん坊であること」を知っていくことに興味を持つ観察者の存在が、理解する母親の機能に触れていく機会を提供したようでした。母親は、赤ん坊に対してより開かれるようになっていて、わが子に侵襲され食い尽くされるという不安感は減じていました。母親と赤ん坊の関係性は、よりくつろいで、楽しいものになったように見えました。母親の乳房は母乳をいっそう出すようになっており、このことで母親

168

第6章　アンドリュー

は乳房や哺乳瓶での授乳に関して新たに考え直せるようになりました。赤ん坊が
哺乳瓶を使うときには、母親は乳房での体験を再現しようとすることで、連続性
の感覚を与えようとしました。そのことを母親はこう述べました。「哺乳瓶の乳
首の穴が大きいと、ミルクは直接この子のお腹にいってしまうでしょう。でも、
穴の小さいものを使うと、もっとおっぱいに近くなるんです」。また、母乳の温
度の再現も試みていました。母親は赤ん坊の世話の細かな部分を検討することを
大いに楽しんでいるようでした。兄に関しては現在はパパと結びついた「大きな
子」だと言って、母親と赤ん坊は観察者に属していると話しました。

> 「この子におっぱいをあげ始めて……、（母親は時間を見て）もう45分にな
> りますね。朝、もうひとりの子が外出したら、私たちは急がなくていいん
> です。ね？　夕方もうひとりがいるときは……」と、母親は赤ん坊を見て
> にっこりと笑顔を浮かべ、面白そうに言った。「この子もわかるみたいな
> んです。ぐずったり、お腹が空いたみたいに泣いたりするんですよ。でも、
> お腹は空いていないんです。私にいてほしいだけなんです。でも今は
> ……、ね。僕だけだもんね？　やっぱりこれが僕たちの一日の楽しい過ご
> し方だよね？」。

　ここで母親は、一体であることへの赤ん坊の欲求に応えて、赤ん坊と馴れ合い
の親密さを示しました。このときの雰囲気は排他的で、ほかの人を締め出すよう
なものでした（ただし観察者はその親密さの一部でした）。

> 　赤ん坊はとても静かで、ゆっくり哺乳瓶でミルクを飲みながら、観察者
> と母親を見ていた。そっと手と足を動かした。その知覚は外界に、すなわ
> ち外界を構成している母親にかなり向けられているように見えた。母親は
> 「この子は私に抱かれてあやされるのが大好きなんです」と言った。実際、
> 母親の腕に抱かれてこの上ない満足を得ているようだった。哺乳瓶の乳首
> を口にくわえていたが、ミルクの吸い方は不確かであった。愛情を吸い、
> 母親を見て、母親の声を聞き、抱かれてあやされることのほうに夢中に
> なっているようだった。母親は、赤ん坊の感情に触れているように見え、

第II部　観察

> そっと哺乳瓶を脇に置いて赤ん坊の反応を待った。赤ん坊が興奮し取り乱し始めたので（体のこわばりや口の動き、そして何よりも素早く頭を左右に振る動作に、緊張が見られた）、母親は哺乳瓶でさらにミルクを与えた。赤ん坊が満足するまで、母親はとても献身的に同じことを何度も繰り返した。「最初の子も赤ちゃんのとき、私に抱っこされたがったんです。でも、あの子が本当に好きだったのは、私が抱っこしてあちこち動き回っているときに周りを眺めることでした。でも、この子は」と、母親は続けた。「全然違います。この子が好きなのは、私にただ抱っこされていることなんです。この子はあやされたいんです。ね、僕は抱っこ大好き赤ちゃんなんだよね？」。

　母親はわが子のニーズに敏感であり、まったく依存的な小さな赤ん坊であってほしいという母親の願望に合致するニーズにはとりわけ敏感でした。この段階では、まるで母親はふたりの子どもの間で「成長した」側面と「赤ん坊」の側面を分割しているように見えました。そのため、ひとりは常に母親の抱っこから独立していて、まだ歩けないという理由だけで母親の両腕を利用しているように感じられました。そして、もうひとりの今いる実際の赤ん坊は母親に完全に依存していて、母親と一体である状態から抜け出すことにはまったく関心がないように感じられていました。

> それから母親は、自分が着替える間、赤ん坊を抱いているよう私に頼んだ。私が顔を向けると、赤ん坊は強い関心を持って私を見た。ひとつひとつの動きは、あたかも私を取って「食べ」たいと思っているかのように、私に到達しようとする試みのようであった。母親のいる方向に向かせると、完全にこころを奪われて母親を見た。私が抱いていても、体にはまったく緊張が感じられず、すっかりリラックスしていた。母親が沐浴に連れて行った。服を脱がされても今はさほど泣かなくなったのだと母親は話した。「そんなに驚かなくなったんです。今はもう、なにが起こっているのかわかるんでしょう」。赤ん坊は泣き始めたが、母親がタオルで包むと、すぐに安心したようだった。「この子は外出が好きじゃないんです。外は苦手なんです」と母親は言った。

第6章　アンドリュー

　数週間後に控えた観察者の休暇の知らせは、さらなる変化をもたらしました。母親は喪失感に触れると、早急な離乳をするという反応を示しました。この母親の場合、最初から観察者との間に強い関係性を結んでおり（ひょっとすると母親が女性の親類に縁遠いことが一因かもしれません）、訪問のリズムの変化は母親と赤ん坊の関係性の変化に関連していました。

　今や母親は赤ん坊を「大きな赤ん坊」（母親はこのときこう言い表しました）にしようとし、ふたりの子どもの「赤ん坊である」側面にひどい迫害感を抱いていました。第一子に関しては、兄がとても嫉妬していて、哺乳瓶を欲しがり、またベビーラックにも乗りたがるけれども、自分がそれには大きすぎるので怒ってしまうのだと話しました。「時々あの子は赤ちゃんを押すことがあるので、怪我をさせないか心配なんです」。また、赤ん坊のほうも、午後から晩にかけて幼い兄と父親が家にいるとぐずって泣くようでした。母乳はもう十分には出ないので、「この子は、とても空腹なのにおっぱいで満たされないのか、それとも、お腹が空いていなくておっぱいに興味を失ったのか、どちらかです。この子を（おっぱいなしで）一晩中寝かせたいのですが、今のところ夜間は父親に哺乳瓶でミルクをあげてもらっています。私はダイエットをしようと思います。もう赤ちゃんにおっぱいをあげなくなるので、私自身のコントロールが必要です」。ダイエットと離乳は共鳴し合うでしょうし、また、観察者によるサポートと訪問の楽しさの剥奪と共鳴しています。

　2週間の休みが明け、観察者が戻ってくると、母親はいろいろなことが変化したのだと言いました。母乳での授乳はいったんやめており、赤ん坊は自室で眠るようになっていました。夜間にはもう授乳せず、おしゃぶりで落ち着くようになっていました。上の子にはかなり手がかかっていて、夜間に哺乳瓶を欲しがり、時には自分で飲むけれど、時には母親に飲ませてもらいたがることもありました。赤ん坊には父親が哺乳瓶で授乳していて、最初は嫌がっていましたが（なぜなら、母親いわく、母親は哺乳瓶を愛情や温かさを伝えるものとして扱っていましたが、父親はそれをただの食べ物を与えるものとして扱っていたからでした）、しかし今はもう大丈夫になったと言いました。こうした変化により、ふたりの子どもや夫に対する母親の態度はすっかり違ったものになっていました。「赤ん坊におっぱいをあげていた頃は、父親は赤ん坊が私だけのものだと感じていました。でも、いまは違います。

第Ⅱ部　観察

父親は自分の膝に乗せてミルクを飲ませて、この子と遊んでいます」。とはいえ、赤ん坊はあまり喜んで飲んではいませんでした。「この子は不満に感じ始めたみたい」と母親は言いましたが、「音楽は大好きで、ちょっとしたおもちゃにも興味を持ち始めました。でもスリーズのおもちゃでは遊べないですね」（母親が与えてみたが、赤ん坊が好まなかった3つの部分からなるおもちゃについて話しました）。

生後11週目の観察

　私が到着したとき、赤ん坊は新しいベビーベッドに横たわっていて、目を大きく見開いていた。ベッドに吊るされた小さないくつかのおもちゃを見ていて、にぎやかな音を出すそのおもちゃをつかもうとしていた。手を動かし、他のものに完全に注意を向けながらも、時折そのおもちゃをつかんだ。赤ん坊は夢中になっていて、しょっちゅう口を開け、舌を出した。はじめは私に気がつかなかったが、私を一目見るや、今度は笑顔を浮かべてすっかり夢中になって私を見た。それからまた遊びに戻った。赤ん坊はすばらしく生き生きとして、興奮していた。これはかなり長い時間続いた。おもちゃをつかんだときにたてた音が思いがけないもので、大きすぎると、赤ん坊はひどくびっくりした。また、自分が時々何かをつかんで、他のときにはすべてが手から抜け落ちることにも非常に驚いていた。両手を動かしていたが、ものをつかむのは右手だった。そして右手で持っているもののほうに左手を移動させていた。真正面にあるものは一度もつかまなかった。それは小さな赤いおもちゃで、紐の真ん中に吊るされていたので、アンドリューの手の届くところにはなかった。母親が沐浴用に何かを取りにやってきた。母親はこのよい雰囲気に満足し、笑顔を浮かべた。アンドリューのしていることを中断しないように、母親はベッドの左側に吊られたヒヨコ型のオルゴールのぜんまいを巻いて、この子はこれを聴くのが好きなのだと私に教えた。アンドリューは音楽に反応しているようで、ますます大きな音をたて始めた。発見と感動に満ちたとても穏やかな時間を過ごしているように見えた。母親が再びやってきた。沐浴の準備が整ったので、母親はアンドリューの遊びを優しく中断して、ベッドから抱きあげた。

第6章　アンドリュー

アンドリューはこのことに驚いたように見えた。泣きはしなかったが、母親に笑いかけることもなく、身動きもしなかった。何が起こっているのかわかっていないように見えた。私たちは沐浴をしにキッチンに向かった。服を脱がせるために母親がテーブルに置いたとき、母親と対面したアンドリューはすぐさま少し前の感情とのつながりを取り戻したようだった。母親は冗談を言ったり、愛しげに声をかけたりしながら、一緒に遊び始めた。

このとき、赤ん坊はさきほどよりも嬉しそうで、この状況にすっかり没頭していた。母親に向かって体を動かし、上機嫌に声をたてて笑って、感情を表出しながら母親に応答した。しばらくしてから母親は赤ん坊の顔を拭き始めた。母親が声をかけながらまず目をそっと拭くと、アンドリューは母親をうっとりと見つめた。続けて頬を拭き、しばらくの間優しく撫でた。母親が赤ん坊の顔から目を離して服を脱がせ始めて、その間黙っていると、アンドリューはさきほどの中断された体験とかなり似た反応を示した。すなわち、放心状態にあるようで、おしゃべりをやめ、これから起こることを待っているようだった。おびえるわけでも取り乱すわけでもなく、むしろ深く失望し、戸惑い、あるいは混乱しているように見えた。母親の膝に座ってシャンプーをされながら母親と顔を合わせると、再び母親をうっとりと見つめ、ふたりはおしゃべりを始めた。この会話には音楽性がうかがえた。

アンドリューは広い意味での離乳の体験に直面していました。すなわち乳房－母親との一体性の幻想の破綻に至るいろいろな変化にさらされてきたのです。自分の置かれた状況に適応して、母親が不在のときも自分をひとつにまとめておくように尽力していました。ばらばらになる感覚にさらされる一方、赤ん坊は離乳によって自己と対象、外界と内界とを区別する機会を与えられているのです。この子は興味を持つ世界を広げ、他の人々や多くの新しいものをさらに認識するようになっています。遊びの中ではある種の探索をしていて、「ふたりである」という考えに興味を示すようになっています。そして、何とかして結びつけ、つながりうるものを見出すことによって、「誰から何がくるのか」という問いについて考えようとしています。印象としては、象徴的な意味をおもちゃに付与できる

第Ⅱ部　観察

より進歩したレベルの体験から、対象の中で自己が失われて「ふたりであること」の感覚がなくなる心的状態に容易に退行しうるように見えます。音楽への没頭によって退行した方向に導かれていたのかもしれず、そのため母親が来て抱きあげられたときには、状況の変化に対するこころの準備ができていなかったのかもしれません。自分の内的な母子関係と、外的現実において自分のところに来た実際の母親とを、即座には結びつけることができません。母親の腕に抱かれて、母親の瞳や視線や声に包まれたときに、アンドリューはだんだんとまとまりを取り戻しています。

　音楽は母親の代用として選ばれたようです。この子の「音鳴らし」の増加は、音のパターンや歌声と結びついた失われた対象を内部から再創造する試みであることを示唆しています。服を脱がされているときの母親の視線や声の喪失（このときの母親の沈黙）は、アンドリューを黙らせ、途方に暮れさせます。しかし、外的対象の活力は、アンドリュー自身の内部から生じてくる生命とも接触させます。沐浴の最中には観察者を見て笑顔を浮かべ、ベビーパウダーをつけてもらっている最中にはタオルの白い花柄に目を奪われています。対象を取り入れる体験によって元気づけられ、また、外的にも内的にも抱える対象を知覚して安心させられることで、他の人々や身の回りのものを取り入れられるようになります。授乳の時間になり、母親は哺乳瓶を与えましたが、アンドリューは母親の膝の上で飲むときとても眠そうで、母親を見てはいましたが寝かかっていました。目を閉じたり開いたりしています。少しの間哺乳瓶を拒絶しましたが、すぐに再び飲み始めました。相当な量を飲んでからおわりにしました。母親はアンドリューを膝の上に乗せて、私のほうに顔を向けました。アンドリューはすっかり目覚めて笑顔を浮かべましたが、それから泣き始めました。母親は、げっぷが出そうなときにはいつも泣くのだと言いました。母親が肩に乗せ、そっと背中を叩くと、げっぷをしてすぐに泣きやみました。「ほらね」と母親は私を見て言いました。母親が再び差し出したミルクを、アンドリューはきっぱりと拒否しました。とても疲れているようでした。

　ここでの印象は、赤ん坊が母親の腕の中にいることを楽しんでいて、（授乳が眠気と結びついているときには）母親の中に自己を失っているということですが、実際の授乳はより複雑な方法によって満足のいくものとなっています。覚醒していて

174

第6章　アンドリュー

授乳の認識があるときには、赤ん坊は欲するよい面と拒絶したくなる悪い面の両面をもった対象に直面しているのです。げっぷとそれへの反応が示唆するものは、赤ん坊が自分自身の内部にある不快なものによる迫害感と闘っていて、それをこのときの外界の不快なものに結びつけていたことです（観察者は自分が赤ん坊を泣かせる不快な存在であると実際に感じました）。げっぷによって不快感が排出されたと感じると、アンドリューは安堵するのでしょう。

　母親は、日中はベッドに置いても泣かないのだと話し、しかし夜には「この子はお昼が過ぎてしまったことがわかって、泣くんです。お兄ちゃんのことは大好きだけど、たまにお兄ちゃんに対してちょっと疑い深くなるんです」と付け加えました。日中ベッドにいるときには疎外感を抱かないのでしょうが、夜には取り残されたと感じるのだと言えるでしょう。母親と赤ん坊の間に入ってくる第三の要素という観念は、現時点で赤ん坊の関心の的となっているようです。今や家族の個々のメンバーをより認識するようになったため、嫉妬の痛みに苦しむようになっています。

　分離のときには怒りや痛み、あるいは欲求不満の感情が伴うので、母親からの分離を全面的に認めるアンドリューの能力と熱意は著しく変動します。母親との非常に理想的な関係性、つまり、完全に一体であるという心地よい錯覚を体験できる関係性を手放していくことは、アンドリューにはかなり困難なように見えます。

　音声での交流への態度は、「外部」からやってきたと明確に認められるものへの反応の仕方のよい例でしょう。観察者が気づいたことは、自分が音を出す側でそれを母親が真似るときにはアンドリューは大いに喜んで、「会話」にこの上なく熱中するということです。しかし、母親のほうが率先して音を出したり言葉を発したりするときにはかなり消極的に応答して、反応を示す場合でも関与の程度は違って見えます。興味を示し、そのうち楽しむようにもなりますが、遊びに興じ始める前にはどこか穏やかでなく、いぶかしんでいる感じが確かにあります。

　自分自身と周りの世界の両方の体験に関して異なるレベルの間を行き来するとき、アンドリューは周囲の雰囲気にとりわけ敏感です。「一体であること」の幻想を実現するうえで母親が自分を欲求不満にさせるものだと認識していますが、それにもかかわらず、さまざまな困難に直面するとしても自分がとても楽しめる

第Ⅱ部　観察

「ふたりであること」の現実に接近するのを助けてくれるとも認識しています。母親のリードに従うことができるのは確かなようです。

生後20週目の観察

　　母親が沐浴の準備をしている間、アンドリューは自室で横になっている。口に入れるのが指か手かによって、それを吸うか舐めるかしているのだが、どちらにしてもあまり満足しているようではない。手を舐めるときにはなにかをしっかりとつかんでいる感じではない。というのも、アンドリューの手はいともたやすくずり落ちているからだ。指を吸うときにもこれに似た不確実感があるようだ。握りこぶしから親指を遠ざけないので、口で捉えられるのは親指のごく先っぽだけである。時々母親が沐浴の用具を取りにやってくると、アンドリューは母親のほうに顔を向けて、興味津々に見ている。母親のしていることに好奇心を抱き、母親の存在を楽しんでいるが、以前のように驚いたりうっとりしたりすることはない。母親は私に、アンドリューが自分の名前の響きを理解している感じがすると言う。

　アンドリューは、身体感覚といまだ強く結びついている感情をさらに認識するようになっています。口の中に位置づけられる感情を表現し、探索し、発見するなどさまざまな可能性を識別することに熱中しているようです。随意運動としてみるといまだ巧みではありませんが、手や口で上手に遊べるようになることを喜んでいるように見えます。母親は少し離れたところにいますが、目や耳を通して母親を自分の中に取り入れていて、自分を活気づける母親の存在を楽しんでいます。しかし極度の緊張や苦痛があるときには、アンドリューの活力は突然消える傾向にあります。そのときは、ぐっすりと眠り込むか哺乳瓶を吸うかして外的現実からは完全に引きこもってしまい、「内部の赤ん坊」となれる内密の安全な場所に、母親の内部に入るかその一部になって、母親と一体である幻想に退却してしまうのです。

176

第6章　アンドリュー

生後21週目の観察

　哺乳瓶を与えられたときにはしっかり目覚めていたアンドリューは、周囲の世界を完全に認識しない状態に陥った。目を開いているときでさえ、何もわからないような表情をしていた。

生後24週目の観察

　「子どもたちと外出したのですが」と母親は話した。「うるさすぎたからか、屋外だったからか、何が駄目だったのか本当にわからないのですが、アンドリューは深く眠り込んでしまって、2時間以上眠り続けたのです。寝すぎると、時々心配になります」。

　この時期にアンドリューが離乳食を始めたこと（離乳食は子ども用の高椅子を使っていましたが、哺乳瓶での授乳はまだ母親の膝の上です）が、かなり関連しているように思われます。この新たな体験は、口への気づきをさらに高めたようです。口は、スプーンの往復によって満たされたり空っぽになったりする空間として、食べ物を積極的に取り入れるか、あるいはそれを待たなければならないことが体験されます。食事のこの新しいリズムは「少し離れた」関係性を強化したようです。スプーンとコップによって口に喚起される新しい感覚と結びついた新たな性質の食べ物は、母親のさまざまな性質に対するアンドリューの認識を高め、深化させたようです。自分から分離し、そして大いに必要としている外的対象としての母親についての知覚が発達するにつれて、アンドリューは失うかもしれないと怖れるものを手中に収めようとする方向にますます向かっています。母親が言うように「この子は一生懸命手を伸ばしてものを取ろうとして、取れないときは欲求不満と失望感で泣き崩れる」のでした。このことは、なんであれ手が届くものに対する貪欲な傾向と関連しています。

　アンドリューが口にものを入れるやり方は、それがよだれかけであれ、タオルであれ、スポンジであれ、おもちゃであれ、がつがつとむさぼり食うような性質があります。それにもかかわらず、この飢餓感は食べ物とはまったく関係がない

ように見えます。私が到着すると、母親は不安そうにこう言いました。「この子はずっと食べていないんです。お気に入りの離乳食を食べてくれなくて、哺乳瓶でミルクをあげるのさえ難しくなっているんです」。母親は、歯茎から乳歯が生え始めたことと関係している可能性について言及しました。切歯が生える時期が近づくことは、おそらく、柔らかさや滑らかさが優位を占める世界に生きようとすることへの攻撃となるでしょう。再度、苦痛と苦悩の脅威によって、感覚的に特徴づけられた安らぎが妨げられます。噛んだり攻撃したりしたいという感情や、母親を食べ尽くす願望や幻想がいっそう表に現れてきて、このことはアンドリューの実際の食事との関わり方にすさまじい影響を与えるようです。飢餓感は怒りと混同され、むさぼり食うことは破壊と混同されます。そのため、とても空腹なのに食べることが難しいのではないでしょうか。噛むという行為と想像は、口を憤怒で満たします。咀嚼された食べ物は危険な何かで、体内に取り入れるにはよくないもののように思えるかもしれません。能動的であることは、アンドリューにとっては破壊的であることに結びつきます。取り入れることができるものは、受け身でいるうちに入ってくるものでなくてはなりません。「アンドリューは離乳食を食べようとしません」と母親は言いました。「でも、吸うのは好きみたいです」。ここから与えられる印象は、アンドリューは自分自身を口の中によいものが入ってくるのをただ待ち受ける小さな赤ん坊にすることによって、ものを食べられるということです。不快で怒りを伴うあらゆる感情は脅威なのです。

生後35週目の観察

　夏休み明けに観察者が戻ってくると、母親は、アンドリューが食事と睡眠の両方に関して最悪のときを過ごしていたのだと報告します。

　　「あらゆることを試してきました。ミルクを欲しがる日があるかと思えば、翌日には拒否します。コップを欲しがったかと思えば、次の日にはコップを見ただけで泣き出すんです。夜になると」と母親は続けた。「どうしようもありません。この子にとっては何もかもが災難のようです。私はおしゃぶりをあげに何度も戻らないといけないですし、もし何をやっても駄

第6章　アンドリュー

　目だったら哺乳瓶のミルクをあげることになります。結局それでこの子は
落ち着くんです」。

　自分の破壊衝動が、アンドリューにとってはあらゆる災難の原因だと感じられ
ているように推測できます。すべての不快なものを押し込んでおける「外側の危
険な世界」を、自分自身を救済するために引きこもることができる、よいもので
満ちた「内側の安全な場所」から切り離しておくことができないのです。この時
点では迫害感が支配的であるようです。夜間にとても落ち着かず取り乱している
とき、おそらくアンドリューが恐れているのは、自らの怒りの幻想の中で攻撃し
てきた母親が、暗闇の中で、その憤怒によって恐ろしい生物に変化して報復して
くることなのでしょう。

　母親は、この夏休み中にアンドリューと兄のマーティンとの間でものごとがど
う進展してきたのかも話しました。「ふたりはずっと一緒に過ごしていました。
今では一緒にお風呂にも入っていますが、二、三度ひとりきりで入ったときには
アンドリューはとても喜んでいたんです！」。このお風呂でのアンドリューの描
写で母親は笑顔になったものの、笑顔はすぐに消えていきました。そして、ここ
数週間マーティンがまた嫉妬するようになっていると話しました。「あの子はア
ンドリューのものはなんでも欲しがって、アンドリューはマーティンが持ってい
るものならなんでも次々とつかみたがるんです。本当に大変です」と溜息をつき、
「アンドリューはちょっとしたならず者になってしまいました。本も新聞も何も
かも破いてしまいます！　マーティンはそんなことはなくて、とても小さかった
ときでさえ本は大好きでした」と言いました。

　夏休み中に両方の子どもと家で過ごす際の母親の困難は、母親がこれまでも直
面してきた子どもたちと別々に関わることの困難と関連しているとも考えられま
す。母親にとってとりわけ難しいのは、負担がかかっている場合は特にそうです
が、同時に異なった水準の体験と接触することなのです。夏休み中、母親は子ど
もたちを同等に見て、ふたりをより成長した者と見なすことで状況に対処しよう
としてきたので、一方ではマーティンの嫉妬、他方ではアンドリューの本の扱い
方は、この点からすると失望させられるものでした。それぞれが母親に、より扱
いにくく幼児的な側面を思い起こさせます。新しいこととして観察者の印象に

第Ⅱ部　観察

残ったのは、アンドリューの行動を見ればより明らかですが、怒りや憤怒と愛の感情との変動でした。それぞれは同じ強さのように見えました。特に母親に対して示された情け容赦がない小さな奪略者と優しさとの対比は、とりわけ目を引きました。母親の髪をそっと触り、母親に腕を回して、顔に頬ずりし、まるで母親にキスをしたいかのようでした。アンドリューは今でも音楽が大好きで、音楽はほとんど魔法のような効果を持つものに思われました。ひとたび音楽が聴こえてくると、なにをしていようがやっていることをやめて、リズミカルなダンスに乗せて体を動かし始めたのです。

生後37週目の観察

　　私が到着すると、アンドリューは自室の床に座っていて、いくつかのおもちゃやさまざまな大きさの絵本に囲まれている。母親はベッドを整えている。「この子はまた風邪をひいて起きてきました」と母親は言う。「それと2本目の歯が生えてきました」。母親が私に話しかけているときは、アンドリューは母親に目を向けることはない。あいさつをしようとかがみ込む私にぼんやりとした一瞥を向けるが、かなり無関心である。気持ちは遠く離れたところにあるように思える。右手に小さなおもちゃを持ち、それを左手に置いて、それからまた右手に持ち、そして口に入れるが、このことでなにか自分のものを「持っている」という気持ちになったり、周りのものを情緒的に認識したりすることにはなっていないようだ。手に取ったり下に置いたり、あるいはただ触るだけのおもちゃや絵本が、なにか意味を持っているようには見えない。私が腰を下ろして手を差し出すと興味を持って目を向けるが、私の顔は見ていない。しばらくして、とても決然とした素振りで母親の脚をつかもうとする。母親はひざまずいで絵本を手に取り、絵を見せる。アンドリューは少しの間絵本を見ているが、やがて別の一番大きな絵本を手にして、それで自分の顔を覆う。この上なく大きく口を開き、口の中にその本を入れようとする。本の角が口に収まる。まだひざまずいた状態の母親は、外出の準備のためにアンドリューを立たせる。マーティンを迎えに保育園に行く時間だからである。アンドリューは腕を

第6章　アンドリュー

母親のほうに突き出したが、急いで服を着ないといけないと母親が応えると、ひどくがっかりして泣き出す。玄関では、母親に抱かれていたのでかなり興奮して全身を動かして楽しそうに喃語を発していたが、ベビーカーに乗せられるやいなや機嫌は変わる。はじめは座るのを嫌がり、それからまったく動かなくなって生気を示さなくなる。保育園への道中は、ぼんやりした表情で完全に静まり返っている。私はその短い散歩に同行しており、アンドリューの興味を引いたものはなにもない。

　保育園に着くと、若い女性が抱っこしようとしたが、それを望むでも抵抗するでもなく、まったく無関心なままでいる。母親が子ども用の肘掛け椅子に座らせるとそこに留まるが、まったく無表情である。兄が可愛らしく手を握ってあいさつをしても、なんの感情も反応も示さない。帰り道で、他の母親がふたりにビスケットを差し出す。アンドリューは受け取る。注意は完全にビスケットに向いているにもかかわらず、かなりゆっくりと食べている。ビスケットを口に入れて、出し、もう一方の手に持ち替え、それから両手で持つ。ビスケットを持ったまま、あるいは、時には持たずに手を口に入れて勢いよく吸う。まるで手首でさえ吸う価値があるかのようだ。ビスケット以外で唯一アンドリューの注意を引いたものは、路上にいた子犬だけである。

　玄関先までたどり着くと、嬉々として活気づき、感情豊かになって、家に入ると興奮は高まっている。積み木で遊んでいるマーティンのとなりに座ると、アンドリューはとてもせわしなく、床にある手近なものすべてを触ってまわる。それから、中に鈴の入った柔らかい積み木を手にすると、興奮して振る。私たちがリビングルームにいるとき、キッチンから昼食に来るように呼ぶ母親の声が聞こえてくると、マーティンは泣き出す。すぐに泣きやんで自分が積み木で作ったものを取り壊すとき困惑した表情をしていたが、食事のために母親が迎えに来ると明るく活気づく。

　マーティンはテーブルで食べている。母親がアンドリューを子ども用の高椅子に座らせ、オレンジジュースの入ったコップを与えると、怒り狂って泣く。母親はアンドリューに食事用エプロンをつけて、離乳食を与え始める。アンドリューは不機嫌に食べ物を要求し、自分の手では何もつかも

第Ⅱ部　観察

うとはせず、怒って泣いている。食べるために前方に身を乗り出し、激し
く怒って椅子を踏みならす。食事の間、床にコップを投げ、のちに母親が
持たせたスプーンも投げる。それから母親は缶詰の桃を与える。桃を手づ
かみする間、私はお皿を押さえている。桃はつるつるしているので、手づ
かみはかなり難しい。食べ終えると、母親はもっと欲しいかと聞きにくる。
アンドリューは母親に向かって身を乗り出し髪の毛につかみかかるので、
母親はなだめようとしてお皿に桃をのせる。アンドリューはきっぱりと拒
絶して、泣き出す。母親は、今ではなんでも食べられるが何を食べても全
然楽しそうではないのだと指摘する。

　観察者が訪問したとき、アンドリューは身体的には目覚めていましたが、まだ
眠気のある状態で、周囲のすべてのものからかなり隔てられています。アンド
リューは生き生きと関わることができません。アンドリューとおもちゃとの間に
は何かが欠けているようであり、このことがおもちゃとの関係性をかなり空虚で
無意味なものにしています。この観察でアンドリューは、自己の同一性の感覚と、
周囲の世界と関わる自己に意味を与える可能性とが、母親との情緒的な結びつき
の認識に基づいていることを繰り返し示しています。これは内的にも外的にも真
実であり、自分と母親との間の少しの距離に対しても極めて敏感に反応します。
そこに不安が高まる空間が生じるからでしょう。時折食事のときに生き生きと示
されるような圧倒的な攻撃衝動が支配的であって、自分が愛していて、自分を愛
してもくれる母親が失われたかもしれないという恐怖でこころがいっぱいになっ
ているように見えます。母親の存在だけではアンドリューを安心させるのに不十
分であり、ふたりの関係が愛のあるものであることを具体的に証明するものがど
うしても必要なのです。身体的な近さへの要求は、自分が乱暴で攻撃的であるた
めに、母親から拒絶され、押しやられ、母親のあらゆるよさから遠ざけられる不
安と関連しているようです。食事のときのアンドリューの要望は怒り狂った非難
のようなものに満ちているように見えます。すなわち、食事の与え方は、母親が
与えたがっていないと感じられるような与え方であり、美味しいものを食べさせ
る素敵な母親という感覚はまったくありません。むしろ怒りのこもったやり方で
母親から必要なものを奪取しているのです。アンドリューがそれを得るために

182

第6章　アンドリュー

は、自分自身や他の誰かに与えるために食べ物を出し惜しんでいる意地悪な母親と戦わなければならないと感じているかのようです。

　保育園へのお迎えは、アンドリューを自分の中へと深く引きこもらせたようです。この外出は、この子のリズムでなく兄の必要性によって決められたもので、それゆえに、嫉妬心がかき立てられて、それから退却すると同時に、母親のすべてを自分のものにしたいという緊急の願望が満たされなくなるからです（本をむさぼろうとしたこと）。急いでいたので、おそらく母親とアンドリューにとってより扱いやすい苦痛ですむように事態を変える時間がなかったのでしょう。身動きしないで黙りこくっているのは、死んだような状態であることを示しています。母親の腕の中で望み通りの姿勢でいられることからベビーカーに乗せられることは恐ろしい喪失のように感じられますが、おそらく母親に対して冷ややかに激怒してもいるのでしょう。もっと年長の子どもであったらこのような行動をすねていると説明する人もいるかもしれませんが、アンドリューのほうがより深刻な状態に思えます。さまざまな提案がなされてもアンドリューは応えることができません。できるのはビスケットを所有したいという行動であって、それによって探し求めている関係性を示すことです。すなわち、完全に自分のものであり、口に入れたり出したりできて、自分自身の体の部分と混同されるようなビスケットを求めているのです（手や手首やビスケットを噛む様子は見境なく見えます）。これがなければ、本当に途方に暮れて、自分という感覚の連続性から切り離されていると感じるでしょうし、それは目の表情がどんよりとしていることに表されています。まるで、自分が母親にとって可愛くてたまらない存在なのではなく、瀕死状態であると体験しているかのようです。慣れ親しんだ家が現れたときの驚くべき回復は、希望の復活を示しています。そこに残しておいたよい母親や、愛されて生き生きとしたアンドリュー像は失われていましたが、ここで一斉に再び姿を現すのです。

生後38週目の観察

　　アンドリューは歩行器に乗っていて、今日は生き生きとして活発である。楽しげな喃語は一瞬たりともとまらない。遊んでいるテディベアの鼻を指で触り、それから口を触り、そしてむさぼるように自分の口に入れたが、

183

第Ⅱ部　観察

　それはいつものような劇的なやり方ではない。それほどは嚙まず、むしろ顔に擦りつけていて、少々荒っぽくはあるが互いに撫で合う感じである。それをすっかり楽しんでいるようだ。テディベアが床に落ちると、面倒なことであるにもかかわらずわざわざ身を屈めて拾う。こうしたことは以前にはしたことがないという印象を受ける。うまく拾えないときに私が手助けすると、アンドリューは私のほうに近づいてきて、ふいに私の鼻をつかみ、口をつかみ、そして顔全体をつかむ。私の髪の毛を引っ張り、それを何度も繰り返す。このようにして私をつかむのは初めてのことである。母親がキッチンからやってきて、歩行器からアンドリューを降ろして抱きしめながら、この子は今自分に対してとても優しくて愛情を示しており、単に抱きしめられたがるのでないと話す。アンドリューは母親に抱きついていき、母親に自分の顔を擦りつける。目を閉じて母親の肩に少しの間もたれかかり、それから上体を起こして、母親の髪の毛を優しく持ち、顔も触る。私たちはキッチンに移動する。母親が高椅子に座らせようとするやいなや、アンドリューは怒りの叫び声をあげる。「この子はこれが嫌いなの」と母親は言う。

　母親は私に、アンドリューがずっと食べていないのだと話す。母親はアンドリュー用のきちんとした食事を準備していないので、たとえ食べなかったとしても動揺しすぎずにすんでいる。そうこうしているうちに、母親が梨を一切れ与えると、アンドリューは喜んで自分で食べ始める。「この子はほとんどミルクだけで生きているんです。夜には２本飲むことさえあるくらい」。梨を食べ終えたとき、アンドリューは不満を表す。食べていることに母親はとても嬉しそうである。さらに梨を欲しがると、母親はにこやかに言う。「いつもはマーティンと分け合わないといけないんですよ」。食べるのを見ながら、母親は喜びを共有している。この子が食べたがっている今日の機会をうまく活かしたいと言って、母親は飲み物を与え、それから缶入りのベビーフードを食べさせ始める。アンドリューはとても能動的で、口に入れるスプーンを欲しがる。そのスプーンで遊んでいる間に、母親はスペアのスプーンで食べさせる。食事の間、母親は私にたくさん話しかけてくる。「必要なだけの栄養をこの子がとれていることが

第6章　アンドリュー

大切なんです。何をいつ食べるかは、関係ありません。子どもが昼食時に食べないことがあると、その子が全然食べていないように思ってしまうかもしれないけど、お菓子やチョコレートや果物など日中に食べる全部のものを合わせて考えれば、十分すぎるくらい食べているって気づきますよね。きっとチーズとパンなんかを置きっぱなしにしておけば、子どもは欲しいときに見つけて食べることができますよね。……この子の食事の時間を変えようかと思っているんです。マーティンの保育園のお迎えの後だと、アンドリューは疲れすぎているんです。まずは寝かせて、そのあとで食事にしたほうがいいのかもしれません。この子、そこまでやせてはいませんよね」と、母親はアンドリューに笑いかけ、「僕、ぽっちゃりさんだもんね」と言う。アンドリューは、母親の関心がすべて自分に向けられているので、とても嬉しそうである。マーティンは今日友達の家に招かれていたのである。

　アンドリューはスプーンを放り投げ、そして取り戻したがる。私はスプーンを拾って渡す。何度も繰り返し落とす。時には左側、時には私の座っている右側に落とし、常にスプーンが戻ってくることを期待している。前の週に投げ捨てたときのように怒ってやっているわけではなく、今回はもっと楽しいゲームのような性質がある。「保育園ではどうしているんですか？」と母親は私に尋ねる。私が訪問しているのを母親が知っている保育園についてである。「保育園では自分で食べるよう子どもに任せているんですか？　もし子どもが頭越しにお皿をひっくり返したりしたら、どうするんですか？　別のお皿をあげるんですか？」。この時点でもアンドリューがずっと食べているので、母親はとてもほっとしているようである。「今日は」と母親は言う、「随分違っていますね。この子は注目を独り占めしているから。でもいつもはこうはいきません」。母親は立ち上がって、食事用エプロンを外す。アンドリューは母親の髪の毛をつかんだが、母親はそのまま遊ばせておく。手の中に母親の頭を収めて、可愛らしく得意げである。母親が顔を拭いてあげているスポンジに、顔を突き出す。母親がふきんで顔を拭いているときも、いっそう熱心に同じことをやる。母親がふきんを持たせてやると、口を開けたままそれで顔を拭く。母親は抱き上

第II部　観察

げて、この子はとても疲れているだろうから寝かしつけたいと言う。子どもの部屋でおむつを替えながら、母親は、アンドリューが夜間何度も起きること、そして、マーティンとアンドリューが一緒に遊んでいる朝に1時間だけ静かに眠ることができると話す。「といっても、一緒に遊んでいるというわけでもないのですが」と言い添える。「マーティンはとても上手にアンドリューに遊び方を見せるんです。アンドリューが歩いてしゃべれるようになると、そこまで欲求不満に感じなくなるでしょうね。時々しゃべっているようなこともありますが、何を言っているのでしょうか？」。

　食事と睡眠の困難に対して、母親はパニックにならずに良識が発揮できるよう奮闘しています。母親は理性を保ってはいますが、別の水準ではひどいストレスがかかっているように見えます。アンドリューの困難は、母親の深部にある不安を喚起するからです。母親が与えるもののよさに対する信頼の欠如は、母親に早期の頃の母乳での授乳を思い起こさせます。現在のアンドリューの行動は、保育園についての質問からもわかるように、母親に、自分はよい母親ではなく、赤ん坊の上手なお世話の仕方もわかっていないのだという不安感を募らせています。母親は拒絶にさらされ、また、期待を込めて作った食事を食べてもらえないときの屈辱感にもさらされていると感じています。ここには、お互いに拒絶され、拒絶し、迫害されていると感じるような悪循環や、また愛情があり生命のもととしてのよい母親への信頼感を回復するために互いに非常に依存し合うような悪循環に陥る危険性があります。

　アンドリューは、母親が自分のものであるときには、母親をよいものだと感じやすいようです。テディベアでの遊びや、観察者への接近、そして母親がやってきたときの母親への接近などは、欲求の対象を自分のものにしたいという強い切望と関連しているように思えます。それは、まるで自分の匂いをくまなくつけて自分のものだとはっきり示して、他の誰をも近づけないようにしているかのようです。夜間に目覚めることで父親から母親を奪っているのは、母親が自分の欲求に応じられるかどうかを絶えず確認する必要があることと関係しているのでしょう。興味深いことに、朝、マーティンと一緒にいて疎外感や孤独感が少ないときには、両親が一緒にいることを許容できるようです。

第6章　アンドリュー

　母親は、アンドリューの成長の中に、自分が与えるもののよさの証を見つけようとしています。食べ物を与えるときに体験する痛ましい不安感を埋め合わせるために、母親はいろいろな種類の「食べ物」を与えることに全力を尽くし、おしゃべりや歩行の発達を促すことに専心しています。「面倒をみるだけでは十分じゃないんです」、「子どもには刺激が必要なんです」と言って、母親はあらゆる絵本を見せ、ものや色や動物の名前を聞かせることにかなりの時間を費やしています。「この子は確かに『テディ』と言いました」と母親はある日とても喜んで誇らしげに報告し、また別の日には「この子は自分の足のことを喜んでいます。なんでもないふうを装っているけれど、実は立とうとしているんです。冬休み明けにいらっしゃる頃には、ほぼ1歳になっていますね」と言いました。

生後51週目の観察

　私が到着するとマーティンがドアを開け、アンドリューは歩行器に乗ってキッチンから現れると、喜びにあふれた顔で廊下を進んで私に突進してくる。私に抱きついて、それから私の胸で静かに一休みする。マーティンは車に乗っている。先週（休み明けの最初の訪問で）アンドリューが情緒を伴って私を認識したのは、この車に乗って遊んでいるときだった。アンドリューは唐突に活気づいて、とても興奮した様子で私の胸から顔をあげると、クラクションを押して、前の週に私が出した音とかなり似た「パ…パ…パ…パ…」という音を鳴らし始める。マーティンは私に、牛乳配達用トラックであるその車について細かなことを教えてくれる。それからマーティンは車を動かして自室に向かい、アンドリューはあとを追いかける。ふたりのきょうだいはしばらくの間、走ったりお互いを押し合ったりして、部屋の中を行ったり来たりしている。マーティンは笑っていて、アンドリューも自分が押す側のときにはいっそう楽しそうだ。アンドリューはこの遊びを急にやめ、マーティンは車を置いて部屋から出て行く。アンドリューは非常な俊敏さと明確な意思を持って動き回って、マーティンの部屋にあるあらゆる遊びの可能性を探索する。……観察ではその後、昼食の時間となる。母親からスプーンを受け取るやいなや、アンドリューはス

第Ⅱ部　観察

プーンを私に渡す。母親は微笑みながら、私に食べさせてほしいのだと言う。私はそうする。アンドリューは大いに喜んで食べ、さきほどの遊びの中で見せたのと同様の俊敏さと明確な意思を持って食べたり飲んだりしている。それから私の腕時計に気づき、「チク…タク」と言う。私はアンドリューの耳に腕時計を近づけてあげる。アンドリューは物思いにふけるような表情を浮かべながら、私の目の中に答えや説明を、あるいは驚くべき体験を共有できる誰かを探そうとしているように見える。母親が「時計はどこ？」、それからそのあと「パパの写真はどこにある？」と問うと、アンドリューは正しい方向に頭を向ける。母親はその様子にとても嬉しそうだ。帰る時間になり、皆がドアまで見送ってくれる。とてもこころのこもったバイバイのあと、私が去るときに、アンドリューは初めて泣き出してしまう。

　アンドリューは元気いっぱいで、嬉々として兄と関わり、男の子らしいおもちゃに惹かれています。「去っていく」牛乳配達トラックによって置き去りにされると絶望しそうになるのではなく、この子の活動をもっと建設的なやり方で支える内在化された牛乳配達トラックが存在しています。そしてこころの中には母親とべったりくっついて離れられなくなってしまわないように助けてくれる父親がいます。観察では、観察者は時間を気づかせる者としての父親の機能を体現しており、それは無時間的に一緒にいる在り方でなく、行ったり来たりするような「チクタク」なのでしょう。冬休みで観察者がいなくなり戻ってきた体験は、何かを失い、そして再発見するという体験に取り組む機会を与えたのかもしれません。アンドリューは終わりに伴う感情にいっそう対処できるようになっています。この新しい能力の発見は離乳の痛みからの回復を助け、同時に、母親との関係の新たな地平をひらいて、それは母子ともに大きな満足感を与えるものでしょう。2週間後、母親は、アンドリューが最初の一歩を踏み出したという報告とともに観察者を出迎えました。

第7章

ローザ

ローザは若いカップルに生まれた第二子です。父親は熟練労働者階級で、母親は第一子の誕生以降は家にいます。アパートは狭いものの居心地はよいのですが、両親は少しでも早くもっと広い家に引っ越すことができればと願っています。ふたりはイスラム教徒ですが、伝統的なコミュニティの一員ではありません。第一子のエマは母親が20歳のときに生まれました。ローザが誕生したとき、エマは生後22か月でした。母親が計画したとおり、第二子は自宅の小さな部屋で生まれました。分娩は短時間でしたが、エマのときよりも辛かったと話しました。ローザは体重8ポンド[訳注1]で生まれ、予定日より8日遅れだったとのことです。初めての観察訪問のとき、それはローザの誕生から6日目でしたが、母親はまたもうひとり女の子が生まれたことに落胆していました。今回はできれば男の子を望んでいたのです。今後もっと子どもを産むつもりでいました。その後の観察で、母親が真ん中の子で、姉と弟がいることがわかりました。

生後6日目の観察

引用文は、誕生直後のローザの印象を伝えるため、そして、ローザがどのように自分の感情を表現し、また周りの人たちに影響を与えたかを示すために選びました。

[訳注1] 約3630グラム。

第Ⅱ部　観察

　私がそこにいて15分、赤ん坊は最初断続的に、やがて次第にコッコッと、そしてぶつぶつと、小さな音声を出し始めた。ベビーベッドの中で動くと、かさかさと鳴るような音がした。それはまるでローザが会話に応えているかのようだった。エマは小さな裸の赤ん坊の人形を拾い上げた。赤ん坊の「会話」は穏やかな泣き声に変わった。母親は「おっぱいの時間かしら？　この子がこんなふうに泣くなんて記憶にないわよね？　これまでなかったことだわ」と言った。ローザがベビーベッドのほうに移動したとき、エマは人形を床の上に放り投げた。母親は赤ん坊をベビーベッドから抱き上げ、「この子を抱っこしない？」と言いながら、私に手渡した。私は少しの間、ローザを抱いた。母親が抱き上げたときには、もう泣いてはいなかった。目を閉じていて、いくらか顔をしかめていた。私は腕の中の赤ん坊に何の感情も抱けないことに驚いた。

　私が赤ん坊を返すと、母親はベッドに座って、自分の片足を赤ん坊の下に置いて小さな寝床を作った。ローザを乳房につけると、元気におっぱいを吸い始めたが、身体はじっとしたままだった。数分後、母親はローザが眠ったと言った。母親はローザの身体を起こしてから、自分の左腕にもたれさせて、背中を優しくトントンと叩いた。支えられていなかったローザの頭は片方にだらりと垂れた。この姿勢のままで少し間をおいた後、母親はローザを自分のほうに向け、膝の真ん中に座らせた。私からはローザの顔を見ることができなかったが、少し経つと母親はローザの真似をしながら、「この子は一日中うんちをしようとしていて、こんな顔をするのよ」と言った。ローザは小さくげっぷをした。

　母親はローザをベビーベッドのほうへ連れて行って寝かせた。ローザの目は大きく見開かれており、満ち足りた様子であって、私はローザが今にも微笑むかのように思った。母親は「この子、とうとうやったわ」と言いながらおむつを外した。エマはベビーベッドの中に身体を乗り出して、赤ん坊の顔に自分の手を置いた。ローザの目はエマの方向に動き、それから、母親のほうを見るために旋回した。母親がおむつを取ったとき、ローザはもっとたくさんの流動的な黄色いうんちをシーツに出した。母親は「また洗濯ね。今回はエマのときよりも洗濯の回数が多くて、でもそれは私が

第7章　ローザ

ローザに水を飲ませるからなの。そのほうがうんちが出やすくなるの」と
語った。

その後、母親がちょっと部屋を離れたとき、エマはローザを抱いてダブ
ルベッドの上に座り、枕に寄り掛かった。母親がローザの授乳を続けよう
とキッチンから戻ってくると、エマは赤ん坊を手放さず抵抗した。母親が
ドゥーガル (テレビ番組の「魔法のメリーゴーラウンド (Magic Roundabout)」に出
てくるおもちゃの犬) を私に見せてあげるように提案した後、エマは諦めた。
エマはローザと母親との関係にこころがいっぱいだったので、私はドゥー
ガルを一度も見せてもらえなかった。母親がローザに授乳している間、エ
マはベッドに飛び乗ったり下りたりして、何度かふたりにぶつかっていた。
母親は赤ん坊を守るために穏やかにエマをかわしていたが、それがうまく
いかないときも何度かあった。

母親は私にもう一度ローザを抱っこしないかと尋ね、私に手渡した。
ローザは私の腕の中で満足しているように見え、目を閉じていたが、私は
ローザが私の身体に寄り添ってはおらず、かなりじっと横たわっているこ
とに気づいた。

母親と少し会話をした後、帰る時間になった。私が帰る準備をすると、
母親は立ち上がった。自分の手をお腹に当てながら「数日前、私はわくわ
くしていたの。だけど今は部屋の向こうを見て、あの子はあそこにいると
自分に言い聞かせるの。私がやるべきことは、ローザを育てることだけ。
悲しいわ」と言った。

ローザは最初から私を感動させました。すなわち「会話」に加わったり「会話」
したりすることによって、そして、わが子が望んでいることを疑う余地がないよ
うな方法で自分のニーズを表すことによって、母親に自分を理解させる能力が印
象的でした。私は、生後1年間でローザの自分を表現する能力がどのように発達
したのかをたどってみたいと思います。さまざまな発達段階を通過するにした
がって方法と内容のどちらもが変化しました。私はローザが自分を表現するため
に前言語的信号や身体的サイン、言葉、象徴的遊びをどのように、どんな状況下
で使用したかを示したいと思います。

第Ⅱ部　観察

　ローザ自身の特有の在り方とコミュニケーションのとり方がまとまりを持ち始めたのは母親や姉との親密な関係性の中でした。エマがそばにいたがることが、ローザが生まれた世界の大きな特徴です。この最初の訪問で、排便しやすくなるようにローザに水分を与えていると母親が話しているときには赤ん坊への繊細な同一化、そして母親がローザの母親であるときに、エマにドゥーガルの母親や友達になるよう誘って、お姉さんの役割をさせようとしているときには、エマへの同一化の兆候が見られます。その後もたくさんの観察で、子どもたち両方に居場所を見つけてあげようとする母親の苦闘が表れていました。母親が繰り返し観察者に赤ん坊を抱っこしてはどうかと提案するのは、みんなが幸せでいてほしい、みんなを仲間内にしておきたいという願い、そして苦痛を引き起こしかねない排除感を寄せつけないでいたいという母親の強い願いの証左かもしれません。しかし、母親と赤ん坊が穏やかにふたりで過ごすことへのエマの許し難い気持ちは深刻です。ローザのわずかに不活発な身体的状態は、子宮外での人生の最初の日々に赤ん坊が示すことのある、完全にはこの世界の中にいるわけではないという状態のひとつ、もしくはエマの予側不能な侵入を含め、（目覚めているときのおしゃべりと力強いおっぱいの吸い方とは対照的に）外界についてのいくらかの警戒心を表しているのかもしれません。

生後21日目の観察

　この日の観察の間ずっと、妊婦の女友達と生後15か月になるその娘がいました。私が到着した後すぐに母親は、エマにローザを抱くよう勧めました。しばらくすると、そして大人たちが自分たちの会話に夢中になったことに反応して、エマは自身の感情に圧倒され、赤ん坊を押しのけ始めました。

　　ローザがぐずり始めたので、母親がすぐにやって来てベッドの上に寝かせた。母親はローザのほうを見て、自分の手をローザのお腹の上にのせて「あなたは太っちょで可愛らしい赤ちゃんに成長しないわよね！」と言った。母親は自分の左乳房を準備して、ローザの頭を自分の左腕で支え、右手で乳房を抱えた。ローザは母親の身体にかなり接近して母親の膝に寄り

第7章　ローザ

掛かり、自分の右手を乳房の下に置き、左手を使って母親の右手の指のひとつをつかんだ。ローザは4、5分の間しっかりとおっぱいを吸った。それから母親はローザを自分の肩の上にのせ、「ローザはまだよい子だわ」と言いながら、優しくローザをとんとんと叩いた。少しすると、ローザを自分のほうに向けてお座りの姿勢を取らせ、間もなくローザは少しげっぷをした。母親は私に赤ん坊を抱っこしてはどうかと尋ね、私に手渡した（母親がこうするとき、私はまだわずかに驚きを覚える）。私はローザを受け取り、自分の肩の上に抱いた。2週間前に抱いたときとはローザが違った感じがすることに私はすぐに気づいた。つまり、ローザに寄り添ってきたわけでないが、身体には感情があった。ローザの目は見開いていて、私の顔を見つめたとき、私を品定めしているように見えた。私はローザに話しかけたが、ローザは用心し構えたままであった。数分後、私の目を見続けたまま、両手を私の胸の上に置いて、驚くべき力で私の身体から自分を遠ざけた。私はローザに「私の膝の上のほうに座りたいんだね」と声をかけた。ローザは目と口を開けて私のほうを向き、満足げに私の膝の上に座っていた。それからあくびをして少しぐずり始めた。

　そのあと起きたことは、まず友人がローザを抱いた後、ローザがベビーベッドに戻されると、エマがベッドを激しく揺らしたことでした。

　ローザは5分かそこら、静かに横になっていた。目は開いており、右手は自分の鼻や左手をつかんでいた。母親はローザが眠っているか尋ねた。「この子はもうおっぱいは飲めないわよ。次のおっぱいは5時になっているから」と言った。数分後、母親は、ローザがまだ起きているのを見ると、自分の指をローザの口の中に入れた。ローザが吸いついたので、母親は「もう一度おっぱいが飲みたいのね」と言いながら抱き上げた。ローザはそのとき差し出された乳房にまっしぐらに向かった。母親は「この子は時々ミルクがなくても、しゃぶるのが好きなのよ」と言った。その後、ふたりの母親は赤ん坊の誕生後2週間ぐらいの重要なときに、自分が十分な量を授乳できているのか考えることについて話していた。

第Ⅱ部 観察

> 母親は「今は3時間ごとにローザに授乳しないと、ミルクが垂れ出てき
> てしまうわ。もしローザが夜に泣くと、私の乳房はすぐに疼いてくるわ」
> と話した。

　ローザは最初から力強く、そして効果的に自分を表現しました。自らの発声を
通して自分の存在を感じさせ、自分が授乳を必要としていることを伝えていまし
た。身体に入れた力加減を通して、ある特定の方法で抱かれることへの不快感を
私に示していました。ローザは自分の目を使って環境を入念に調べたり、比較し
たり、識別したりしていました。観察者はこれらの観察に、とりわけさまざまな
音声を使ったり、母親とエマ、観察者を識別したりする明白な能力にいくぶん驚
きを覚えました。ローザは基本的に満足しているようでしたが、より辛い感情は
他者によって体験されていました。ローザが自身を押して離れさせたとき、観察
者はとても傷つきました。母親は、ローザがもうお腹の中にいないことを悲しみ
ました。エマは、変化した家族の布置の中で自分の新しい居場所を探そうと苦闘
していました。これらの最初の観察で、母親と赤ん坊は共に誕生のトラウマにう
まく対応しようと、そして今や誕生による身体的分離後のふたりの間にある空間
と折り合いをつけようとしているように見えました。
　3週目までに著しい発達がありました。ローザは母親の身体の近くで心地よく
横たわっており、乳房と母親の指のひとつを握っていました。その後、おそらく
自分の右手で鼻と左手を握ることで乳房や乳首との接触経験を再現していたので
しょう。母親とローザの間の接近と親密さの明らかな進展とは対照的に、観察者
のローザについての経験は、観察者の肩から自分自身を力強く押しのけたことで
した。最初の1週間の少し受動的な乳児の場合はその強さは周りから推測される
ものです。そして、ローザはおそらく自分の経験の苦痛な要素、特に拒絶感を投
影することによって自分の満たされた感覚を守っているのでしょう。

生後2か月目

この期間には、3つのテーマが顕著になっています。すなわち、母親の体重とロー

第7章　ローザ

ザの授乳パターンの確立への母親の執着と、赤ん坊へのエマの激しい執着です。

生後5週目の観察

　　エマはベッドに座って、赤ん坊の小さな絵を脱脂綿で周りを取り囲んだマッチ箱に入れていた。私に自分がやっていることを見せていたが、母親がコーヒーを持って戻ってきたときには、遊びをやめてベッドから下りてきた。
　　母親は私に今週はダイエットに挑戦していると語った。4フィート10インチ[訳注2]しかないのに10ストーン41ポンド[訳注3]は重すぎると考えていた。母親は、エマと一緒のときには夫がいつもより活動的になることに気づいていた。母親は息切れしやすかった。私は母親に今までずっと体重の問題を抱えていたのかを尋ねた。母親は10歳のときに始まったと答えた。自分は誰からも愛されていないと感じ、隠れて食べるようになったと言った。ローザは動き始め、小さく不満げな声を出した。母親は「目を覚ましそうだわ、ローザはまだよい子よ」と言った。私がローザの睡眠パターンについて尋ねると、授乳は要求に応じるときとスケジュールに沿ったときの混合パターンをふたりで開発しつつあると語った。ある晩、ローザは朝になるまでずっと眠ったかと思えば、その次の夜には3時間おきに目覚めたりもした。母親は時々ローザの顔が授乳の後に青ざめることがあると話した。それは自分のお乳の濃厚さが増しているせいではないかと考えていた。ローザはこの訪問中、目覚めず、さらに音を発することはなかった。

生後6週目の観察

　　私は母親の姉妹に紹介された。ローザは母親の膝の上に横たわっており、目は閉じられていた。私にはローザがかなり年長になったように見えた。

[訳注2] 約1.47メートル。
[訳注3] 約65.32キログラム。

第Ⅱ部　観察

灰色のシャツと濃紺色のタイツを着ており、いつもより男の子っぽく見え
た。ローザは眠り続けていた。母親は、エマがローザの頬を叩いたと報告
した。そしてローザに十分な量のお乳が出ているのかを夫が心配している
ことも話した。

　母親はローザを抱き上げ、授乳する準備をした。ローザは乳房が近づく
と、しっかりとおっぱいを吸いながら、やさしく乳房に触れた。授乳後、
ローザの顔は赤くなり、母親はおむつがパンパンになっているに違いない
と思っていた。ローザはいとも容易にげっぷをした。

　おむつを母親が替えている間、ローザは体操するかのように自分の腕や
足を動かして母親を見ていた。母親はローザの足を脂肪の塊だと評した。
清潔なおむつに替えた後、「さあ、汚してもおむつは替えてあげないわよ」
と言った。

　母親はローザを私に渡した。ローザはがっちりとして、「生き生き」として
いた。ローザはエマをじっと見た。ローザの表情は真剣で、ほぼ顔をし
かめていた。私が話しかけると、口を〇の字に開けた。私は、私の口の動
きを真似ているのだと思った。ローザの口と目にはほんのりと微笑みが浮
かんでいた。

　私がローザを肩にもたれさすとローザはぐずった。私がローザを自分の
膝の上に戻すと、少しの間、満足していたが、やがて眠気を催して落ち着
かなくなった。母親がローザを乳房につけると、さらに5分、おっぱいを
飲んだ。

　母親は私に自分が9ストーン8ポンド[訳注4]まで体重が落ちたと話した。
母親は、ローザの反応が前よりよくなったと喜んでいる。ローザは実際、
小さな赤ん坊のようではないからである。助産師は、ローザは立派な大き
さだと言った。

　自分の体重についての母親の悩み、そしてローザに栄養を与えますが、多すぎ

―――――――
[訳注4] 約60.8キログラム。

196

第7章　ローザ

るかもしれない（ローザの顔色を青ざめさせる）豊かな母乳やローザの丸々とした足に
ついての母親の考えは、自分自身と赤ん坊との絡み合った知覚を示唆していま
す。この部分的なアイデンティティの混乱は父親と、そしてエマとの関係性を排
除しています。母乳の不十分な供給に関して報告されている父親の危惧は、母親
と赤ん坊の間に生じていることに対するいくらかの敵意を示しており、エマが
ローザの頬を噛むのは授乳をする母親と赤ん坊の特別な親密さに対する激しい抗
議と考えられます。しかし、母親の目の中で、ローザが自分の嫌いな側面（おで
ぶな足）を具現化しているように見えているとき、ローザがおむつを汚しても、き
れいなおむつに替えないという母親の脅しが示しているように、ローザは拒絶さ
れる危機にさらされています。母親が「まだよい子」としてローザの話をすると
き、よい子でない赤ん坊への懸念が強烈に感じられます。

生後7週目の観察

　観察の最初の30分間、ローザは眠っていた。手を鼻と口の上に置いて
いたが、やがてそれを動かし、指だけが顔に触れていた。その後、ローザ
は再び手を顔の上に載せて、まるで親指がちょうど口の中にあるように見
えた。親指が口の近くにあるのを私が見たのは、これが初めてである。ロー
ザの目は何度かパチパチと開いた。私はローザの静けさと満足げな様子に
心打たれた。いったん、眠りの終わりに向かうと、ローザは手で自分を押
し上げて向こう側を向き、その後、すぐさまもう一度、元に戻った。

　母親はひどい一夜だったと話した。ローザが起きっぱなしで、午前4時
に授乳し、その後、自分と一緒のベッドに寝かせた。午前6時に母親はロー
ザに、起きているかどうかを尋ねると、ローザは話し声で答えた。母親は、
街灯の微かな光の中でローザが微笑んでいるのを見ることができた。

　ローザは午後2時が授乳の時間となっていた。時間になると、母親はベ
ビーベッドのところへ行き、ローザに話しかけた。そして、数分後、母親
は上掛けをローザから外した。母親が起こしてしまったことを謝ると、
ローザはゆっくりとしぶしぶ動き出した。母親はローザに起きるための時
間を少し与え、その後、抱き上げて、母親の反対側に向かせて抱いた。ロー

第 II 部　観察

ザは目を開けたが、どんよりとした目をしていた。母親はしばらく立っていたが、その後、授乳の準備をした。ローザは乳房のそばにすり寄り、5分間おっぱいを飲み続けた。

　エマと私は母親と赤ん坊のそばに移動した。エマは4インチ[訳注5]のホイッスルを拾い上げ、笑って、その後、それを吹いた。エマはホイッスルを母親の口に、そして私の口に入れ、もう一度笑ったが、そのときは乱暴で攻撃的だった。エマは間もなくこの遊びを終わらせたが、私に唾を吐きつけたので、エマは穏やかな仕方で母親に叱られた。これが二度目の攻撃を招き、エマは私の顔を平手打ちしたが、そのあと私の足の一方にもたれかかって、近くの床の上に座った。やがて立ち上がったエマは柔らかな黄色いアヒルを見つけた。床に横たわり、両手にアヒルを抱いて、アヒルのくちばしを噛んだ。その後、キッチンに行って赤ん坊の哺乳瓶を見つけて、ふざけてその中味をこぼした後、哺乳瓶の口を吸い始めた。ローザはお乳を飲み続けていたが、眠くなってきたようで、母親はふたつ目の乳房を吸わせる前に、おむつを替えることにした。ローザがベッドに横たわると、エマはベッドによじ登り、ローザの横に自分の顔を寄せた。ローザは見るからに緊張していた。母親が気づいて、エマをベッドから下りさせた。するとエマはローザのお尻を指で突いた。エマは私より先に赤ん坊を抱きたがったが、ローザに近づくや否や、赤ん坊をどけてくれと要求した。私はローザを自分のほうに向けて膝に抱いた。ローザは私が話しかけると半分笑いながら、私の目を真剣にのぞき込んだ。ローザの目が閉じられると、眠りの中で微笑みが口元にちらついて、また目を開いた。これを何度も繰り返した。エマが視界に入ってくると、ローザは顔をしかめて、唇を舐めた。

　これらの観察の中で、ローザは母親と自分自身の両方にとって、前よりもまとまっているように見えました。母親はローザが前より反応がよくなっていると感

[訳注5] 約10.16センチメートル。

じ、早朝の「ベッドでのおしゃべり」や微笑のことを報告しました。母子が身体的により接近していることは明らかでありましたし、観察者はローザの筋緊張がしっかりしたと感じることができました。ローザは乳首と乳房から引き離されたとき、初めは自分の鼻が、その後は親指が、自分を満足させる乳首の代わりになることを見出しました。

エマの赤ん坊が欲しい（マッチ箱の中の赤ん坊）、そして赤ん坊になりたい（赤ん坊の哺乳瓶を吸っている）というあからさまな願望と、母親とローザが一緒にいることへのエマのアンビバレンスとが、どれほど母親と赤ん坊の関係性に影響を与えたかを語ることは難しいです。エマが近づいてきたとき、ローザは緊張を表し、観察はいかにエマが、母親とローザの授乳関係を妨害し、台無しにしようとしていたかを示しています。ローザは自分の唇を舐め、エマが接近してきたことに反応してしかめ面をしたこともあります。ローザは自分自身を慰め、自分の不安を和らげようとしていたのでしょうか。ベッドの中でのローザとの時間についての母親の話には、ローザが両親の間の関係性に与えたかもしれない影響が垣間見られます。なぜなら、父親のことはまったく言及されていないからです。もちろん、夜の間の授乳はエマの存在という厄介な問題がなく、ローザが微笑んだように、母親は夜の授乳を楽しんでいるかもしれません。

離乳と遊び

長期にわたる以下の観察は離乳の進展とより洗練された形態の遊びの発展を示しており、そのいくつかは極めて明らかに離乳の経験と結びついていました。さらに、この素材はローザの体重があまり増えないことの心理学的側面の手がかりとなるかもしれません。1歳のとき、予想体重が22ポンド[訳注6]なのに、14ポンド[訳注7]しかありませんでした。

[訳注6] 約9.98キログラム。
[訳注7] 約6.35キログラム。

第II部　観察

生後20週目の観察

　　ローザは頭を高く上げてお腹を下にして横になっていた。長い時間、私を一心に見ていた。その表情は真剣で、私の目を強烈に捉えていた。次の10分間、ローザは自分の身体を強く意識していたようだった。受けた印象はローザがそれを隅々まで感じているというものだった。そして、新たな方法で身体を動かし、身体をコントロールできる出発点にいるということであった。自意識過剰ではあるが、私のことも強く意識しており、私の関心を求めていた。ローザは「会話のような」音を発した。あなたは自分ができることを私に披露することをとても楽しんでいるようね、と私は応答した。ローザは微笑み、もっと注意深く発音された音で応答した。舌をコントロールしている感じがあり、ただ何かぶつぶつ言っているだけではなかった。ローザは静かになって、自分に集中したが、私の注意を引き続けた。20分間、ローザはほとばしるような会話と沈黙の時間を交互に繰り返した。ローザは何度か少々うんざりしていた。

　　その後、私がローザを自分の膝にのせると、ローザは自分の手で遊んだ。自分の洋服を、遠く広げた両手の指で引っ張った。それから両手を合わせて指を連結させて、自分の口に両手を入れた。ローザはこの一連の動きを何度か繰り返したが、時には親指だけを口に入れた。また自分の足を触わり、踏ん張って立った状態になろうとするのを楽しんでいた。

　　15分かそこらすると、ローザが私のセーターを凝視していることに気づいた。そして私の左胸にどんどん注意を集中しているように見えた。間もなく、泣き始めた。私は、ローザがお昼に米粉を食べたのを知っていたが、お乳を飲んだかどうかは知らなかった。すると、母親は一方の乳房だけで授乳したと言い、もう固形食にしているので、常にふたつ目の乳房で飲ませているわけではないと言った。母親はすぐに自分の左乳房をローザに与えて、ローザは10分間、しっかりと吸い、やがて母親の腕の中で眠りに落ちた。母親は、ローザが何度か乳首を噛んだこと、ローザの歯がとても鋭いことを語った。母親は悲鳴を上げていない。悲鳴を上げればローザがもっと噛むのではないかと思ったからである。

200

第7章　ローザ

母親がローザをベビーベッドに置くと、泣き始めた。これは新たなことである。ローザは抱き上げてほしいようだった。母親は自分の指をローザの口に入れてみて、噛み跡を私に見せた。ローザは泣き続けたが、必死になっている様子ではなかった。

生後21週目の観察

私はベビーベッドの隣の床に座った。ローザは横向きに寝て、微笑むことなく私をじっと観察した。私には、私が何者かとローザが解明しようとしているような気がした。

母親は私に、先週、友人の生後14か月の赤ん坊が亡くなったことを話した。その子はリンゴで窒息死したとのことだった。

ローザは上掛けを掛けていて、サテンの端を引き寄せて口に入れていたが、やがて泣いた。母親は抱き上げた。エマの要求で、母親はローザをエマのおもちゃの車に乗せた。ローザは青ざめており、緊張していた。そして、ローザの目は「大きく見開かれていた」。怯えたようにも、警戒したようにも見えた。エマが必死に注意を引こうとしたので、母親はローザを私に手渡した。ローザは、足で私のお腹を押しながら座った。ローザは私を見て、それから母親を見た。ローザは自分の手を合わせて、それから両方の親指を口にくわえた。そして、右手の親指と人差し指の間に左手の親指を入れた。ローザは、母親を見るために何度も身体の向きを変えた。

母親は、今ローザが1日に3回、固形食を食べていると教えてくれた。ローザが泣いたので、母親のところに行きたいのだと私は考えた。母親はローザを引き取ったが、乳房を差し出しはしなかった。ローザが口を開けると、母親はもう食べ物はないと伝えた。

母親がローザを床に下ろすと、ローザはクマのぬいぐるみを見ながらうつ伏せになっていた。その間に母親はエマに読み聞かせをした。

母親は友人の赤ん坊の死のことで落ち込んでおり、この訪問中、このことについてたくさん話した。

第Ⅱ部　観察

生後23週目の観察

　　ローザは赤ん坊用のバウンサーの中で以前よりもくつろいでいるよう
だった。ローザはペッペッという音を出せることに気づき、より慎重に発
音した音と交互に発した。私はBの音のようなものを聞くことができた。
ローザは唾を吐いたときによだれを垂らし、母親はそれをもうすぐ歯が
もっと生えてくるサインかもしれないと考えた。ローザはゴムの歯固めの
輪っかをじっと見たが、ほとんどの時間、バウンサーの中で自分を揺らし、
音声を出して私たちの関心を引いていた。

　　母親が哺乳瓶からローザに水を飲ませたとき（固形食になってから、排便が
困難になったので、便を軟らかくするため）、エマは哺乳瓶を持ちたがった。し
かし、ローザは両手で哺乳瓶を持っており、母親が角度を上げるのを手
伝っていた。エマは数分ごとに哺乳瓶を取り上げ、冷蔵庫の中に入れた。

　　私が膝の上に載せると、ローザは自分の身体をはずませて立った状態に
なった。とても生き生きしていたが、激しさは軽減し、つかの間のことだ
が身体的に接近してきた。私の左胸を何度もつねり、初めて私の顔を触っ
た。

　　母親が新しい家の設計図を私に見せていたとき、ふたりの子どもたちは
しょんぼりとしていた。

生後30週目の観察

　　これは3週間の休暇が明けて、二度目の訪問であった。母親は、今週は
ローザがアパートじゅうを素早く腹這いしながら、自分を追ってくること
を報告して、自分から離れたがらないと言った。母親はエマよりもローザ
が神経質なことにも気づいた。たとえば、掃除機の音に耐えられないので、
そのせいで母親はいつでも好きなときに掃除をすることができないのであ
る。

　　ローザは眠っていたところを連れてこられた。エマが座っていた子ども
用の椅子を明け渡すのを拒んだので、母親は自分の膝の上でローザに食べ

第7章　ローザ

させた。母親は、ローザが野菜の昼ごはんを好むかどうかわからなかった。しかし、ローザは熱心に食べ物に向かい、明らかな熱意を持ってスプーンから食べ物を吸った。エマは椅子を譲ることを拒み続けたので、食事の雰囲気が台無しにされて母親はいらだった。

　母親がローザに食事を食べさせ終わると、エマは子ども用の椅子から降りた。慎重に、しかし自信たっぷりにエマがこの策略をやってのけたとき、私は固唾を飲んだ。すると母親がローザを椅子にひょいと入れたので、エマは即座に椅子によじ登り、ローザの横に割り込もうとした。ローザは小さかったが、子ども用の椅子に座るとかなり成長して見えた。ローザは大人しく慎重であり、私の顔をとても強烈に見つめていた。そのとき母親がやってきて笑いながらローザの頬に触れた。ローザは屈託なく、くすくすと笑い出した。

　その後、居間では、ローザがお座りの姿勢に自分を起こして、床に散らばっていたいくつかのおもちゃをしゃぶった。母親は、ローザに、立ち上がる能力を見せてあげるよう、そして三輪車のシートの上に手を置くように提案した。ローザは、背中を丸めて、お尻を突き出しながら、三輪車に60度の角度で立った。エマがやってきて、三輪車をつかんだ。母親はローザに、エマを歩行器に押しやるよう勧めた。しかしローザは床に投げ出されていたおもちゃで遊ぶほうを選んだ。

　母親が部屋を離れると、ローザは素早く後を追った。腹這いの姿勢でスタートし、やがて自分の手を前に投げ出し、自分の身体を前進させて移動した。

生後31週目の観察

　翌週までに、ローザはきちんと腹這いをしていた。母親は自分と夫が「エマのために」先週、2日間断食をしたと私に語った、エマの行動に不満なところがあったからである。両親はこれをローザの援助のために行った。母親は、子どもの性格についての悩みに対するごく普通の反応であるかのように、このすべてを話した。

203

第II部　観察

生後32週目の観察

　　ローザは子ども用の椅子に、より真っ直ぐな姿勢で、より自信に満ちた
様子で座り、以前よりもくつろいでいるようだった（エマは部屋にいなかっ
た）。ローザは母親が蜂蜜に浸したスプーンを吸って、それでトレーをバン
と叩いた。ローザはおしゃべりをしており、以前よりも声を出すように
なっていた。ローザはスプーンを床に放り投げ、母親がそれを拾って戻し
た。スプーンで数分間遊んで、もう一度それを床に放り投げた。母親が無
視したので、ローザは椅子の一方にもたれかかって、スプーンを見つめた。
しかし母親はローザの合図を無視し続けた。ローザは自分の手を吸い始め、
ちょっとの間親指を口に入れ、徐々に子ども用の椅子の中でずり落ちてい
き、私は床に落ちるのではないかと思った。

　　すると、母親が気づいてローザを真っ直ぐに座らせて、おもちゃの
ティーポットの蓋を渡すと、ローザはすぐに口の中にひょいと入れた。母
親は、今週ローザの話し言葉が発達してきているのに気づいたと言って、
「ダダ」と言い始めたが、それはローザ版の"こんにちは"なのだと話した。
母親はまた、ローザが音楽に特別な関心を抱いていて、ラジオのクラシッ
ク音楽に身体を揺らすことに気づいたと言った。

生後35週目の観察

　　ローザは私が到着したとき、起きたばかりだった。腹這いの姿勢になっ
ていて、それから微笑みながら立ち上がった。エマはローザの頭をひとな
でして、ベビーベッドによじ登った。母親はローザが抱っこを必要として
いると言って、抱き上げた。エマはベビーベッドの中に残って、上下に飛
び跳ねた。母親が居間の床の中心にローザを置くと、ローザは私のところ
に腹這いでやって来て、手でやさしく私の頬に触れた。それから親指を私
の唇に置き、少しの間唇を引っ張った。そして近くの床の上で遊んだ。
時々、立ち上がって、私の口を真剣に見つめた。一度は、私の鼻をつかん
だ。

204

第7章　ローザ

ローザは長い持ち手がついた太鼓、チリンチリンで遊んでいた。持ち手の大きな握る部分を何度も口に入れ、ある瞬間には、それを私の口に入れようと集中しているようだった。

生後41週目の観察

ローザは座って哺乳瓶でミルクを飲むことにほとんど完全に没頭していた。両手で哺乳瓶を抱えて、しっかりと吸った。

母親は、ローザの長引く咳とやせていることが心配だったので、今週、家庭医のところへ連れて行ったと語った。そのことで数か月間、悩んでいたが、何もできずにいたのである。さらに母親は、ローザが自分の背の高い椅子から落ちて、大きなこぶができたことも話した。ローザが数時間とても静かだったので、「もう駄目だ」と思ったと、極めて淡々とした様子で語った。

母親は、お尻を拭くのを手伝ってほしいというエマの要求に応じてトイレに行った。ローザは自分の哺乳瓶を床に置いて、物凄いスピードで後を追った。3人が戻ってくると、ローザは自分の哺乳瓶を手に取ったが、エマがそれをすぐに奪い取った。エマは長椅子のほうにそれを持って行き、まるでベッドの中にいるかのように、30分間、哺乳瓶とともに、クッションに覆われて寝転がっていた。ローザは長椅子のほうへ腹這いをして行ったが、自分の哺乳瓶を取り返そうとはせず、エマが先ほど私にくれた絵を手に取って、押しつぶし、しゃぶった。母親は歩行器へローザの関心を引こうとしたがうまくいかなかった。ローザは母親の膝のそばにいて、立ち上がろうとした。泣いていたので、母親はローザを持ち上げて、顔を向き合わせながら立たせた。ローザは母親の髪の毛を引っ張りながら、笑顔になった。母親がローザを床に下ろすと、泣くことが繰り返された。今度は、ローザが自分の哺乳瓶を返してもらいたがっていると、母親はエマに伝えた。エマはこれに何も反応しなかった。母親は再びローザを床に下ろして、今回は頭の上にシャツをかぶせた。最初、ローザは驚いたが、それはすぐにゲームになった。ローザがシャツを剥ぎ取ると、母親は「ブー！」と声を上げるゲームであったが、それからくすぐり遊びに変わっていった。

205

第Ⅱ部　観察

離乳によって引き起こされる情緒

　ローザの離乳は、生後5か月のときに始まり、10か月半までには完了していました。昼の母乳を完全にやめる前、昼食時に、母親は初めに固形食を与えて、その後に片方の乳房だけを与えました。この変化はローザが時々乳房をぎゅっと噛むようになったのと同時に起こりました。それは母親がローザに悲鳴を上げると、よりひどくなりました。これが起きたのは、ローザがベビーベッドに入れられて意気消沈し、抱き上げてもらおうと泣くようになったのと同時でもありました。生後7か月になるまでに、ローザは上手に腹這いをするようになり、どこへでも母親の後を追うようになりました。母親は、ローザが掃除機に驚いたのに気づきました。これはもちろん、ローザがなんとこのときまで、ほとんどの時間を床の上で過ごしていたことと関連があったのかもしれません。おそらく、ローザの「神経質さ」はそのサディスティックな衝動性とつながっていたのでしょう。自分が乳房を噛み、空想の中でそれを飲み込むのと同じように、掃除機が自分をがつがつと袋の中へ飲み込んでしまうことを怖がっていたのでしょうか。これらの観察と同時に、「エマのため」に両親が断食するという最初の報告がありました。断食は、自分たちが犯してしまったと感じている罪を洗い清め、自分たちの子どもたちを「よい」赤ん坊にしようとする両親なりの方法と考えられました。際立ったことですが、後になって母親は観察者に、（朝と晩の授乳からの）最終的離乳がラマダーンの30日間の母親の断食と同時であったことを語りました。母親は、これは「悪いことを考えない」よう苦闘していたときだったと話しました。同じ頃、小児脂肪便症 [訳注8] の疑いでローザが病院の検査を受けることについての心配もありました。やがて、ローザの低体重の原因としては、それは考慮されなくなりました。母親は、食べることを潜在的に有害な活動だと見なしており（食べることでこころを癒していた母親の幼少期の秘密やリンゴで喉を詰まらせた赤ん坊の悲劇を思い出してください）、それゆえ、子どもたちの食べ物についての不安の影響を受けやすいように見えました。消えてしまった乳房についてのローザの怒り、そして

―――――――

[訳注8] グルテンというたんぱく質による自己免疫反応によって生じる消化器系疾患。

第7章　ローザ

ローザの授乳に対するエマの明白な嫉妬や侵入はどちらも、母親には扱いにくいものでした。

　ローザの体重が増えていないことに自分が気づいてなかったことに対し、観察者もまた苦悩と罪の意識を感じたことは、注目すべきことでした。かなりの期間、私は離乳の痛々しい側面に気づいたり、考えたりすることができませんでした。授乳する乳房と赤ん坊のカップルへの攻撃（とりわけエマの妨害）がコンテインされなかったので、ローザは文字通り身体的危険にさらされましたが、同時にローザのアンビバレントな感情が母親のこころの中でコンテインされなかったので、それは身体的に表現されたのです [訳注9]。

思考とコミュニケーションの発達

　生後5か月から10か月の間、ローザは徐々にコミュニケーションがよくとれるようになっていき、それを通して思考の発達をある程度たどることができました。生後7日のとき、ローザは「会話」をしているような印象を受けました。それに続く6か月間に「前言語的（pre-speech）」活動が頂点に達して、「ブー」という音を立てたり、「舌をコントロールしたり」、「より注意深く発音された音声」（5か月時）、「より注意深く発音された音声と共にペッペッという唾を吐くような音」（6か月が近い頃）を発しました。生後7か月半までには「ダダ」と言って、「ハロー」を表現する言葉を使うようにもなり、「雑談をし、以前にも増してより声を発する」ようになっていました。

　また遊びの精緻化は極めて緩やかではありましたが、物事をひとまとめにしたり、内的現実と外的現実を識別したりする能力の発達が遊びに示されています。たとえば、5か月目までに、ローザが手や指、親指を使って遊ぶとき、手や指は乳房や乳首を明らかに想起させる象徴的表象になっています。自分の胸を探索すると自分には乳房がないことを発見し、両手の指を組み合わせることで、想像上

[訳注9] 身体的表現とは十分に食べなかったため低体重になったこと。

第Ⅱ部　観察

の乳房と乳首を創造することができ、それによって、自分が噛みついたために不在になった現実の乳房と乳首に関する不安がいくらかでも和らげられていると推論することは可能です。「ローザは私のセーターを凝視し、徐々に私の左胸に意図的に焦点を合わせているようであった。間もなく、泣き始めた」。ローザは自分のこころを奪う不在の対象について別バージョンを作り出したのです。口の中の乳首から得られる満足は、一方の手の親指と人差し指の間に挟まれた他方の親指によって表象されています。さらに、ローザが放り投げ、母親が取り戻してくれる蜂蜜スプーンも同じです。ローザが太鼓の持ち手のつまみの部分を口の中に入れたり、それを私の口に突っ込もうとしているうちに、関心は移り変わってしまい、わくわくする音楽を流すラジオのつまみのように、音楽を出すことができるような結びつきの形式に惹きつけられていったようです。おそらく、もう正しく言えるようになっている父親という名前（Dada）もまた、母親が生き生きとすることに結びついていると認識されています。ローザは両親相互の関係性に関心を持つようになっているのです。

　ローザの気質は激しい感情とかなりの思慮深さを含んでいました。この観察は、これらの特性が家族の中での生活経験および適応に、どのように影響を及ぼしたのか、に関していくつかの点を明確に記録していました。母親のパーソナリティや、とりわけ何らかの個人的な不安は重要な点で赤ん坊のケアに影響を及ぼしました。最も際立っていたことは、自分の心配事の原因が何であるのかに気づく能力が一時的になくなることが母親に観察されたことです。エマの嫉妬と愛情を求める要求は、ローザの警戒心を呼び覚ますことになりましたし、出生時から母親を姉と共有することにうまく対処することが要求されることになりました。この要素はおそらくローザの遊びの思慮深さと真剣さに一役買っていたでしょう。この布置における父親の役割や立ち位置を観察する機会はほとんどありませんでした。しかし、時に観察者自身が父親的人物として心理的に機能していたかもしれません。そして、観察者に喚起される感情は、この家族の中の情緒性の若干の特徴的パターンを理解する光を与えるものかもしれません。

ハリー

　私は、出産育児支援財団によって組織された出産前教室を通じて母親と連絡を取りました。母親はハリーと名づけられた赤ん坊との観察にとても好意的でした。ハリーは次男で、長男のジョージはハリーが生まれたとき2歳でした。父親、母親共に大学を卒業していました。母親は英語を話し、英国に来たのは学業のためであり、実家のある故郷を離れていました。

生後26日目の観察

　家は住宅街の緑豊かな道から奥まったところにある大きな一軒家であった。門はとても開きにくく、大きくて陽気なラブラドールが前を歩くため、玄関まで歩くのが大変であった。
　オペア[訳注1]が扉を開けて、母親は2階にいると言い、母親を呼んでくる間、リビングで待つように案内してくれた。
　母親が降りてきた。母親は、大きな胸とお腹をしていたが、小さくて華奢で子どもっぽく見えた。長くまっすぐな髪はそのまま垂れて、青白い顔で眼はとても大きく見えた。母親は穏やかな笑顔でこんにちはと言い、他の人たちがお昼寝している間、うたた寝をしていたと私に言った。そして、私にコーヒーを一緒に飲まないかと誘ったので、私は母親についてキッチ

[訳注1] 英語の習得目的のために住み込みで家事や育児を手伝う外国人。

第Ⅱ部　観察

ンに行った。あたりには子どもたちの気配はなかった。赤ん坊をのぞいてみたら、目を覚ましていて、間もなくおっぱいを欲しがりそうだと母親は言った。母親は私に、赤ん坊が起きた午前6時に授乳し、それからまた、ハリーを起こして11時に授乳したと教えてくれた。

　赤ん坊はかなりおとなしくて、折り畳みベッドで夜通し眠ることがよくあり、母親はそれを好ましく思っていた。というのも、夜中の2時と明け方6時の授乳でへとへとに疲れるからだと母親は言った。兄のジョージは、5か月になるまで夜の間中眠ることのない、難しい子どもだった。ハリーは、授乳の前後に何度も泣き、4回の授乳に毎回2時間費やしていた。母親は私に、赤ん坊の名前はハリーで、お腹がよくすく赤ん坊なのだと言った。ハリーは授乳後に下ろすと少し泣くが長くは続かなかった。オペアがジョージを連れてきた。ハリーはとても眠そうだった。母親は私に、ハリーは普段はまさに「火つけ役」だと言った。この間ずっと犬は飛び回っていた。

　母親は私に、私が行っている研究と私の仕事について尋ねた。そして、その研究はどれくらい続くのかと尋ねた。母親は、赤ん坊への授乳は日中は2階で行うと言い、私に上に来るようにと勧めた。母親は自分の学位について、そして秘書としてどのように働いてきたのかを私に話してくれた。「子守のようだったわ」と母親は言った。

　赤ん坊は両親のベッドルームの窓の下のラジエーターのそばにある、かご細工のベビーベッドの中で眠っていた。ベビーベッドの頭の上のほうにふわふわした動物が取り付けられていた。ベッドルームは赤ん坊の小物類で雑然としていた。ハリーはうつ伏せになっていた。顔は壁に向いており、両腕は引き上げられ、顔の両側にギュッと握られた手があった。ハリーは眠っていた。顔は赤くなっていた。黒髪がふさふさしていた。母親は毛布を引っ張った。ハリーの脚が体の方向に引き上げられたのに私は気づいた。母親はハリーを起こすために両手で背中を少し揺すった。ハリーはわずかに身をよじり、両手を動かしたが目は開けなかった。母親は授乳の邪魔にならないように髪の毛をピンでとめた。そして、おむつを折り重ねてベッドの上に準備した。目覚める気配がないときはハリーを起こすと母親は言

210

第8章　ハリー

い、11時の授乳のためにハリーが目を覚ましたことはないと言った。そしてハリーを抱き上げた。ハリーの頭は後ろに垂れ、それ以外は同じ体勢を保っていた。ハリーは首が座っていないと母親は言った。母親はベッドの上のビニール製の変換マットの上にハリーを横たえ、ハリーが目覚めつつある間にベビーベッドに敷いてあるシーツを取り換えた。ハリーは手足を伸ばして泣いた。頭は片側に回された。目は完全には開いていなかった。母親はハリーのおむつを素早く完璧に交換した。ハリーはおむつが外されたとき大きな声で泣き、母親は「はいはい、寒いのね」とハリーに話しかけた。

　母親は、出産予定日から11日遅れていたので病院の陣痛誘発を受けたと説明した。一度は病院で自然に産気づいていた。14時間後、赤ん坊が動いていないので、赤ん坊の安全を考えるなら帝王切開にする必要があると母親は言われた。赤ん坊の鼻がつぶされて頭が後ろにつかえていて、頭をコントロールするのは難しいようであった。ふたりの息子は同じ月に産まれてくるはずだったがこの子は遅れたのだと母親は話した。母親は女の子を望んでいた。母親はとても小柄だったので、医者は母親が大きく重くなり過ぎることを望まなかった。母親は病院で受けた治療をほめた。最初は秩序がないように思えたが、ジョージを産んだ病院は、医療的には悪くはなかったが他の面ではよくなく、そこよりはよかったと話した。ジョージのときは麻酔の影響のために出産のことをまったく思い出せなかったので、その経験を繰り返したくなかったため、出産育児支援財団に問い合わせ、そこの教室に出席した。そこではその病院が提案された。

　母親は赤ん坊を抱きあげ、肩に置いた。ハリーは腕と脚を体にくっつけてまるくなった。母親は授乳するため、ベッドの上で足を前に投げ出し、背中を壁にもたれさせてどっしりと座り、左手のそばにコーヒーとティッシュボックスを置いた。母親は私にベッドの上かベッドの足元にある椅子に座るよう勧めた。授乳がよく見えないが、私は椅子を選んだ（よく見るためにはベッドの上のハリーらの右隣に座る必要があった）。母親は上着をまくり上げてハリーに自分の右胸を与えた。ハリーは手足を伸ばしてあくびをし、それからまた丸まった姿勢になった。母親は「ほらほら」と励ます言葉を

211

かけた。ハリーは頭を動かして乳首を見つけた。ハリーは勢いよく音をたてて吸った。母親はしかめ面をして、ジョージの授乳は何の問題もなかったけれど、ハリーは本当に強く吸うので、とても痛くてクリームを使わなければならないと話した。母親は、ハリーはしばらくしたら、そんなに強く吸う必要はないことを覚えなくてはならないが、まだそれができていないと思っていた。私は、ハリーが授乳の最後までずっと強く吸っているのかと尋ねた。母親はそうではないと言い、ジョージは胸で寝入っていたがハリーがそうすることはなく、たとえうとうとしていても下ろす前に再び目を覚ますだろうと言った。

　ハリーは母乳を吸い続け、しっかりと引き上げられていた脚はゆっくりと伸びていった。母親の身体に接しているほうのハリーの腕は上に挙げられ、最初、手は握りしめられており、胸に触れてはいなかった。授乳中にハリーは握りこぶしをゆるめ、くつろぎ、より穏やかに吸っているように見えた。5分くらい経つとハリーは乳首から口をはずし、ちょっとしたしゃっくりのような音をさせ（本当のしゃっくりではなく）、乳房に鼻をすりつけた。母親は、こんなふうにしはじめると、ハリーは乳首を放してからそれを見つけるか、乳首を与えなくてはならないときもあると説明した。母親は再びハリーに乳首を与えた。最初ハリーは音を出して吸っていたが、静かになっていった。その間ずっと母親はコーヒーを飲みながら私とおしゃべりをしていた。母親は時折ハリーをちらりと見た。母親はくつろいでいて、ハリーのペースで授乳させることに満足している様子だった。ハリーは乳首から口を外し、ちょっとした音を発した。母親は、泡が出るのかなとハリーに言い、ハリーを座らせた。ハリーは大きくげっぷをして母乳を少し口から出した。母親は笑って、うちの息子たちはどちらもあまり上品ではないわねと言った。母親は肩にハリーをもたれかけさせてハリーの背中を軽く叩いた。ハリーはさらにげっぷをした。ハリーは、母親を見るために頭を後ろに引いて、それから母親の背中に身体をすり寄せた。ハリーは再び丸まった姿勢になった。母親はハリーを右胸に戻し、しばらくの間、ハリーは静かに吸い続けた。私にはハリーの手が見えなかった。ハリーの足はほとんど動かず、時折蹴っていただけだった。

第8章　ハリー

　母親は、授乳の時間を少しだけ気にするようにしていると言い、また、ハリーは哺乳瓶からはほとんど飲まないけれどミルクで補っているとも言った。病院から退院して以降、母親はハリーがどのくらいミルクを飲んでいるかわからなかった。ハリーは、静かに吸い続けていた。ほとんど動かないので、まどろんでいるのではないかと私は思った。母親は、胸の上で十分な時間を過ごしたでしょとハリーに言った。母親はハリーの上体を起こしてげっぷをさせた。ハリーの頭はだらりとしていた。ハリーはすぐにげっぷをした。母親は再び肩にハリーを抱きあげた。ハリーは母親に対しては横向きになって、小さいボールのよう身体を丸めた。ハリーはまったく動かなかった。母親はそのあと左胸にハリーを動かした。ハリーはちょっとためらってからもう一度力強く吸い始めた。母親はこのとき、自分の体に密着してハリーを抱いてはいなかった。ハリーの脚は母親から斜めに伸びていた。そのあと、母親はハリーの向きを変えて、より近くに動かした。

　母親は、自分の母親はジョージが生まれたときには来ることができなかったと私に語った。母親は、自分で赤ん坊の世話をしたくて、「お手伝い」を求めていたため、保育的な役割をそれとなく提案したが、渋られた。それでオペアを依頼した。ジョージは私よりもオペアのアグネスとのほうがずっとよい感じだと母親は言った。大変だったのはアグネスがいない朝食のときで、母親が食事をしている間、ジョージは常に何かを欲しがった。母親は英国で育ったのかどうかを尋ねると、母親は生まれ故郷について話し、勉強するために英国に来たのだと言った。そして、出席しているふたつの授業について話してくれた。ひとつの授業の間はオペアが子どもたちを世話し、もうひとつの授業のときは、母親がすばらしいと感じている託児所に預けるとのことであった。母親は、外出は楽しいがお腹が痛むためにベビーカーを押すのが大変だから、まだハリーと一緒の外出はできないと言った。ハリーは飲み続けており、穏やかでくつろいでいるように見えた。ハリーはほとんど動かなかった。

　母親は小さい子どもたちを教えたいと考えていたが、夫は、妻が大きな声を出すなんてほとんどできないだろうと言って思いとどまらせた。大き

213

第Ⅱ部　観察

な庭つきの家を買ったが、よちよち歩きの子がいたし、再び妊娠していたので、庭仕事はほとんどできなかったと言った。母親は笑いながら、育児は、幼児用のボールとチェーンでうまくいくと思っていたと付け加えた。

　母親は人工乳の話題に戻った。基本的に哺乳瓶では何も飲まず、それによって離乳が難しくなったジョージのやり方に固執したくなかったので、ハリーに夜は哺乳瓶を与えようと考えていた。ジョージは9か月になるまで母乳で育てた。母親はこれがしばりになることに気づいた。生後6週目にジョージを隣人に預けたとき、まさに金切り声をあげた。母親はハリーを預けたいため、預けるにはどのくらいのミルクが必要かを知る必要があった。

　ハリーは再び乳首を口から外した。母親はハリーを抱えて左肩にのせた。このときハリーは脚を伸ばして母親の腹部を押した。母親は不快に感じてハリーを高い位置へと動かした。ハリーはキーキーという声を少しあげ、母親は「耳元でキーキー言うのはやめて」と言った。犬が飛び跳ねながら入ってきた。母親は外に出なさいと大声で言った。ハリーは母親の大きな声に泣き声を出した（授乳の間ずっとジョージの叫びが聞こえていたが、ハリーは気づいていないように見えた）。母親はハリーを胸に戻し、ハリーは穏やかに飲んでいた。

　母親はもう一度、人工乳の話題に戻った。そして、人工乳が正しいと思っている出産育児支援財団のメンバーたちの理想主義について話した。これは非現実的であり、自分ができることをするべきだということをジョージで学んだと母親は思っていた。母親は、ジョージが初めて哺乳瓶から飲んだとき、裏切られたと感じ、「ジョージは家を出ていくし、その次は結婚するだろうと思った」と話した。こう話しながら母親は笑った。母親は、点滴などのために最初の2日間はハリーに授乳ができなかったと言った。看護師が母親の傍らにハリーを連れてきてハリーに人工乳を与えた。3日目に看護師たちは、母親がやってみるべきだと決めていたようだった。母親はそれでかまわなかったと言った。母親の脇に横たわったハリーを枕にもたれさせて、何とか授乳できた。母親は、ジョージの出産後にとても疲れを感じて、精神安定剤を飲まなければならなかったように、今回も抑う

第8章　ハリー

つ的だったと語った。母親は、帝王切開で生まれた他の赤ん坊たちは保育器に入ったが、ハリーはすぐに泣いたのでその必要がなかったと言った。

　バンドの音が遠くに聴こえた。母親はハリーに「音楽を聴いてごらん」と言った。ハリーは吸うのをやめてクックという音を発した。母親はハリーにげっぷをさせるために抱きあげた。母親は「もうおなかいっぱいだと思うよ」と言い、向き合うようにハリーを座らせた。母親はハリーを抱きあげ、おでこにキスをして、後ろ向きに座らせた。ハリーを見ながら母親は「あなたはそう思っていないのね」と言って再びハリーを胸に戻し、ハリーは再び飲み始めた。母親は胸からハリーをおろし、ハリーのお腹に手を乗せて「お腹いっぱいでしょ」と言った。「子豚ちゃん」と母親は言った。ハリーは少しの間吸ってそれから泣き出した。母親は「ほら、お腹が痛くなったのね?」と言いながらハリーを抱き上げて膝に座らせた（授乳に1時間ほどかかっていた）。ハリーはすすり泣いた。母親は起き上がって、ハリーの背中を軽く叩きながら肩にハリーを抱えて部屋を歩いた。ハリーはすぐに静かになった。母親は「私たちが歩き回るとハリーが泣きやむのは、悪くないことだと思う。第二子のことはあまり心配しないものだわね」と言った。母親はもうしばらく歩いて、ハリーを下ろそうと思うと言った。母親はハリーを抱いたまま立っていた。母親が立っている間、ハリーはほとんど動かず、母親にぴったりと抱かれており、片腕をあげて母親のポロシャツの襟をつかんでいた。母親は立ったままで、ハリーは少しあたりを見回していた。ハリーの目は大きく見開かれ、少しの間、私を見つめていた。

　母親はハリーをベビーベッドにうつ伏せに寝かせた。ハリーはすぐには泣かないだろうと母親は言った。ハリーは人が好きで、近くで母親が動き回っているのが聞こえている間はおとなしくしているようだった。ハリーは、数秒頭を持ち上げて、それから目を開けたまま横たわった。母親は、ジョージがこの月齢のときはすでに首の筋肉が強くて、怒って大きな声を出していたと言った。時間になったことを私は伝えた。私たちは階下に行き、さよならと言った。母親は、私が観察に満足したかを尋ねた。私は満足したと答え、お礼を言った。赤ん坊は私が去るときも泣いていなかった。

第II部　観察

　この観察は、ハリーの人生初期の対照的なふたつの様相を描いています。それ
は、眠くて興味がなく、授乳のために目覚めることさえ難しいという面と、ハ
リーの熱心さです。ハリーの吸う力は強く、長く困難な分娩の後でさえも、ハ
リーは保育器を必要としていなかったと母親が感じた、強さでもあります。

　いかに母親がハリーに話しかけたり、優しくなでたりつついたりして授乳する
ように手助けしても、ハリーの集中力がそれていたり、胸に焦点を向けられな
かったりすることも示されています。母親は、ハリーが十分に満たされるまで、
乳房に戻って吸うのを許していました。

　乳幼児観察では、観察者が家族に受け入れられ、授乳を観察するのを許される
ということは、母親が赤ん坊との関係を確立していくのに適した能力があるとい
う母親自身の感覚を証明しているようです。

　しかし、母親が緊張している兆しも見られます。母親の実家のサポートは得ら
れていません。母親は、子どもふたりに対して、大きな声を出すことができず、
教師になるにはかよわすぎると自分のことを見ている夫の見解に対して、抑うつ
的になる感情をふと口にしました。ハリーの出産には母親は失望したに違いあり
ません。というのは、今回は必ずよりよい経験（ジョージの出産より）にしようと段
取りを組んでおり、そのひとつとして、母親は意識的に出産を経験し、覚えてい
ようとしました。母親はそれがより自然な出産を願うことだと思っていました
(Trowell 1982)。

　母親は出産から回復したようで、見たところ、授乳も確立して落ち着いていま
したが、母親としての確信のなさが示されていました。

　母親とハリーは授乳関係が始まったばかりなのに、すでに離乳が母親のこころ
にありました。おそらく、病院では授乳を始めることへの抵抗が認識されていて、
そのゆえに始めるための若干のプレッシャーを母親に与えたのでしょうか。授乳
とその束縛への腹立ちゆえに、ジョージを預けることができなかったことを話し
ていたにもかかわらず、母親はハリーとの関係においてはこのことに気づいてい
ないようでした。母親が描写するように、人工乳は完全な分離を意味する一方で、
ジョージとの授乳は母親に行き詰まりを感じさせました。乳房と哺乳瓶との間を
うまく対処できるやり方の必要性についてとても合理的に話しますが、おそら
く、母乳での授乳が持つ親密さの中でバランスを取るのは難しいと母親は感じて

いたのでしょう。

　観察中の母親の会話は、しばしば間接的に母親の状況に何らかの困難さがあることを示すように思われますが、赤ん坊との注意深く穏やかな関係に自信を持つ母親というような、圧倒されるような印象を観察者は受けます。

　母親は、授乳中の中断をうまく処理でき、何が問題で、何がハリーの苦痛をやわらげるのかが不確かであることに対して余裕があるように見えます。母親は再びハリーに乳房を差し出すことができ、乳房が与えることができるものと、ハリーとの接触を再び確立し、快適さを与えることができる自分の力量への自信が示されているようです。同時に観察者はハリーの泣き声が持つ固有の性質に気づきました。ハリーの泣き声は細々としていてかん高く、心から泣けていないように思われました。とても特徴的なこの泣き方は、観察者に抱かれたときや、頭をのけぞらせて、首を反って大声で叫ぶとき、ハリーが時折見せる激しい怒りによるものとはまったく違うものでした。

生後7週目の観察

　　訪問を約束していた午前11時に呼び鈴を鳴らした。ハリーは午前8時に授乳を終えて、今泣いているが授乳をしたくないと母親は言った。ハリーは4時間から6時間は大丈夫なので、12時から2時の間に授乳になるだろう。観察は12時までになっていた。

　　私が到着したとき、ハリーは大声で泣いていた。母親は、私を中に入れる人手がないので待っていたと言った。母親はキッチンに行き、両手にコーヒーカップを持って現れた。私は、私のために授乳を遅らせてしまっているようだと謝った。母親は、気にしていないし、ハリーに授乳する前にすることがたくさんあると言った。

　　私たちは2階に行った。私たちが部屋に入るとすぐにハリーは泣きやんだ。母親はハリーに話しかけながらベビーベッドのところに行った。「よくないよね」、「なんていけないママでしょう」、「長すぎるよね」。母親はハリーをベッドの足元にあるマットの上にのせ、素早くおむつを替えた。母親は、どのくらいハリーが成長したかを話した。6週目の健診で13ポ

第 II 部　観察

ンド [訳注2] あった。母親が出産育児支援財団の母親たちとコーヒーを飲んだとき、そのひとりが3か月の赤ん坊が13ポンドあって重すぎるとクリニックに言われたので心配していた。母親は、6週目でほぼ同じだと言った。ハリーは母乳とたまにミルクを飲むだけで、他の穀類は食べていないと言った。ハリーは太っているというよりはむしろ背が高くて大きかった。ハリーは、生まれたときはジョージより半ポンド重いだけだったのに、今は同じ年齢のときのジョージより1.5ポンドも重い。これはハリーがより穏やかな赤ん坊だからだろうと母親は言った。

　ハリーは私のいるほうをぼんやりと見ていた。泣くのをやめたが口を開けたり閉じたりしていた。母親は、クリニックに行ったことと、いかに医者が冷淡であったかを話した。その医者は、ハリーはいつも頭を同じ向きにして寝ているのかと尋ねたという。母親はそう思うと言ったが、ハリーはいつもベビーベッドにうつ伏せで寝ていて、仰向けではあまり寝ていなかった。その医者は、ハリーの頭を回転させなさい、そうしなければ頭が不格好になってしまうと母親に言った。

　母親は、怒りの感情を何とか抑えた後、ハリーの頭のことが心配になったと言った。母親は頭を注意深く観察し、損傷の兆しがないことがわかったと私に話した。その週はGPに会わなくてはならず、そこの医者にハリーの頭を見てほしいと頼んだと母親は付け加えた。そのクリニックの医者は、ジョージが2歳の健診のときの医者よりはましだった。母親は妊婦健診のためにGPに行っていた。それはいわばすでに自分のことを知っている人に会うことであり、そのうえ誕生時から子どもたちのことも知っているのでましだろうと思うと話し続けた。

　母親は話しながらハリーを抱き上げて、普段ハリーに授乳する場所へ行った。ハリーは授乳に備えるように、興奮した小さい声を出し、腕を振って母親を見つめた。母親はハリーに左の乳房を差し出した。ハリーはすぐにそれを捉えて、音をたてながら力強く吸った。ハリーは安定したペース

―――――――
[訳注2] 1ポンドは約454グラム。13ポンドは約5900グラム。

第8章　ハリー

で吸い続け、しばらくの間、腕と脚はじっと動かなかった。それからリズムがなくなり、吸引は時々途切れて、手足が動いた。ハリーは結局は乳房から離れて泣き出した。母親がハリーを座らせるとすぐにげっぷをした。ハリーは少しの間、抱えられたままの状態で、ぼうっとしているように見えた。ハリーの頭は前に少し揺らいだ。母親はハリーの背中を軽く叩くために肩にハリーを持ち上げた。ハリーは抵抗して声をあげて泣いた。母親は同じ乳房にハリーを戻した。ハリーは幸せそうに規則正しく吸い、その後、もう十分飲んだでしょと母親が言い、乳房からハリーを外した。ハリーは抵抗しなかった。

　母親は、ハリーを抱き上げげっぷをさせた。ハリーはげっぷをし、かなりの母乳を出した。母親は、ハリーが病気のときにいかにジョージが泣き、ハリーはそれに耐えられなかったと話した。犬が池の中に小枝を取りに行ったとき、「幼稚園」の話題に触れた。母親は、キッチンでジョージが泣いているのを聞いていた。母親はどうしたのか見に行き、「犬が水に入った」と声をあげて泣いていた。母親は、ジョージは誰かが水の中に飛び込んだり跳ねたりするのを見るのが耐えられないのだと言った。母親が話している間、ハリーは頭を後ろに引いて母親の顔を見た。母親を見上げながら腕に抱えられて静かにしていた。ハリーは、かなりじっとしていた。母親はハリーに微笑みかけ、微笑み返させようとした。ハリーはなかなか決心できないのだと母親は私に言った。

　授乳の始まりのとき、ジョージはベビーベッドの中でひとりでしゃべっていたが、断続的にすすり泣いていた。ハリーがまだ母親の顔を見つめているとき、母親はハリーの向きを変えて、右の乳房にハリーを持っていった。ハリーはすぐに乳房をとらえ、ほんの少しの間、規則正しく吸った。ハリーが休むと母親は「げっぷしたかったのね」と言って、げっぷをさせるためにハリーの上半身を起こした。ハリーはすぐにげっぷをした。母親は、先週のげっぷの問題は、今週の初めにはなくなっていたことと、ハリーは午後7時30分に夜の授乳をして、それから次は午前1時か1時30分くらいで、その次は午前7時か8時くらいに授乳することになっていると言った。母親は嬉しそうに、すぐにでも深夜の授乳を避けるように変更し

第II部　観察

たいと言った。

　母親の膝に座っている間、ハリーは辺りを見回していた。ハリーの目はベビーベッドの上の大きな窓から両親のベッドの横の小さな窓をさまよっていた。どちらも長くは見ていなかった。最終的にハリーの視線はベッドサイドランプのかさに定まったようだった。母親は、ハリーがそれを見ていることを確かめた。それは、トランペットの形をしていて、その先端に電球がついていて、他の部分とは異なるベージュ色をしていた。母親は、「それはあなたが今まで見た中で一番すばらしいランプなのかしら？」とハリーに言った。ハリーは母親の声で注意を逸らされることはなかった。母親は、時々暖房の前の床にハリーを座らせて、そばに雑誌を立てかけると、ハリーは女性の顔の写真をじっと見つめているのだと私に言った。ハリーはそれを母親、もしくは、少なくともママのような人だと考えているに違いないと思うと母親は言った。ハリーはそれを見つめてのどを鳴らした。ジョージは嫉妬して、その雑誌は自分のだと言い張った。母親は、ハリーがじっと見るのを邪魔して、乳房に戻した。私にはハリーの吸う音は聞こえず、眠そうに見えた。

　このとき、父親が犬を連れて入ってきた。父親は私に話しかけた。犬は私に近づいてきて、私から離れるように言われた。犬は繰り返し戻ってきた。私の注意はハリーから完全にそらされた。ジョージは隣の部屋で哀れっぽく泣き続けていた。母親は、父親にジョージを見てほしかった。母親は、「大きな銃を外に出して」と、私に言った。父親が部屋を出るとき、母親はジョージを見に行ってと大きな声で言ったが、父親はもう聞こえないところにいた。母親はハリーを乳房から外して抱いた。すぐに母親は「私が行ってジョージに話さなくてはならない」と言った。母親はハリーをビニール製のマットの上にうつ伏せに寝かせて部屋を出ていった。母親のジョージへのきつい声がけと脅しが聞こえてきて、その後、母親の声は低くなっていった。

　ハリーは、幸せそうに喉を鳴らし、頭と肩を持ち上げた。ハリーはあたりを見回した。ハリーは私を見て、それから私の左肩越しに、壁に描き出された太陽光の模様を見た。そのあと、ハリーは目を大きく見開いて窓を

第8章　ハリー

見つめていた。母親が戻ってきて、ジョージは子ども用ベッドの敷物を投げたら届かなくなり、惨めな状態になっていたと私に話した。母親がベッドに腰かけたときハリーの視線は窓にあったが、マットの上で頭を動かして母親を見た。それからまた頭を持ち上げて、再び窓をじっと見た。ハリーはたくさんの母乳を吐き戻した。母親は「私はあなたにもっと飲みたいのって聞いたよね。でもあふれるほどお腹いっぱいのようね」と言った。ハリーはまだ頭と肩を持ち上げていて、泣き出しそうにキーキーという声を出した。母親はハリーを抱き上げてベッドの上にゆったりと座り、座ったままの姿勢でハリーを揺すってあやした。ハリーは気持ちよく母親の中に横たわった。ハリーは眠そうだった。母親がわずかに振り返ったとき、ランプがハリーの興味を引き、ハリーはそれを見つめたが、以前のような集中力はなかった。母親は「あら、あなたのランプが気になったのね」と言った。母親は、少し眠れるように降ろすわよとハリーに言った。母親はふざけた感じでいびき音を発してハリーを揺すった。母親はハリーをベビーベッドに連れていった。母親がハリーをベッドに降ろすとき、目は大きく開かれて母親を見た。ハリーはあくびをした。ベビーベッドの中でハリーが頭と肩をまっすぐ持ち上げたとき、頭越しに私を見た。母親は「あなたは私たちにあなたができることを見せているのね」と言った。ハリーはあたりを見回し、そして横たわった。目はまだ大きく見開かれていた。ハリーはぐずぐずと泣き始めた。母親は「それで私を試そうとしても無駄よ。私が気にしないのを知っているよね」と言った。母親は部屋から出た。ハリーは今や大声で泣き、蹴り、手でシーツを引っ張った。首から上の部分はまさにピンクになった。母親はすぐに戻ってきて、それから私たちは部屋から去った。

　観察は、母親のハリーとの関係における明らかな変化のはじまりを示していますが、母親がハリーと一緒にいるときといないときとの、ハリーに対する母親の態度の著しい対照をも表しています。ふたりが離れているときは、母親はすっかりハリーから切り離されているようであり、ハリーの苦痛に無関心であり、自分自身の活動に心を奪われているように見えます。ひとたび再会すれば、母親は再

221

第Ⅱ部　観察

びハリーに共感して、ハリーが欲しているものに気づいているようです。これは、ジョージのときの母乳と人工乳について母親が話すこととの繰り返しであり、どちらの場合も母親の経験は二極化されていたようです。

　これは、特異なことではありません。物事のパターンとなっていました。観察者は、訪問時、ハリーが1時間以上泣き続けていると言われたことが時々ありました。こうした変化をどのように理解すればよいのかわかりません。母親が、泣いているハリーから離れるように意識的にしているようには見えません。それよりも、母親は自分がしていることにほぼ気づかずに、そうしたことが起きているように思えます。このような状況でなされた観察がどのような役割を果たしているのかもはっきりしません。観察者の利益のために授乳が遅れているようには見えない一方で、こうした極端さが劇的に、そして繰り返して示されたことは際立っています。

　長く待たされているにもかかわらず、ハリーは乳房を差し出されたときすんなり受け入れます。それから少し経つと、ハリーの吸うリズムが乱れ、乳房から後ろに引き、泣き声を発します。おそらく、腸内ガスによる痛みでしょうが、長い待ち時間の不満と苦痛の瞬間がハリーに取り戻されたのかもしれません。長い間、ハリーは母親の顔をじっと見つめており、それはまるで、母親との接触を再確立するかのようでしたし、おそらく母親の様子をしっかりつかもうとしていたのでしょう。またあるときには、ハリーは、母親や母親の声よりもむしろ灯りをじっと見つめています。ハリーの灯りへの愛着に母親も気づいていました。

　この観察は、ジョージを扱う際に母親が抱えていた困難さについての考えも示しています。観察の最初の1か月間、ジョージの不在は顕著でした。ジョージの気配、もしくは幼児が生活しているという気配はほとんどありませんでした。ジョージとの関係は双方向的に破壊的だと母親が感じていたいくつかの証拠が見られました。第二子とは調和のとれた関係を持ちたいという母親の願いゆえに、ジョージを締め出すことになったのかもしれませんし、"扇動者"のようなジョージの気質によって物事がかき乱されることを母親は怖れていたのかもしれません。

　ハリーが生後9週目のときの観察で、観察者は次のような全体的な考えに気がつきました。すなわち、ハリーへの母親の接触はより表面的であるということで

第8章　ハリー

す。表面上は、母親は愛情に満ちていましたが、ハリーへの接触はより少なく見えましたし、たとえば、授乳の間、ハリーが快適ではない体勢であっても気づいていませんでした。母親はより内にこもっていました。私との会話への要求は増していました。母親は社会との接触について頻繁に言及しているにもかかわらず、私は母親の孤独と孤立を感じました。母親の家族と海外での生活経験について多く話していました。夫は仕事で家から離れていることが多いことも明らかになっていきました。

　この観察記録には、母親が実際にハリーと一緒にいるとき、ハリーに対する母親の態度が変化する点に観察者が気づいていることが記されていました。母親がハリーから離れているときには、すでに記されているパターンに従います。観察の中で、結婚式に行っている間、お隣にハリーを預けていたことを母親は話題にしました。ハリーは哺乳瓶からミルクを飲み、ずっとご機嫌でした。後者については愛情たっぷりに語られました。

　母親は、表面上はハリーが容易に哺乳瓶から飲んだことを喜んでいましたが、実際は拒絶として経験し、母親の引きこもりを刺激し、孤独と孤立の感情を激しくさせていたようです。母親の矛盾した感情は、母親を痛々しいほど混乱させていたのでしょう。

　ハリーが生後11週目のとき、観察者はハリーが母親の乳首を噛み、母親がそのことから引きこもろうとするのを初めて見ました。これは、授乳のとき、母親がハリーに集中できなくて、そのためハリーが落ち着かなかったときに生じました。3週間後、観察者は、ハリーがまた乳首を噛んで、そして吸いながら、母親の顔を探るように見上げているのを見ました。このとき、母親は離乳するとハリーを脅しました。これは、ジョージの妨害にもかかわらず、授乳がかなり快適に見えていた間のことでした。しかし同じ授乳の間に、母親を無視した女性販売員に商品を投げつけたという出来事が話されました。このことは、母親の抑制が働かなくなっていることを明らかに示しているように思われました。

生後約14週目の観察

　　ハリーは動かず落ち着いて授乳されていた。それから、腕を挙げて手で

第Ⅱ部　観察

探索し始めた。このとき、手を右の下側にある乳首まで持っていき、カップのように丸まった形になった指で乳首を時々つつきながら、そこに手を置いたままにしていた。ハリーの脚はほとんど動かなかった。授乳が終わりにさしかかったとき、母親は「痛い！」と叫び、乳首を引っ込めた。ジョージは振り返ってふたりをじっと見ていた。母親は「こらこら」と言ったが、ハリーに笑顔を見せて頬をつつき、ハリーは笑い返した。母子はしばらくの間こんなふうに顔を見合わせて微笑み合い、そしてまたハリーは飲み始めた。

　ハリーが繰り返し噛みつくのは、母親の閉じこもる気分への反応であるのか、逆もまたしかりなのかわかりません。いかにハリーがたやすく哺乳瓶を受け入れたかを母親の説明が示していたように、自立、もしくは母親の閉じこもりへの適応のためのハリーの早くからの努力は母親の抑うつが原因であったかもしれず、あるいは、それゆえに生じたのかもしれません。重要なのは、このような痛々しい経験が、母子の間でいくらか認識されていて、母親がその経験について考えられるかどうか、あるいは、互いに微笑み続けることによって、母子が共謀してそんなことは起こっていなかったふりをするかどうかです。こうしたことによって、母親と赤ん坊の両方が混乱したままになりがちでした。

生後約21週目の観察

　ハリーは5分くらい母乳を飲むと、頭を後ろに下げて窓のほうを見た。母親は「やだわ、またおむつを汚したのね！」(授乳中に排泄するとハリーは集中力を失うことが多いが、実際、通常生じる落ち着きのなさではない)。
　母親は、ハリーの脇をやさしくつつくが、ハリーは窓にくぎづけのままだった。母親はハリーの頭を持ち上げようとしたが、ハリーは抵抗した。母親はハリーを乳房に戻そうとしたが、ハリーは大きくのけぞった。ハリーの顔が乳房に近くなったとき、口を吸うように動かし始めた。実際に乳首を捉えて、授乳を続けることに気持ちが動いたように見えた。ハリーは少しの間吸い続けたが、徐々に乳房への興味を失った。頭は後ろに下が

第8章　ハリー

> り、窓をじっと見つめることに戻った。母親は何度かハリーの頭を優しく
> 持ち上げ、わずかにそれをぐいと動かしたが、ハリーはじっと見つめたま
> まだった。そのとき母親はとても荒々しくハリーの上体をまっすぐに起こ
> した。ハリーは青ざめて、唇は一瞬青くなった。ハリーはとても動揺した
> ように見えた。

　母子の間の苦闘は観察の間中続きました。私は、ハリーの粘り強さに感心しま
した。授乳の最後を私は観察しました。

> 　10分ほどの穏やかな授乳のあと、ハリーは頭を動かして、窓の外を見
> つめた。母親は強制的にハリーを乳房に戻した。ハリーはちょっと吸って
> から、再びじっと見ていた。母親は、ハリーはそんなにお腹がすいていな
> いようだ、強要しないと言いながら再び荒々しくハリーを持ち上げた。ハ
> リーは母親の膝に座り、げっぷをした。ハリーはぼんやりとしていて茫然
> としているように見えた。以前、じっと見ることを中断されたときほどび
> くっとしてはいなかった。

　母親は、自分へのハリーの欲求が明らかで無条件に思えた初期の授乳の間は、
ハリーに繊細に接触できていました。このような状況では、授乳中のハリーの要
求や喜びは、よい母親としての母親のアイデンティティを支えているように見え
ました（授乳の合間とは対照的に）。このように、母親の幸福感はある意味ハリーに左
右されていました。ハリーが発達するにしたがい、避けられない変化が母子に明
らかとなり、このような変化がもたらす痛みの衝撃、すなわち、離乳に向かう段
階の痛みに誰が耐えるのかということが重要になってきます。母親とハリーの最
初の関係は、赤ん坊の要求に現実的に気づくことに比べて、自己理想化の程度が
大きすぎることが特徴でした。そのため、最初の観察から離乳について母親は話
していましたが、離乳の痛みへの準備は実際にはできていません。

　ハリーが乳房から顔をそむけることは、授乳に関してのハリーの変化の反応で
あり、離乳の始まりのように思えました。次の観察は、離乳食に対するハリーの
最初の反応を示しています。

第Ⅱ部　観察

生後18週目の観察

　　母親はハリーの前にしゃがみ、6、7さじほどをマグカップからハリーに
食べさせていた。ハリーは、スプーンを吸う音をたてながら、嫌がらずに、
しかしあまり気が乗らない様子で食べていた。ハリーは喜びも示さず、自
分の前で手を握りしめていた。最後の2さじのとき、スプーンを激しく吸
い、少しの間、口の中に貯めていた。母親はハリーに食べさせながら話し
かけ、ハリーは時々母親の顔を見上げたが無表情であった。マグカップが
空になったとき、母親は湿った布でハリーの顔を拭き、2、3分離れ、それ
から私たちはリビングに移動した。この間、ハリーは椅子にじっと座って
いた。

同じ観察の後半、授乳に続くげっぷをしました。

　　母親はタオルの上にハリーをうつぶせに寝かせ、手の届く範囲にアーチ
状のおもちゃを置いた。ハリーは少しの間、頭を上げて、両足を動かし、
おもちゃを引き寄せたり離したりしていた。母親がハリーに話しかけたと
き、ハリーは身体を持ち上げて母親を見た。ハリーは少しも楽しんでいる
ようには見えなかった。笑い声や発声もなかった。母親は高い声で話した
り、おもちゃを鳴らしたりしていた。ハリーは音のするほうに顔を向けた。
ハリーはげっぷをしてから2回少し吐いた。この後、ハリーは少し元気に
なり、おもちゃに手を伸ばした。母親は私に、ハリーは最近おもちゃをつ
かんで吸うことができるようになったと話した。観察終了時間となり、ハ
リーは少し元気になるだろうかと心配しながら、私は残念な思いを持ちな
がら立ち去った。

　この観察では、ハリーは自発性が失われてしまっており、少し抑うつ的になっ
ているように見えました。これはおそらく、喜びもなく食べた新しい食べ物への
ハリーの反応の一部でしょう。ハリーの顔はうつろで、食べた後もじっとしてい
ました。授乳のあと、ハリーは不愉快で不快な感覚を自分自身から取り除かなく

第8章　ハリー

てはならないように見えました。それは新しい食べ物と関連しており、自由に遊ぶことができると感じる前に、げっぷや吐くことによって取り除かなくてはならないようでした。観察者が去るとき、ハリーはまだ抑制されていました。

　しかしながら、食事の変化は発達に拍車をかけ、好奇心を刺激していました。ハリーは外側と内側の両方に他の喜びを探していました。外側については兄の遊びや自分の背後を見ることであり、ハリー自身の内側については、窓や窓を通してじっと見ることでした。後者は長く確立された習慣であり、授乳に引き続いて生じるものであり、ハリーが経験を消化し、再現し、精神的に経験を手放さないでいるように思われるものでした。20週目の観察で、ハリーは母親に無理やりこのプロセスを奪われました。ハリーの夢想はさえぎられ、引き戻されて、拒まれたと感じて憤る母親に向き合わされます。ハリーがじっと見ることをついには中断されたとき、ハリーが手を伸ばそうとすることや探索は止まったように見えました。それらは容認されないことが証明されているので、ハリーは諦めます。離乳によって引き起こされたこころの痛みを伴う感覚を和らげることは母親には難しいようです。というのは、このようなハリーの発達によって母親は迫害されたと感じるために、発達として理解することができず、赤ん坊の成長がもたらし得る安堵と喜びが奪われているようです。

　この時期以後、乳房に対するハリーの興味は、徐々に減っていきました。ハリーはふたつの態度の間を揺れているように思われました。それは、ハリー自身の離乳への欲求と、絶大な力を有して乳房をコントロールし、思い通りにする欲求でした。優勢なのは前者であり、それは新しい対象物を発見する興味と喜びによって、また、自分の体をコントロールできるというハリーの成長によって支えられていました。これは、自然に生じた発達として見なせましたが、特徴的な性質も見られました。ハリーの成長は母親には強いこころの痛みを伴うものであったため、ハリーが自立していくことは母親との愛情に満ちた接触によってもたらされたプロセスではありませんでした。

生後28週目の観察

　　母親はハリーを抱いてやって来た。母親は玄関口で止まり、ハリーを私

第II部　観察

のほうに向けてくれたので、私はハリーを見ることができた。ハリーは大きな目で、まばたきもせず私をじっと見続けた。母親はハリーを椅子に座らせるために連れて行った。ハリーは頭を回して、私を見つめ続けた。母親は椅子にハリーを下ろし、私は近寄った。ハリーは椅子の前方に座り、ひたすら私を見つめ続けた。……母親は食べ物を持ってハリーの前にしゃがんだ。ハリーは母親のほうを向き、表情は完全に変わっていた。ハリーは微笑み、うつろで固まっていた顔は柔らかくなり活気づいた。母親はハリーに食べさせるために椅子のうしろにもたれさせようと、ハリーを動かした。ハリーは顔をしかめて不機嫌そうにうつむいた。ハリーは最初の一さじが口に入るまで顔をしかめていた。ハリーは進んで食べた。時々、とても興奮して腕を振りながら身体を上下に揺らして、クークーといったご機嫌な声を出した。母親は、昨日のように私たちは「肘鉄」を食らうかもしれないわ、と言った。「食べ物にとても興奮するのね」とハリーに注意した。ハリーは数回それを繰り返し、そのたびに母親は食事を与えるのを止めて、「ほらほら」と戒めるように話しかけ、ハリーの動きが止まったときだけ食べさせた。

　この観察では、観察者が現れたときにハリーは観察者をじっと見つめ始めました。同時に、ハリーは驚くほど熱心に、また喜びながら母親を見て、母親に微笑み、柔らかい表情を示し続けました。このように、ハリーは対立する感情を切り離すことができたようです。母親は、ハリーが自立していくことや乳房と母親以外の物事から楽しみを得ることに対処するのは難しいと感じていました。ハリーは、母子が体験する、より大きな分離に母親が耐えるのが難しいことに反応して、母親のよさや望ましさに自信を持たせようとしているように見えます。こうすることによって、ハリーは、母親から離れ、ひょっとしたら起こり得る母親からの報復を避けることができます。それは、食事を与えられる前にハリーを動かした母親に対して怒ったとき、ハリーは顔をしかめますが、母親を見るよりはうつむいたときのようにです。ハリーは自分の怒りを受け止めるには、母親はあまりに脆くて危険すぎると見ているのでしょう。

　この食事の状況では、母子は授乳のときよりも分離しています。ハリーにとっ

第8章 ハリー

て乳房を失うことは発達を促すように思われました。ハリーは自分には背骨があると気づいていました。自分自身が持つ強さの感覚は、ハリーの座り方や、より受け身的な姿勢にさせられることへの抵抗の仕方で示されています。母親にとっては、ハリーがより自立するということは、母子が今や完全に分離して、母親がもはや必要とされないことを意味しているようです。母親は、ハリーの食事に関する興奮に我慢できず、冷淡で懲罰的になります。この時点では、ハリーのさらなる発達のために励ますことはほとんどありません。

おわりに

　母親は、感情を率直に話すこともありましたが、有能だという感覚をかき集めて、物事をうまくやっていると自分自身や他の人たちに思わせているように見えるときもありました。こうした経過は最初の観察のときに現れました。「できることをやればよい」ことを母親はわかっている一方で、出産育児支援財団の他のメンバーたちの理想主義的な見方について話していました。母親は、第二子への対応の仕方を知るのは第一子よりは簡単だとも言っています。母親の有能感は、第一子の母親である、出産育児支援財団の他のメンバーや、第一子の母親としての自分はそうではなかったと信じていることによるようです。それは観察者の存在によっても強められているようにも思われます。すなわち、母親は観察者に対してよい母親像を演じることができ、それによって、対処できるようでした。しかしながら、母親と子どもたちとの間に生じる多くの難しさを目撃し、感情の急な変化による緊張を観察者は感じました。

　脆弱さや無能感は別のどこかに置かれており、母親自身の脆弱さが最初に影響した後、母親は母子が遭遇している困難さを示す多くのことに気づくことができないことが時々あると観察者は感じました。振り返ると、最初の数週間、ハリーが思い切り泣くことができなかったのは、ハリーの怒りや痛みに満ちた経験に母親が対処できないとハリーが経験したからだと考えられるかもしれません。泣いているハリーを長い間母親が放っておいたことに観察者は気づいていたにもかかわらず、そのことが暗に示していることを理解してはおらず、注意深い母親だと

第Ⅱ部　観察

思っていました。こうしたことを認識する痛みを観察者が回避したのは、母親自身の回避によって強められたり、そう促されたりしたのかもしれません。後に母親の中で再び強まったこうした感情を伴った激しさ、そして、ハリーが生後5か月の観察において観察者が驚いたようなやり方は、母親と観察者の両者の気づく能力の程度が低下していたことを裏づけるだろうと思われます。

　多くの観察においてハリーの授乳で顕著だったことは、注目に値することでもあります。おそらく、訪問のタイミングが一因となっていたのでしょうが、母親は授乳のタイミングをコントロールしており、授乳をうまく切り抜けることが母親にとっていかに重要かを伝えたかったようです。母親はおそらく、第二子とは自分と赤ん坊の要求がより合致することを望んでおり、ジョージとの間でうまくいかなかった感じが繰り返されるのを非常に恐れていました。離乳のある程度の困難さは、ほとんどすべての母子によって経験されますが、母親とハリーの状況は極端でした。ハリーの発達と分離に向かう内的な力は、依存している赤ん坊との調和した関係を求めるハリーの母親と、痛々しいほど対立していました。

　この観察は、第1章で言及されている、扱いにくい逆転移反応のいくつかを例示しています。また、家族内に継続している心理的な問題に観察者が無意識的に引き込まれているかもしれない例も示しています。子どもたちとの関係の調整を助ける第三者を母親は求めていましたが、とても忙しく不在がちな夫にも他の親戚たちによってもかなえられませんでした。そして、観察の最初の1年間は、観察者が助けになる外部の人物として、ほとんど機能できなかったと思われることに注目しておくのは興味深いことです。

　ハリーの観察2年目の間、家族の状況は悪化しました。母親はついに精神的に参ってしまい、しばらく薬物治療を受けました。そして、観察者が訪問を終了してほどなく、心理療法を求めました。数年に渡って母親は観察者との接触を継続し、母親か子どもたちのいずれかが困難なときには援助を求めました。

第9章

スティーブン

　スティーブンの父親と母親は、30代前半の夫婦でした。結婚から約4年後、第一子カレンが生まれました。カレンが3歳のとき、第二子となるスティーブンが生まれました。父親は不動産売買に携わっており、母親はカレンの出産後、働いていませんでした。母親はかつて店員兼事務員として働いており、仕事が好きでした。両祖父母は離れた農村で生まれましたが、母親は幼少期のほとんどを都市で過ごしました。父親は大人になって地方から出てきたため、話し方には訛りがありました。

　家族は、個人で借りた古いビクトリア様式の家の最上階部分に住んでおり、入り口と階段は少し古びていました。部屋は掃除が行き届いており、整然としていました。入り口から奥までは非常に長くとても暗い廊下が続いていました。赤ん坊は数週間、両親の寝室で眠り、その後は姉と同室で寝ました。家族が住む最上階は屋根裏部屋であり、セントラルヒーティングがなく、冬はジメジメとして肌寒く、夏は日差しが強くて非常な暑さでした。

　母親は午後12時半に入院し、スティーブンが生まれたのは午後3時でした。私は出産時のことについて、母親が正常分娩で安産だったと話していたことと、4日後に退院したことの他にはほとんど知りません。母親は看護実習生から「事例研究」への協力依頼を受けていましたが、あまりにも早く退院してしまったために叶わず、残念がっていました。このことは、私が赤ん坊を観察させてほしいと依頼するために保健師と一緒に訪問したとき、母親が温かく迎え入れてくれたことと関係していました。母親はとても喜んでいました。母親はその訪問時、夫が赤ん坊の誕生について大変混乱していて、交感神経が活発になり緊張が高まっ

ていて、おなかの調子を崩しているということを教えてくれました。父親はその日は仕事に行かず、落ち着いて新聞やテレビを見ることもできませんでした。

　私が最初に家族を訪問した次の週、赤ん坊は離乳させられました。赤ん坊は生後4週目でした。私は後に、この時期母親の親しい友人が亡くなっていたことを知りました。保健師によると、母親は前の晩に落ち着かない様子だった赤ん坊を離乳させたがっていたということでした。母親は眠っている赤ん坊に、「あなたは大丈夫よね？　昨日の夜は調子が悪かったけれど、今は気にしていないわよね？」と言いました。母親は哺乳瓶のミルクを時々与えていたために、自分は赤ん坊に十分に与えることができていないと信じ込んでいました。それに加えて授乳が姉の毎日の保育園への送り迎えを妨げていたために、とにかくスティーブンを離乳させなければなりませんでした。母親が授乳を始めるとすぐに、カレンが注目を求めたり、パンツを履かせてもらいたがったり、トイレに連れて行ったりすることを要求したため、母乳での育児はとにかく困難でした。保育園の前でダダをこねたり、テレビの力を借りることもあまりできないときには、カレンを大人しくさせることは不可能と思われました。

　翌週、私にとって初めての正式な観察日に母親に会ったとき、母親は親友が亡くなったことを告げ、近日中に親友の葬儀に行くと教えてくれました。同時に、母親は夫が登記所にまだ赤ん坊を登録しに行っていないと言い、「あなたの名前はスティーブンになるのよ、ね？」と赤ん坊に話しかけました。母親はやや放心した様子で、悲しそうに言っていましたが、腕の中の赤ん坊に心を奪われてもいました。母親は、父親は思いやりがないことについて赤ん坊に時折話しかけていました。

生後4週目の観察

　　スティーブン（携帯用の赤ちゃんベッドにいた）は動き始めた。かゆそうに頭をマットレスにこすりつけ、眉をひそめた。おしゃぶりは口から落ちていた。顔は赤くなり、軽いうなり声を上げた。ほとんど自分の体を持ち上げるようにして丸まっているように見え、左側に倒れて泣き出し始めた。スティーブンは喉の奥から激しい泣き声を上げ、苦しそうにあえいだ。母

第9章　スティーブン

親は泣くのを数分間放っておき、私に「たぶんまたお腹が空いたんだわ」
と言った。最後に授乳したのは２時間前だった。母親はスティーブンを抱
き上げながら、「この子はカレンがそうだったように抱っこしてほしいの
よね」と私に言った。母親はスティーブンを毛布にしっかりとくるみ、肩
に抱き抱えてから少し離して見た。スティーブンは、しばらく明かりを見
つめると、顔色はより青白くなり、泣きやんだ。口を開き、息を飲んでい
るようだった。母親は腕を曲げて抱き、赤ん坊の手に触れると「手が冷た
いわね」と言った。……ベビーベッドに戻ったスティーブンは、おしゃぶ
りを一定のリズムで吸い、それから急に吸うのをやめて静かになった。母
親は、スティーブンはおそらく寒かったのだろうということ、今日はカレ
ンの誕生日だということ、友人の葬儀は木曜日になり、スティーブンはそ
の日に登録される予定だということを話していた。母親は育児書に書いて
ある通りに、赤ん坊がどこでも、「取り散らかった状態」であっても寝るの
はすごいと付け加えた。「なにせ、赤ん坊たちは９か月間お腹の羊水の中
を泳ぎ続けてきたんだもの」。母親は子どもを産むまで、子どもを欲しい
とも思っていなかったし、子どもが好きではなかった。「子どもを持つと
違ったわ。あなたも子どもを産んだらわかるようになるわよ」……。

　その後リビングでスティーブンは携帯用ベビーベッドで寝ていたが、絶
えず動いているようだった。目はまぶたの下で動き回り、右手を強く頬に
押し付け、まるでそれを止めるすべはないかのようだった。母親が台所か
ら戻ると、さらに目をぐるりと動かしているように見えた。母親はス
ティーブンとおしゃぶりを愛情深い眼差しで見て、「ダミー（おしゃぶり）
なんて悪い言い方ね」と言って、古風な言い回し、「コンフォター（おしゃぶ
り）」のほうが好きだと言った。そのほうが、その役割を正確に表現してい
るためだった。母親は、赤ん坊は手や人の体やおしゃぶりなど、どんな物
でもしゃぶってしまうのだと言った。カレンはスティーブンに近づくと、
「スティーブンが私のことを食べている」と言う。母親が結婚する前、母親
の従妹の赤ん坊は突然離乳させられ、何かがうまくいっていなかった。そ
の赤ん坊はよく母親の乳首をしゃぶっていたのだが、母親は恥ずかしがり、
夫がいるときには赤ん坊を抱こうとしなかった。

第Ⅱ部　観察

　さて、私の初回の観察では、突然離乳させられた赤ん坊たちに生じる問題について述べられていましたが、まさに、この母親自身の赤ん坊が1週間も経たないうちに唐突に離乳させられていました。母親は赤ん坊が何でも食べたがること、どれくらい寒いかということや、おしゃぶりの必要性について気を取られていました。母親の話し方は、感情を交えず平板で、事実に即しているかのようであり、それはまるで一見、赤ん坊が必要とするものや、どのように世話をしたらよいかをたやすく理解しているかのようでした。それは母親の典型的な話し方なのだと私は次第にわかってきました。他のヒントもありました。唐突な離乳についてほのめかされていたこと、そしてその影響についての不安と関連があると思われることは、おそらく、母親が母乳による育児が好きではなかった、あるいは恥ずかしがっていたのかもしれないということでした。母親の「悲しみ」は、わずかなヒントだったかもしれませんが、それは母乳による育児をやめたことや、あるいは親友の死と関連しているかもしれません。また、この観察の最初のあたりで、母親は、「自分は眠っている赤ん坊を見るのは苦手で、月齢が2、3か月進んだらもっと興味が持てる」と確かに話していたことから考えると、私は、母親が非常に小さくて脆弱な赤ん坊に気持ちを集中するのは難しいこと、そしておそらく観察者である私に対して、スティーブンに対してと同じくらい自分に関心を持ってほしいと言おうとしていたのだと思いました（母親は「事例研究」になりたがっていました）。その日の観察の最後には、カレンが遊びに行っていた階下から戻ってきました。その日はカレンの誕生日でしたが、カレンと母親は、お祝いするのを待っているようでした。母親が言うには、カレンは母親に「私のお誕生日会はいつ？」と尋ね続けたそうです。誕生日会は、後でカレンと母親が自分たちだけでやる、ワクワクするお楽しみとしてずっとお預けにしていたようでした。

　今後の観察は、この最初の観察と何らかの方法でつながるものです。これ以降の観察を見ていき、この母親と赤ん坊が、お互いにぴったりとかみ合う方法をどのように見つけるのかを検討したいと思います。

　赤ん坊はすでに「よい子」と言われていましたが、それは赤ん坊が「気にしないで」、喜んでおしゃぶりを吸い大人しくしているという意味でした。スティーブンはすでに、夜、よく眠っていました。ほとんど不満を発しない赤ん坊へとあっという間に成長していました。めったに泣かず、母親の頻繁な出入りに耐え

第9章　スティーブン

るようになっていました。スティーブンは、姉が母親との時間を要求することに対して辛抱強く、ふたりの間で自分は何ができるかをわかっているように見えました。

　以下の抜粋には、スティーブンがどのようにして自分自身をコンテイニングする独自のやり方を発達させたかを示す素材が含まれています。非常に独特な方法で哺乳瓶に愛着を示すようにもなっており、それはひとりの人間としてスティーブンが授乳中に母親に向ける愛着とはどこか異なっていました。

　同様に母親は、スティーブンの母親への関心がどのくらい特別で際立ったものなのか、母親に最初の微笑みを見せてくれたのはいかにめずらしく、毎日他の人たちにはいかに簡単にスティーブンが微笑むかということで、頭がいっぱいでした。母親は度々、スティーブンが明らかに母親ではなく、哺乳瓶がいかに大好きであるかについて口にしました。母親はこのことについて、母親を悩ませる「何か」があることに気づいていたものの、それ以上考えようとしませんでした。母親はスキルと優しさでスティーブンを世話し、身体の健康を心配し、しばしば自分自身の疲れを訴えました。

　母親は赤ん坊の身体的な状態や、寒がっているかどうかや、お腹が空いていたり疲れていたりしないかについて主に心配しているように見えましたが（上記参照）、スティーブンは哺乳瓶を求めるとき以外はめったに強い反応を示しませんでした。スティーブンはほとんど泣かず、めったにぐずりませんでした。母親がいてもいなくても、容易に自己の内に引きこもり、自身の活動に没頭しました。スティーブンは誰にでもすぐに笑顔を浮かべましたが、ほとんどの場合、いかなる激しい感情もめったに示すことはありませんでした。

　その後、生後5週目の終わり頃に発達が見られました。母親が行うおむつ替えは大変特別なものとなり、頻繁に母親の発言に出てきました。こうした時間は、赤ん坊の授乳時において温かさと親密さが欠けているのとはかなり異なっているのが特徴的でした。

　次は、翌週の赤ん坊の授乳中の様子です。

第II部　観察

生後6週目の観察

　　赤ん坊は母親の腕の中で、とても静かにじっとしている。私は母子の側でソファに座っていたが、カレンが飛んだり跳ねたり、おしゃべりしたりするのが騒がしく、赤ん坊の授乳を見るのは難しかった。赤ん坊は対照的にとても眠そうで、まばたきしたりもしていたが、ほとんど目を閉じ、お腹のあたりで両腕を交差させている。母親は哺乳瓶で授乳した後に赤ん坊にげっぷさせることができず、カレンは絶えず私にゴム製の輪をキャッチして投げてほしがり、周囲を飛び跳ねている。再びミルクが与えられると、じっとしていて眠そうな赤ん坊は哺乳瓶から一定のリズムで静かに吸い、外側を見つめていて、母親からは視線を離している……。

　　コーヒーを作るためにカレンと一緒に母親が離れたとき、バウンサーの中で赤ん坊はドアに顔を向け、静かなまま、手をわずかに曲げる。10分ほど経つと、赤ん坊の手の動きはより顕著になり、まるで逃げようとしているかのように見えた。カレンは戻ってきてソファに乗ろうとし、私に「幼稚園でもパンツを履くことができるのよ」と言い、でんぐり返しをしてパンツを見せ、小さなスツールにまたがる。いつものようにテレビはついている。赤ん坊は両手を動かしたまま、不満そうな声はあまりあげない。母親が戻ってきて、カレンは背後からバウンサーに近づき、赤ん坊の頭を押す。母親が注意するもカレンはやめず、赤ん坊は笑みを浮かべる。母親とカレンも笑顔になる。母親は私に育児書の生後6週目の章を見せながら、小声で木曜日の葬儀は辛かったと話す。カレンの羽目を外した遊びは母親から注意され、ついには母親の膝の上で叩かれることになる。母親は素早く立ち上がり、テレビのチャンネルを変える。赤ん坊は腕を振りながら横たわり、わずかにキックし、口の中で舌を転がし、唇を押している。カレンはその間ずっと私の注目を求め、最終的に私は自分のフェルトペンを何本かカレンに与えて遊ばせる。

　観察後、私はすっかり無理をさせられたように感じて、連続した流れで赤ん坊を観察する機会をもてるかどうか疑問に思っていたことを思い出します。カレン

第9章　スティーブン

の絶え間ない活発な動きと要求は、母親だけではなく私にも怒りと腹立たしさを引き起こしました。一方、赤ん坊は興味がなさそうで、多くを求めず、どことなく自分自身の面倒を見ることができているように見えました。翌週再び、私は授乳が終わるところを観察しました。

生後7週目の観察

　私が到着したとき、赤ん坊は授乳中だった。母親は私に元気か尋ね、「寒いですね」と私は言う。母親は明らかに風邪をひいている。赤ん坊は母親の腕の中で、目を閉じて少し息を切らすように、速く一定のリズムでおしゃぶりを吸う。（先週と同様）カレンが階段を走って上り下りし、幼稚園で作ったタワーを見るように言うので、私は赤ん坊を観察し続けることが難しい。カレンはそれを私の目に望遠鏡のように押し付けるものの、もう一方の端は塞がれている。何も見えない！　母親は、今日カレンは怒りっぽいと言う。次に私が赤ん坊を見るチャンスを得たときには、赤ん坊は私の方向を見ていたが、私を通り越して、壁か天井の明かりの反射を見て、ゆっくりとまばたきをして、静かである。カレンは母親に遊んでもらいたがり、赤ん坊はげっぷをし、赤ん坊はよい子だと母親は言い、今日はずっとご機嫌でいるわ、おむつが濡れているわと言った。母親はコーヒーをいれるためにカレンに一緒に来るように言い、私に赤ん坊を抱っこしたいかどうか尋ねる。母親は赤ん坊がミルクを吐くかもしれないからと私のためにエプロンを用意するので、私は拒否できないと感じる。赤ん坊は絶えず動いているものの腕と足は動かさず、私の肩の向こう側を見上げている。赤ん坊は舌を口の中で動かし唇付近の皮膚を押してから、舌を出してまた引っ込める。私は赤ん坊が私を見つめながら、赤ん坊がますます落ち着きがなくなっていることに気づくが、何とかして表情に出さないようにしている。赤ん坊の呼吸は浅くて速く、突然身体を震わせ、私は赤ん坊が私の右乳房を飲もうとしているのかもしれないと考える。赤ん坊は見るというよりもむしろ凝視しているようだ。腕は間違いなく私の右乳房に触れ、自分自身の左頬に触れると、私の乳房に再び触れた。赤ん坊は何度かその動

第Ⅱ部　観察

きを繰り返し、突然驚くほどの力で私の腕を触り、突然自分の耳を強く引っ張る。それから赤ん坊はますます落ち着かなくなり、もがくようにして蹴り、眉間にしわを寄せて喉の奥から小さな声を出す。

　母親は戻ってきて、私から赤ん坊を抱き上げ、よい子にしていたか、赤ん坊は母親に笑いかけるだろうかと聞く。赤ん坊は母親の膝の上に横たわると、より集中して、腕を動かし続け、母親を熱心に見て小さな声を出す。母親はやや物憂げに、赤ん坊は今日ずっとご機嫌だが、普段は母親には笑いかけず、祖母には簡単に笑顔を見せるのだと言いながら、笑顔を求める。母親は赤ん坊を見ながら話し続け、赤ん坊は母親ににっこりと微笑む。赤ん坊が眠たそうにまばたきをしたために母親は赤ん坊を抱き上げ、キスをする。母親は赤ん坊を抱きながら、カレンに赤ん坊の笑顔を見るよう求める。カレンはうなり、赤ん坊は熱心に母親を見つめ、自分のカーディガンを引っ張る。母親は健診のためにクリニックへ行ったことを私に話し始める。赤ん坊がお医者さんにおしっこをかけちゃったのよ、と母親は言い、楽しげに笑う。医者は赤ん坊の前でふたつの赤い球を揺らし、目の検査をした。「私はお医者さんに伝えることができたわね。赤ん坊は1パイント[訳注1]もおしっこができること、少なくともそうできそうなことをお医者さんは知らないの！」。母親がカレンにそのことを覚えているかどうか尋ねると、カレンも声をあげて笑った。母親は赤ん坊をぴったりと抱きしめ、再びキスをし、母親の側に置く。赤ん坊は頭をだらりと垂らし、母親は「そうよね……」と言って止める。そのときまさに突然、赤ん坊は疲れていると母親は言い、最後に眠ったのはいつだったか赤ん坊に尋ねる。一時的な沈黙があり、私には母親が突然何もわからないか、何も考えることができなくなっているかのように感じられた。母親はすぐに回復し、これから赤ん坊を着替えさせて寝室に連れて行くと言う。

　この時点で、赤ん坊はまだ正式に登録されていませんでした。家庭が混乱して

[訳注1] 英国では約568ミリリットル。

第9章　スティーブン

いて、母親は多くの物事に時間を取られると感じている様子でした。母親には明らかにやることが大量にありましたが、それに加えてやることを増やしました。たとえば、私にコーヒーを出すことが常に重要でした。私は断ることができませんでした。母親は実務的なやり方で皆の面倒を見ると決めていたようでした。母親が自分のやり方で物事の世話をしているように見えるときだけ、母親は自分自身の感情に、つかの間触れているように思われました。

　一方、赤ん坊は、自分に没頭することで対処するやり方を身に着けているようでした。赤ん坊用のバウンサーの中や授乳後の母親の腕の中でのアイコンタクトはほとんどありませんでした。ほんの数分前に乳首が果たしていた機能を、口の中の舌で満たしていたようでした。泣いたり叫んだりではない、とても小さな声は、苦痛のなさを示しているようでしたが、それは、自分自身から距離を取る方法のようでした。赤ん坊は母親がいなくて私と一緒に取り残されている間、ますます落ち着かなくなりました。舌を使って口の中を満たすことで、スペースが空いていること、つまり母親がいなくなったことに気づかないようにするという、自分自身ばらばらにならないようにする方法は、それほどうまくいっていないようでした。赤ん坊はまた私に、乳房に気づいていることや、授乳してくれる母親が欲しいし、触れ合うことを望んでいることについて、何かを伝えていたかもしれません。赤ん坊はすぐさま引っ込んで自分の頬を触り、耳を引っ張りました。それはまるで欲求やフラストレーションを自分自身に向けるかのようでした。赤ん坊の感情はあまりはっきりと伝えられていないという印象や、ニーズが満たされないからといって、失望に苦しんでいる感じはないという印象がありました。

　母親は悲痛な、または抑うつ的な感情をつかの間だけ感じることに私は言及していました。母親自身が、そういった感情に触れ続けられないことは、特に扱いにこつのいる哺乳瓶での授乳において、赤ん坊と一定の距離を保っておく必要があったことに関連しているのかもしれません。医者との間の出来事は、母親が赤ん坊からあまり離れておらず、あるいは赤ん坊がそれほど「いい子」ではないときの母子間で生じる、その種の反応やその種のコミュニケーションについての問いを提起しています。母親とカレンが、スティーブンが医者におしっこをかけたことについて喜んで報告していることは、母親たちに代わってスティーブンが怒りを表したことにちょっとした喜びを感じていたからかもしれません。母親は確

第 II 部 観察

かに、赤ん坊が強く反応していたと話していました。おしっこを武器として、ま
た自分にされたこと（赤い球を目の前で点滅させたこと）への抗議として使うという、
赤ん坊の中にある怒りについて疑いを持つ人もいるかもしれません。それと同様
に、私の腕の中で、赤ん坊は何か（おそらく乳房と授乳に関すること）を探すことに興
味を示しているようでした。赤ん坊は物事が見えなくなることに対する怒りにつ
いて、何かを医者に言おうとしていたのかもしれませんし、発達テストで赤ん坊
の反応を得ることを目的としている誰かに対して、おしっこを使って伝えたかっ
たのかもしれません。それは赤ん坊のこころをかき乱した苦痛な記憶だったのか
もしれません。

　母親のつかの間の「わかってるわ」という言葉は消えていきました。それはま
るで、母親のこころの中で何かがかき乱され、観察者に話していることの中にも
浮かび上がり、再び母親の中で沈んでいったかのようでした。母親はそれを追求
することができませんでした。そこにあったかもしれない、自分のこころが知る
べき、そして赤ん坊との関係において考えるべき何かを見つけることができませ
んでした。母親自身の「知っていくこと」（強力な情緒的な経験について触れて考えること
ができるという意味で）は止まってしまい、再び赤ん坊が疲れたときやおむつ交換に
必要な人というかたちで関わるだけの母親になってしまいました。

　数週間後、それまで偶発的な出来事のように観察者には見えていたものから、
一貫したパターンが現れ始めました。たとえば、赤ん坊のミルクの飲み方は一定
でした。常におとなしく、ぐずったのは、哺乳瓶の乳首を強く吸ってぺちゃんこ
にしてしまったために哺乳瓶を取り上げられたときだけでした。授乳中めったに
母親を見ることはなく、まぶたが垂れ下がって明らかに眠そうにしていることが
よくありました。赤ん坊は哺乳瓶に強い愛着を示し、次第に哺乳瓶を持っている
母親の手をつかむようになってきました。カレンの要求は続き、シャンプーや
ファーリーラスク（クッキー）など、赤ん坊のものをいかに使ってしまうかについ
て母親は話しました。カレンは機会があれば常に、とりわけリビングルームで、
母親を巻き込んだゲーム、特に衣服やタバコの「買い物ごっこ」をして観察の時
間を埋め尽くしました（母親は毎週チャリティショップで自分の服を買い、私に見せ始めまし
た。この当時、母親はヘビースモーカーでした）。カレンはまた、私のハンドバッグを持
ち歩き、可能なときはいつでもその中身を調べ、たくさんのペンや鉛筆を見つけ

第9章　スティーブン

ると、そのほとんどを使いたがりました。

10月からクリスマスまでの間、ほとんど常に誰かが体調を崩していました。赤ん坊はほぼ毎週、咳風邪をひいていたようでした。母親はしばしば風邪をひき、そのうち2回はウイルス性胃腸炎でした。母親は、繰り返される赤ん坊のおむつかぶれに対する罪悪感（母親自身の言葉）と、クリニックも医者も自分を助けてくれなかったという感情で、頭がいっぱいでした。母親は常にその原因を探し、使用しているおむつや、浴用タオル、そして水や洗濯物が赤ん坊の肌をヒリヒリさせているかどうかを心配していました。ある朝、母親が赤ん坊の胸が血まみれになっているのを見つけたと私に話したときでさ、赤ん坊は動揺していないようでした。かぶれはしばしば赤ん坊の足や胸まで広がっていました。不安と、不安による症状は（もしそうであるならば）、身体的な領域にしっかりと存在しているようでした。

ファリーラスクを砕いて混ぜた哺乳瓶のミルクを赤ん坊に与えている間、母親は何度も、クリニックで赤ん坊が月齢のわりに重すぎると言われたと言いました。母親は、この意見を受け入れず、赤ん坊は空腹だから授乳しているのだと言いました。しかし、授乳を終えたばかりなのに赤ん坊が口の中に指や服、おもちゃを入れ続けていたことや、母親が「お腹が空いているはずないでしょ。たった今食べたばかりでしょ」と言っていたことも何度かありました。母親はカレンが赤ん坊に近づいたとき、スティーブンは私を「食べた」と言ったとよく言っていましたし、赤ん坊はおしゃぶり（ダミー／コンフォター）を必要としていて、おむつ替えの後に静かになるまで時々口の中に入れてあげていたことについてよく話していました。母親は、赤ん坊が時々自分の舌でそうしていたように、赤ん坊を何かで満たし、「充足させる」か静かにさせる必要があるようでした。身体的に満たしてあげることが母親のこころに浮かび、まるで、赤ん坊が持っていたかもしれない他の要求——容易に伝えることができない要求であり、母親が探求できないような要求であり、母親が赤ん坊と一緒に、あるいは代わりに引き出してあげられるような要求——については何も考えられないようでした。

実際、母親は自分自身が必要としているものについても否定しがちでした。たとえば、2、3週間後には、母親が明らかに私の毎週の定期的な訪問を楽しみにするようになっていたことを知っていましたが、母親は私が遅れたり、訪問日を変

第Ⅱ部　観察

更しなくてはならなかったりすることを気にしているようには決して見えません
でした。しかし、決まった訪問日程を私が乱した後、母親は家族が自分を落ち込
ませたり、母親の物を頻繁に使うことを話したり、私に対して「もし時間どおり
に来ても、私があなたを待たせなければならなかったかもしれない！」と言うこ
とがよくあることに気づくようになりました。母親自身の怒りと失望の対象はど
こかほかのところに置かれていました。

生後約11週目の観察

　　クリスマスの直前だった。私は自分のひどい風邪がよくなってから訪問
すると申し出た。母親は、みんな風邪をひいているから入るように私に
言った。
　　赤ん坊はベビーベッドで眠っており、体を横向けにして顔を紅潮させ、
口をわずかに開け静かにしている。母親は、赤ん坊は風邪でとても息苦し
く咳も出て、朝のうちに医者のところへ連れて行くつもりだと言った。医
者はすでにペニシリンを処方していたが、ミルクを戻してしまうので、母
親は薬を飲ませるのをやめていた。母親はコーヒーをいれて部屋を出て行
き、カレンが入ってきた。カレンは私のハンドバッグを開け閉めして遊び
ながら出たり入ったりする。赤ん坊は目覚めると、顔をしわくちゃにさせ、
体の前で両手を握り、表情を緩めて、閉じた唇の間に舌を突き出したり
引っ込めたりする。苦しそうに呼吸をし、顔を再びしわくちゃにさせ、顔
は赤くなり、どう見ても泣いているような様子だが、まったく声は出さな
い。赤ん坊は少し落ち着き、顔色は白くなり、そしてさらにキックをする。
腕を動かしてもがいているように見える。母親は入ってきて、あごひもつ
きの帽子を取り外し、赤ん坊を腕に抱いて「かわいそうな坊や」と言う。
母親はよだれ掛けと哺乳瓶を持ってきて、赤ん坊を抱きながらストーブの
そばのいつもの椅子に腰かける。母親が綿棒を使って赤ん坊の目やにを拭
くと、赤ん坊は腕を動かしてもがき、顔をそむけて不満そうな声をあげる。
母親は「哺乳瓶が欲しいのよね、そうしたら大人しくするでしょ？」と言
う。赤ん坊は哺乳瓶を素早く吸い、空気を吸うときだけ飲むのを休み、一

第9章　スティーブン

定のリズムでキックをし、両腕はお腹の上に静かに置かれている。母親が
哺乳瓶を取り上げると、騒がしく抵抗し、母親は「哺乳瓶の乳首がぺちゃ
んこになっちゃったでしょう！」と言って、それをもとの形に戻す。赤ん
坊は再びしきりにしゃぶり、母親は「この子は哺乳瓶に対していつもこう
なのよ」と言う。授乳している間、母親は私とカレンに話しかける。母親
は私のクリスマスの予定について軽く尋ね、明日医者に連れて行くという
話題に戻る。スティーブンが風邪をひいたのはまさに今日だったが、常に
咳をしている。カレンは２歳になるまでペニシリンを使ったことはなかっ
た。母親は話しながら指をクロスさせて幸運を祈り、自分がまた胃腸炎に
なったことを、２週間のうちに２回目だと話し、この赤ん坊が生まれてか
ら強壮剤が欠かせないことを付け加える。ドアのベルが鳴り、母親は私に
赤ん坊を渡す。赤ん坊は私の右手の指をつかみ、私とカレンを見る。母親
は戻ってきて授乳を終わらせ、赤ん坊の手は腰を支えている母親の手に触
れる。赤ん坊の呼吸は荒く、２回げっぷをする。母親は右腕に赤ん坊を抱
き、赤ん坊は母親と部屋を見ている。赤ん坊は手を口元にやり、数本の指
をしゃぶり、唇にはミルクの泡ができている。赤ん坊はキックをして腕を
振ると、自分の左腕と左手に関心を引きつけられる。舌が唇の間で動き、
目は輝き、母親の手に気づくと両手で触れて皮膚を引っ張り、自分の親指
と人差し指と中指に同時に触れる。

同じ日のその後の観察の続きです。

　赤ん坊はベッドの上のおむつ替え用のマットに横になって、母親を見上
げ、目が輝き、腕と脚を動かしている。カレンは私にサンタクロースと家
が描いてある絵を見せる。赤ん坊は、母親が暖かく清潔な服を取りに離れ
たとき、頭の向きを変えて私たちを見る。母親が戻りお腹をくすぐると、
母親を見て声を出して笑い、母親が話しかけると微笑む。舌はまだ口から
出したり入れたりしている。赤ん坊は口の中に握りこぶしをグイっと押し
入れたので、母親は何をしているの、と尋ね、食べているのね！と言う。
赤ん坊はそれを続け、自分のカーディガンも少ししゃぶり、絶えず母親を

見て微笑んでいる。母親は、赤ん坊はおむつ交換が今は大好きで、おむつを外した途端に激しく蹴るだろうと言う。母親がおむつを外すと本当に赤ん坊は蹴り、嬉しそうな笑顔で母親を見る。母親は汚れたおむつを取り除き、戻ってきて赤ん坊を見ながら、「たぶんこれから私に向かっておしっこをするわ」と言う。赤ん坊はおしっこをしなかった。母親は「顔を拭こうと思うの。前は顔をふくのを嫌がっていたけど、今はかなりましになったの」と言う。赤ん坊は少しもがいているが、まだ生き生きとしていて楽しそうに見える。母親は赤ん坊に話しかけ、頬をなでて、お尻と性器をきれいにしたが、このときはいまだに残っている痛々しいおむつかぶれについては話さなかった。母親は、赤ん坊は今は笑っているかもしれないけれど、いつも一日の最初に笑いかけられるのはカレンなのよと言う。母親は哺乳瓶を持っていて、赤ん坊はそれに夢中だが、最初に笑いかけられるのはカレンである。「それって不公平よね」。赤ん坊は母親を見て微笑み続け、母親がパウダーを塗っている間、赤ん坊は肌着を引き上げたがっているように見えた。母親はかぶれだらけの胸を見たくないわと言いながら優しく肌着を下ろす。母親がきれいなおむつにピンを留めながら、「赤ん坊を再びくるむ」ことについて、残念そうに話している。カレンが赤ん坊の胸に塗る薬を持ってくると、少し静かになったように見える。赤ん坊は母親の左手を興味深そうに見ていて、母親が肌着を替えている間も見続けている。母親が塗り薬を胸に塗っている間、赤ん坊は満足そうで、きれいなロンパースの中に優しく入れると、微笑む。

　おむつ替えの習慣は、この観察の初期とは対照的に、母親と赤ん坊の関係を生き生きとさせているようでした。お互いを見つめ、母親が優しく自信を持って触れ、赤ん坊が反応することを心から喜んでいました。この親密な時間によって、母親が離れたとき、赤ん坊が辛抱強く待ったり、「よい子」になったりということがいつもできるわけではないことが明らかになり、おむつ替えを終えることを母親はとても惜しんでいました。これらの時間は、以前、カレンの誕生日を待っていたのと同じく、来るべきことに前もって期待を高めるかのように、延期されていました。おむつ替えの終わりには、母親と赤ん坊の双方が後悔と悲しみを感

じていました。そうした気持ちはしばしば赤ん坊の抗議に満ちた泣き声を引き起こし、母親はしょっちゅう部屋を去り、少しの間スティーブンを私の腕に押しつけました。私は、母親がその場を離れることによって喪失感を紛らわすことや、おむつ替えが終わったときの赤ん坊の元気いっぱいの、もしくは怒りの抗議に母親が耐えられなかったときがあったのだろうと思います。とりわけ楽しいおむつ替えの後に、母親が私と赤ん坊を置いて、哺乳瓶を取りに行ったことが一度ありました。赤ん坊は私の額と頬をとても強く噛み、私の目に涙が滲みました。

　赤ん坊が6か月のときの2回の観察について、さらに説明したいと思います。初めて会った父親のことも含めます。このときまでに、赤ん坊は身体的にとても活発になっていました。生後13週目で「腕立て伏せ」をすることができ、おむつ替えの最中は常によく動き、すぐに寝返りや伸びができるようになり、手の届かないように見えるものでも、欲しいものをつかむことができるようになりました。お風呂の時間が大のお気に入りで、しょっちゅう体をねじったり向きを変えたりして、水の中に自分の体を押し入れようとし、水の中でキックし、水しぶきを上げるのが大好きでした。母親とカレンは、水の中で赤ん坊が立ったり踊ったりするのを支えて、一緒に楽しみました。

生後24週目の観察

　ドアのところで、ある男性にあいさつされる。その男性は私と握手し、温かい口調で「ついに会えましたね」と言う。私はあいさつし、私の毎週の訪問がお邪魔になっていないとよいのですがと伝える。その男性は、それはかまわないと言い、今夜は自分が在宅していることを私が知っていたに違いないから、私は来ないと思っていたと言うのだ！

　母親はスティーブンとカレンをお風呂に入れ、父親はその様子をちらっと見て、お湯の熱さに文句を言い、立ち去る。カレンは浴槽の周りでぐらぐらするピンクのおもちゃを動かしてスティーブンを楽しませている。赤ん坊は水しぶきを上げておもちゃを足で蹴り、私が入ってくると、見上げて私ににっこりと笑う。母親は、赤ん坊を拭く前に、赤ん坊が「水しぶきをあげるために」水の中で立つのを支えている。赤ん坊は、右足に左足の

第Ⅱ部　観察

裏をこすりつけて水しぶきを上げ、その動きに夢中になっているように見える。それから母親は赤ん坊を浴室から出して、膝の上でタオルに包む。そして再びベッドルームに連れて行き、ベッドに寝かせて拭いてやり、キスをして話しかける。赤ん坊は母親を見ながら静かに横たわり、母親が「あなたは本当によい子ね」と言っている間笑顔を見せ、何かを取ろうとして起き上がる。すぐさま右側に手を伸ばし、完全にひっくり返る。母親は、「いつもそうしてごろりと転がって、ほとんどベッドから落ちそうになったりするの」と言う。母親は赤ん坊をもとの位置に戻し、私に見ているよう頼んで去っていく。赤ん坊は手を伸ばし何かをつかんで顔の上に乗せ、おしゃべりするような声を出して微笑んでおり、とてもご機嫌である。母親が戻ってきておむつを当てると、赤ん坊は体を揺り動かし、寝返りを打とうと試みる。すぐさまうつ伏せにひっくり返り、おむつの位置を反対にしてしまう。母親はそれを見て笑いながら赤ん坊の向きを戻し、抱え上げて抱きしめ、静かにしていてねと頼む。再び仰向けになると、赤ん坊は母親を見ておむつカバーをつかもうとしてまた転がる。母親はそれを手の届かないところに置く。赤ん坊はそれを一生懸命取ろうとし、ついにはおむつの端をつかみ、口の中に入れる。母親は、他に何もつかむものがないと、いつもそうしようとするのよと言う。赤ん坊は腕を外に伸ばしたまま微笑み、指を振って母親を見ている。母親は、お尻とおちんちんを乾かしてクリームを塗るために足をつかもうとしているとき、赤ん坊は自分の足を捕まえて口の中に入れようとしている。母親は赤ん坊のあご先にミルクの小さな塊がふたつこびりついているのに気づき、「あなたの足でのどを詰まらせちゃうわよ」と言う。私は足が実際に赤ん坊の口に届くのを見たことがなかった。赤ん坊はマシンガンを撃つような低いしわがれ声を出し始め、通常は哺乳瓶での授乳前に泣いてしまうことにつながっていくが、その声はクスクス笑いになっていく。母親が赤ん坊の足をつかんでおちんちんとお尻にクリームを塗っているからだ。私は、赤ん坊はそれが好きみたいだと言い、母親は「この子はおちんちんをくすぐられるのが大好きなのよ」と言う。母親がおむつを履かせると、赤ん坊は横になったまま微笑み、母親が最初に腕を、次に足をロンパースに入れようとするのを、じゃれるよ

うに邪魔している。母親はロンパースをお腹まで引き上げるために赤ん坊をうつ伏せにすると、赤ん坊は顔をベッドに深く沈み込ませ、ベッドを食べているかのような様子で、かすかにうなり声を上げる。母親は、先日赤ん坊がどのようにベッドから落ちそうになり、母親が危うくおちんちんをつかみそうだったことを話す！　もし、ハイハイし始めて、電源コンセントに指を入れたら、お尻を叩かれるだろう。正しい方法で叩くのならいいだろう。赤ん坊はまるで泣き出しそうな低いしわがれ声を出していたが、母親がこっちを向かせてキスをするとほぼおさまった。母親は急いで赤ん坊を私に預け、コーヒーをいれてくるとふたりに言う。私は、本当に結構ですと言ったのだが。母親が哺乳瓶を取りに行く間（そしてとにかくコーヒーをいれる間）、母親は私に、赤ん坊と「おしゃべりする」よう求める。父親はカレンをお風呂に入れ終えて、カレンと一緒にやってくる。スティーブンの腕が父親のほうに向かうと、父親は一緒にシャドウボクシングをする。父親は、この子は英国のラグビーかゴルフの選手になるかなと言う。そして、肌着とパンツを身に着けたカレンに注意を向け、カレンをベッドに投げる。カレンは父親に、もう一度やってと頼む。スティーブンはカレンがベッドの上で跳ねているのを見ている。

生後26週目の観察

　父親は柵で囲んだ遊び場から赤ん坊を抱き上げ、向かい合うように膝の上に置く。赤ん坊はクスクスと笑い、周囲を見回して、指を口の中に押し込む。父親はそうしないように言いながら指を引き出すが、赤ん坊はあくまで続ける。母親はグラスに入ったシェリー酒を私に勧め、遊び場の柵を取る。父親はスティーブンを床の上に仰向けに置くと、すぐにうつ伏せになり、両手で体を持ち上げてテレビを見ている。それから、周りの人たちが遊び場の柵を取り去ると、赤ん坊は自分の哺乳瓶に気がつく。母親は赤ん坊を抱き上げて父親に赤ん坊と哺乳瓶を渡す。スティーブンは、前方を見つめ、静かに横たわりながら、両手で哺乳瓶を持って速いスピードで飲んでいる。飲み方はすぐに遅くなり、哺乳瓶が落ちたが父親はまったく注

第Ⅱ部　観察

意していなかった。母親は夫に「あなたが落とさせたのよ」と言う。父親はテレビにさらに見入っているように見える。母親は「何とかして瓶を取り上げて」と言う。父親はそのとおりにし、赤ん坊は哺乳瓶を取り戻そうと両手を伸ばす。だが、それからゆっくりと飲んで、眠りに落ちる。母親は、赤ん坊の疲れは昨日のせいだと考えている。スティーブンは土曜日の幼児洗礼の最中ずっとクスクスと笑っており、飲み物がたくさん出る長引いたパーティーに家族みなで出席していた。みな寝るのが非常に遅かった。赤ん坊は今とても眠そうで、母親はげっぷをするか赤ん坊に聞き、父親が赤ん坊の背中を軽く叩く。赤ん坊は自分の舌で口をふさぎ、指をしゃぶっている。父親は再び止めようとするが、やはり効果はない。赤ん坊は父親のほうを向いたときに活気づき、母親は私に家族写真を撮ってほしいと言う。

絶え間なく動き続けている家の中の雰囲気は、赤ん坊が自分の中に取り入れた何かのようでした。母親は行ったり来たりし、父親も姉もそうしていました。赤ん坊は仰向けに寝かされ、うつ伏せに転がり、テレビを見るために体を起こしました。おむつ替えのとき、一瞬たりとも静かにしていませんでした。静かだったのは、哺乳瓶が口の中に入っていたときだけでした。家族の中にはほとんど会話がなく、動きがたくさんあり、「小刻みな揺れ」がありました。父親がスティーブンにミルクを与えているときに、母親が出した夫への指示は、この家族での物事の進め方を象徴しているようでした。絶え間ない動作には、余白がほとんどありませんでした。

余白や静けさの欠如は、母親自身の赤ん坊への不安、赤ん坊が生き続けられるかどうかの不安、そして自分自身の状態への不安を見ないようにする方法のようでした。スティーブンは母親にほとんど要求しませんでした。母親に、こころの状態について疑問に思わせたり、考えさせたりしようとしませんでした。スティーブンは引きこもりがちで、興味は自分自身や、自分の指、つま先、舌のほうに向く傾向がありました。母親の、「抱える」能力、つまり赤ん坊をこころの中に留め、赤ん坊の経験を想像して理解する能力を十分に試したり、刺激したりすることはありませんでした。おむつの交換や入浴の際の、赤ん坊の生き生きと

第9章　スティーブン

した楽しさと喜びは、二重の目的にかなうものでした。赤ん坊にとって、こうした活動において、母親の（心身両面における）存在または不在の大きさに気づくためのスペース、あるいは哺乳瓶の乳首と代用的な自分の舌とを区別するためのスペースはほとんどありませんでした。おむつ交換と入浴においては、活発で精力的に世話をする母親を赤ん坊は見つけました。母子は、その活動においては互いに喜び合い、親密に触れ合いました。それらは、家族の中で確立された、互いが関わり合う方法と一致していました。

おわりに

　この家族の中で確立された、お互いの関わり方として私が描写していることは、最後に言及しておく価値があります。私は、忙しい母親に適応していく赤ん坊を描いています。母親自身の抑うつ感のため、赤ん坊は理想とされる状態よりも、母親との精神的または情緒的な接触は少ないものでした。スティーブンは他の赤ん坊と比べてほとんど何も要求せず、ひとりでいるとき、そして時には母親がただ受動的にいるだけのときに、自分自身のコンテインメントを代理で用いることで、適応していました。スティーブンは概して良好で従順に行動しており、母親に不安を与えることはほとんどありませんでした。しかしながら、身体の病気で呼吸は妨げられ、皮膚に発疹が出ました。母親はそのことや、スティーブンが身体的に生き続けられるかどうかを心配していました。母親はスティーブンの肌に薬を塗り、医者に連れて行きました。行動と反応のサイクルが少し進展し、比較的満足のいく折り合いがつきました。母親はスティーブンを身体的に世話することを、他の人を世話するのと同じくらい喜んでいました。スティーブンは、母親に世話をさせていました。母親は自分にはスティーブンを入浴させたりおむつを替えたりする能力があると感じ、そうした行為に喜びを感じていました。スティーブンは両方ともが大好きでした。こうした心地よい歩み寄り、あるいは、この母親の持つ世話する能力の中で最良のものに合わせようとした赤ん坊の適応力は、幸運な一致と見なせるでしょう。私はそう考えます。しかし、私は観察者として、赤ん坊が入浴やおむつ交換をしていないときの私自身の経験について、

第II部　観察

何かを言わなければならないと思います。スティーブンがリビングでぼんやりと
自分自身をコンテイニングしていた間、私は時折、私自身が居心地の悪さや落ち
着かなさを感じていることに気づき、スティーブンの動きが変化することや、何
か新しい関心の源が生じることを心から望んでいました。これは、私自身の退屈
さがスティーブンに投影されていたのだとか、スティーブンはほとんど不幸せそ
うには見えないとか、あるいは、スティーブンの機会が限られていることに私が
失望していると見る人もいるかもしれません。くすぐりや揺らすといった刺激が
ないとき、自発性や強い関心、あるいは活発さは欠けていました。私は、リビン
グルームでの私自身の感情は、赤ん坊と母親とのこうした関係の中で刺激されな
かったもの、そして発達しなかったものと関係しているように思います。何かか
なり単調で抑うつ的なものが日常の遊びやおしゃべりの中に忍び込み、入浴やお
むつ交換の時間の興奮や明るさが強調された中では、否認され、振り捨てられて
いました。時が経つと、入浴やおむつ交換の時間はより重要になりました。

オリバー

　通常の場合、赤ん坊の誕生後、母子は自分の外側にいる他者について知っていくため、母子の関係性は穏やかで親密なものです。この新しい関係性に、家庭内では父親や他の子どもたちも順応しなければなりません。家族それぞれは新しい役割を見つける必要があります。この小さな社会では、新しい母子のカップルを守る環境を与えるだけでなく、母親の世話をすることが父親の初期の役割です。母親の世話は、近親者の女性によってなされることがよくあります。この時期は、他のきょうだいのときもそうであったように、父親は傷つきやすい時期です。父親は新しい役割に慣れるまでは、拒絶されたり排除されたり、不必要と感じやすいものです。父親は自分の両親の親密さに直面する子どものような反応をするかもしれません。さらに、誕生や子育ての初期段階は女性の世界であるという感情がいまだに強くあり、それは徐々にしか変化しません。

　私が観察した家族はこうした伝統的な価値観を持っていました。したがって、赤ん坊の誕生によって、すでに課されているものに加えて、赤ん坊に関心を持つ男性観察者としての役割に、家族全員がさらに慣れていく必要がありました。もし私が女性の観察者だったら、必要とされることは異なっていたのではないかと思います。最初の男の子の誕生という中で、父親はとりわけ脆く、防衛的になり攻撃的でもありました。父親の世界に新しく入り込んだ男性という事実は、こうした感情を際立たせ、難しい感情のいくつかに焦点を当てる手段として私を使うことにもなりました。

　48時間病院にいた後、オリバーは安産で生まれました。オリバーが生まれたとき、姉のスーザンは1歳6か月で、父親は国軍に関係するところに勤めていま

第Ⅱ部　観察

した。オリバーが生後10日のとき、私は保健師から子どもの発達について学ぶ学生として紹介されました。母親は温かく、堅実で思慮深い女性という印象を与える一方で、私はすぐに父親の懐疑的な態度や敵意、懸念に直面することになりました。私を見たときに父親は真っ先に「それで君は私の庇護下にあるものを詳しく調べに来たのか？」と言いました。父親は私に敵意を抱き、心理学様のものは何でも軽蔑し、新しい息子を守りたいという強い思いを示しているように見ました。そして、「息子の経験の一部として、観察者を迎えるという権利を留保したのだ」と言いました。私の民族的背景をカテゴリー化することを父親は始めて、それについてコメントし、観察から手を引く機会を与えました。母親はすぐに口を挟み、「もし夫が観察をよく思っていなかったら、すでに追い出されていたわ」と言い、「夫はいつも失礼なの」と気にしないように言いました。父親は英国人以外にはすべて反対であり、今日では英国人は少なくなったと言いました。私は父親によってこの家族に歓迎されたと感じましたが、父親自身に浮かび上がった敵意という否定的な感情によって妨害されてもいたと感じました。これはオリバーが家族として誕生した状況を反映しているのかもしれません。

　長男誕生後の家族の新しい状況によって、家族は"カテゴリープロセス"に投げ入れられ、グループを再編し、それぞれの役割を再定義して、新しいメンバーに対応したのだと思います。父親は時に脅かされ、いらだっているように見えましたが、普段は息子を誇りに思っていました。母親は男の子の母親になっていくことになり、両親は子どもをふたり持つということに対処する必要がありました。スーザンは、成長し、姉にならなければならず、このことはしばしばとても苦痛なことでした。スーザンは途方に暮れ、悲しがり、めそめそしているように見えました。家庭の中の新しい男性に対する父親の否定的な感情の多くを父親は認めず、私との関係の中に位置づけられたようでした。新生児である息子への誇りや愛は、敵意や怒りの感情とはかなり異なっており、父親は無意識のうちに私に向かってそれらを表現し、息子からは遠ざけておくほうが安全だと感じたのだと思います。

　年間を通して、父親はいろいろな場所に2、3週間ずつ出掛けなければなりませんでした。毎回、私への疑惑が生じました。離れている間の無意識の嫉妬という苦痛な空想によってあおられていたのでしょう。父親は自分がいないときに私が

252

第10章　オリバー

見ている母親とオリバーについての不安を冗談ぽく、よくほのめかしていました。私が訪問している間に何度か部屋に入ってきて、父親は "私たちのよい関係を妨げる" ことを謝罪しました。そこには父親が除け者にされたという気持ちがありました。父親の私に対する敵意や疑惑は、私への冗談という形で表現されました。

スーザンがおならをしたとき、父親はすぐに「失礼しましたと言いなさい」と言いました。母親は「スーザンに恥ずかしい思いをさせているわ」と言いました。これに父親は困惑しているように見え、スーザンがおならをしたとき、私は「風上」にいましたが、スーザンが私の正面にいればよかったと父親は言いました。同じ観察でオリバーのおむつ替えを見ている間、父親は私に「あなたは本当にすべてを見るんですね」と言いました。オリバーは風呂に入れられ、スーザンはオリバーのおちんちんを引っ張りました。母親は、「それはオリバーのしっぽよ、引っ張らないで」とスーザンを止めました。父親はこれを見てうめき、「スーザン、そんなことをするな。オリバーは痛がっている」と言いました。母親が出かけなければならないと言ったすぐ後に、私もそろそろ帰る時間だと言うと、父親は「銀食器を盗まないように」と言いました。

まるで、辛く、恥ずかしく、望ましくない悪い感情はすべて私に宿っているかのようでした。父親は私を赤ん坊と同一視したように思われましたが、同じように、父親自身の男性としての同一化とライバル心、そして何かが父親から盗まれる危険性を感じているということについて話していました。このことは、以前は家族内での唯一の男性であったという地位の喪失を指しているのかもしれません。この場合もやはりオリバーではなく私が責任を負わされました。

私がこの家に訪問して、他の訪問者がいたときいつも父親は私を「全国児童虐待防止協会（NSPCC)[訳注1]の男性」として紹介しました。おそらく私に対する父親の不満と疑念ゆえに、私が父親をチェックしているかのように感じたのでしょう。仕事から帰宅した父親がオリバーを肩車して行進したこともありました。

[訳注1] National Society for the Prevention of Cruelty to Children は、児童虐待防止に関するさまざまな活動やトレーニングを提供する組織。

第II部　観察

　オリバーは神経質そうな様子で微笑みました。父親は「遊んでいるように感じているのでなく、私を見て喜んでいるんだ」と言いました。母親は「オリバーはあまり気にしていなかったわ。あなたが出かけたのに気づいてさえいなかったわ」と答えました。父親はニンニクの臭いを訴えはじめ、私のアフターシェーブローションに違いないと言いました。父親はそれから私のほうを向いて、万一誤って誰かを撃った場合の保険について私に語り始めました。父親は私に、興味があればいつか12口径のショットガンを見せてくれると言い、あるいは、「次に母親と一緒に2階にいるとき」に母親が見せることもできると言いました。

　オリバーが父親についてあまり気にしなかったという母親の言葉は、父親は不要で排除されていることをほのめかしていたようで、父親の私へのライバル心を刺激したに違いありません。

　父親にこうしたことを感じさせる責任は私が負わされていたようですが、悪臭を引き合いに、再び表現されたのは興味深いことでした。それは、父親が不必要で、居なくてもかまわないと思われている一方で、望まれた赤ん坊というオリバーのよいイメージを表しているのかもしれません。母親に対しての男性ライバルとしての私への殺意は必ずしも隠されていたわけではありません。たとえば、父親が私に対して不愉快な態度を示すとき、気にしないでと私に話す母親の態度は、そうした考えや願望をあおり立てました。それは父親の脆弱性を助けるものではなく、おそらく、父親がオリバーを愛する気持ちを育むものでもありませんでした。たぶん罪悪感からだけでなく、オリバーの世界に父親をもっと関わらせようと、母親は積極的に父親についてオリバーに話しました。母親は父親とオリバーが一緒に仲良くやっていくべきだと思っているようでした。たとえば、母親は笑いながらオリバーに低い声で「ぼくはパパが一番好きだよ」と言いました。母親は私に、父親の声を聞くとオリバーはあたりを見回すと言いました。初期の観察では、オリバーは父親を他の人と区別することはほとんどありませんでしたが、母親の顔や存在は特別であることがわかりました。まるで母親がオリバーにとって唯一の本当に満足のいく関係であるかのようでした。オリバーは母親からは簡単に慰められ、母親にとても応答的で、母親を見ると、おしゃべりしているかのように声を出し、微笑み、声を立てて笑い、母親はオリバーがどんなに幸せな男の子かについて話しました。オリバーは積極的に母親の声を探し出し、顔を

第10章　オリバー

向け、母親に関係するあらゆるサインに注意を向けて探しました。

　父親の初期の不安と母親の伝統的な男性の役割観ゆえに、授乳を観察すること
は難しく、私は父親に促されるのを待たなければなりませんでした。当初から父
親は私と協力関係を持ち、私がそこにいることに満足しているようで、父親に注
意を向けることを求めているように思えました。父親は自作の電子時計のすべて
を私に喜んで見せてくれ、ミリ秒を修正しました。家のいたるところに多くの時
計があり、それらは正確さを父親が望んでいることや、数値化できないものへの
不寛容さ表しているように私には思えました。母親とは異なり、創作できたもの
を私に見せたいという父親の願いの背後には、脆弱さや孤独が見えました。私が
観察に来ている男の子である赤ん坊への注目に対する対抗心もあったようです。

　私に対する父親の疑念は徐々に薄れ、より信頼する態度に変わっていきました。
ほぼ1か月の観察の大部分をスーザン（父親がいた場合は父親も一緒に）と過ごした後、
父親は、隣室で母親が授乳しているオリバーを見るとよいだろうと言いました。
父親はそれが私にとって重要な意味を持つことを認識し、より安心して許可でき
たようでした。母親は私がいる場で授乳することをとても恥ずかしく思い、初め
てのときには、母親の座り方ゆえに、起きていることはほとんど見ることができ
ませんでした。このことは、父親が母子というカップルの親密さを守ろうとする
ために、電子時計について話し続けることで私の注意を逸らしていたことにも関
連していました。最初、正確なタイミングは、オリバーの授乳スケジュールの一
部でした。オリバーは一定間隔で哺乳瓶からのミルクと母乳を与えられていまし
た。オリバーが哺乳瓶でのミルクではなく母乳を欲しがっていることが明らかで
も、母親は1時間前に母乳を飲んだのだからとそれを認めませんでした。しかし、
オリバーは一定の授乳時間に馴染んではいなかったので、厳格に管理された授乳
スケジュールは緩められました。母親は要求に応じて授乳するようになりました
が、しばしば母乳を控え、哺乳瓶で授乳しました。オリバーは、哺乳瓶の乳首は
口の奥側に行ってしまうので好きではなく、哺乳瓶で飲ませようとする口に指を
入れようとするのだと母親は教えてくれました。母乳での授乳の間にそのような
問題はありませんでしたが、私が見た授乳場面では、乳首だけがむき出しになっ
ていました。哺乳瓶で授乳しているとき、母親は抱えるほうの腕を替え、その間
にげっぷをさせ、まるで母乳を与えているかのようでした。母親の恥ずかしがる

第Ⅱ部　観察

気持ちが薄れるにつれて、オリバーが母乳で授乳されるのをより頻繁に観察できました。しかしながら、母親は授乳中、ほぼ絶え間なく私に話しかけていました。

生後12週目の観察

オリバーは乳房を激しく吸い、それからじっと動かずに横たわっていた。口に乳房を含んでいるのを忘れていたかのように頭を動かして、乳首から離れた。オリバーの動きに母親は痛がり、もう一度やったら「大きなコップとストロー」をあげることにすると冗談めかして言った。授乳の後、オリバーは片方の握りこぶしをもう一方の手でつかんで激しく関節を吸った。

おそらくオリバーは、乳首と唇は別々のものだとも、自分は乳房とは別の存在だとも感じておらず、自分の一部だと感じていたのかもしれません。握りこぶしの関節を吸うことは、欲しいときにはいつで利用可能な乳首のような何かを自分は持っていると考えていた証拠かもしれません。これは、オリバーが目を覚まして母親がいないと気づいたときに突然引き起こされる激しい怒りに関連しています。そうしたとき、関節や指、それから体の他の部分を吸っても、オリバーは満足できませんでした。自分の外側にある何かに依存しているということ、つまりそうした空間や考えや、母親が持っているすべてを持っていないという考えに耐えることはオリバーには難しいようでした。

生後20週目の観察

その後、オリバーが固形食品を食べたとき、カップをつかんで食べ物を持とうとしたが、スプーンが口から出されるとぐずった。「スプーンが口から出ると、すべてがなくなったと思うのよ」と母親が言った。食べ物を飲み込む間、オリバーは左手で膝を叩き、手や足の指を開いたり閉じたりしながら、右手を回転させた。食べ物を欲しがるとき、オリバーは両手の動きを止め、ぐずり声をあげて口を開けた。オリバーは空のカップを見て激しく泣いた。母親が作ったミルクを見てオリバーは興奮し、哺乳瓶の乳

第10章 オリバー

　　首を指で触り、哺乳瓶を見て、両手で瓶を上下に動かした。腕を伸ばして
　　瓶を触り、押しやった。

　母親の説明は、オリバーの行動をうまく描写しているように思えました。ス
プーンでの食事はオリバーがペースを調節でき、何を食べるのかがわかるので、
哺乳瓶での授乳よりも不安を感じずにすみました。哺乳瓶での授乳は魔法のよう
だとオリバーは感じたのかもしれないと私は思いました。手足を回転したり握っ
たりすることによって、隙間のない、断続的な動きという感覚をつくっていたの
でしょうか。

　三者が含まれる関係性という考え方は、誰にもほとんどないようでした。三者
の関係性にある第三の要素には常に脅威と侵入性が感じられていました。たとえ
ば、約4か月あたりから、オリバーが私を見るときに腕で顔を隠し始め、曖昧な
笑顔を見せることに気づきました。これは、スーザンのオリバーとのアンビバレ
ントな遊び、つまり、オリバーが笑顔で楽しむときもあり、怯えるときもある
「抱っこ」と関連していたのかもしれません。オリバーはスーザンを見るとき、
ぐずったり身体をよじったりして、かなり苦痛を示すようになりました。両手で
顔を覆ったとき、しばしば手を吸っていました。

生後22週目の観察

　　オリバーはスプーンで食事を与えられ、ひとさじごとに泣き、明らかに
　　途切れに我慢することができなかった。オリバーはその後授乳のために連
　　れていかれた。授乳の間、オリバーはしっかりと母親の指を握っていた。
　　父親が部屋に入ると、オリバーはそれが誰かを見るために乳房からパッと
　　離れた。オリバーは授乳に戻り、再び吸い始めた。オリバーは突然吸うの
　　をやめ、乳首を口にくわえたまま私を見た。オリバーは吸うことに戻った
　　が、すぐに再びもぞもぞと動いた。オリバーは母の手を握り、母親のジャー
　　ジを払いのけたので乳房がよりあらわになった。オリバーは私を見てから
　　母親を見て、母親を見ながら下唇を吸い、私を見てやめた。オリバーは母
　　親を振り返り、自分のジャージを吸い始めた。母親は部屋から出て行き、

第II部　観察

それを見ながらオリバーは泣き始め、まるで自分を慰めようとするかのように、ジャージを激しく吸い始めた。オリバーはそれから、この辛い事態の責任が私にあるかのように、私を非難するように見た。この時点で母親は戻ってきて、オリバーの気持ちに応えるように「オリバーを蹴っていたの？」と私に言った。母親が抱き上げるとオリバーは泣きやんだ。母親はオリバーが噛まないことを父親に再確認しながら、抱かせた。父親は膝の上でオリバーを弾ませ、オリバーのお腹を噛み始め、オリバーはそれを楽しんでいるように見えた。スーザンは椅子で跳ね始め、母親に突然叱られ、母親は椅子のクッションでスーザンの顔をたたいた。

　この一連の流れは、オリバーが乳房との関係をどのように妨害され、侵入されたと感じたかを描いています。父親は授乳関係の親密さを守ることができず、スーザンやオリバー自身、そしてジャージのように、食事に強引に割り込んでいるように感じられます。オリバーは母親と私とを区別しており、それは母親を見たときの吸う動きによって示されているようです。母親は、オリバーが時々乳首を噛むように父を噛むことはないと言いましたが、代わりに父親は噛むことで遊びました。敵意と怒りといった容認され得ない感情を遠ざけるために、こうした感情が家族のメンバー間に順々にまわっていました。そして、このプロセスは、すべての家族に時々共通するものでした。こうした状況においては、私がオリバーを蹴っていたかどうか"冗談で"母親が訊いたとき、敵意は私に位置づけられていました。スーザンは母親にたたかれて、最終的には叱られることになりました。

生後23週目の観察

　母親はオリバーへの授乳中、私に話しかけた。私が応えるとき、オリバーは乳房から顔を上げ、私を真っ直ぐ見た。母親はオリバーを乳首に戻した。オリバーはしばらく吸って、再び私を見上げた。オリバーは乳首をくわえたまま横になり、唇はゆるみ、私を見ていた。母親は侵入者としての私についてのオリバーの気持ちを、「彼はそこにいるだけよ、おいで」と言いな

第10章　オリバー

がら表した。オリバーは吸い続け、私をもう一度見上げ、気が逸れた。母はいらだち始め、「遊ばないで、オリバー。飲んで」と言った。オリバーは横になり、吸わないでいた。母親はオリバーを抱き上げて、背中をさすりげっぷをさせて、乳房に戻した。オリバーはさらに強く吸い、母のジャージを乳房から払いのけて、握りしめていた。オリバーは再び吸うのをやめて、私を怪訝そうに見た。母親はオリバーの口を乳首に戻した。

オリバーは吸い続けていたが、突然胸を強く押して、まるで容赦なく乳首をもぎ取るかのように乳首を唇で引っ張り始めた。母親は痛いからやめるよう話したが、オリバーは続けていた。母親は少し恥ずかしがりながら、オリバーがしていることを説明した。母親はオリバーの手をつかみ、胸を押すのをやめさせた。オリバーは母親の指をしっかりとつかみ、授乳を再開した。しばらくして、母親はオリバーを座らせ、オリバーは数秒間戸惑っているように見えた。

この回や他の回で、オリバーは授乳中に、オリバーを見下ろすふたつの乳首やふたつの目に気を取られていました。目や乳首というふたつのペアは混乱を招き、オリバーの乳首への攻撃性は、私の目が見ていることによって侵入されたと感じる経験と直接関連しているように思えました。オリバーは授乳をやめ、何度か私を見つめていました。それはあたかも目で私を追い払い、授乳を進めていくためのようでした。私の目が敵対的、脅迫的ではなく、関心を持ってオリバーを見ている可能性があるという観念はほとんどないようでした。これは父親の保護を受けている人、つまりオリバーを詳しく調べるために私が来ていることについての父親の言葉や、NSPCCからの調査員として近所の人に"冗談ぽく"紹介することを思い出させました。オリバーは乳首を敵対的な目と混同し、攻撃しようとしたのかもしれません。オリバーは自分のための乳首を望んでいたのかもしれず、望んだときにいつでも乳房への絶え間ない関係を継続しようとして、侵入者が近づくのを許さなかったのかもしれません。オリバーの原初的な反応が、私がオリバーを観察し始めた当初の、私に対する父親の防衛的な攻撃性といかに類似していたかに注目するのは興味深いことであると思います。

この家族では、男性性は主にこの種の攻撃性によって特徴づけられていたよう

第Ⅱ部　観察

です。3人の人を含む関係性を想像することは難しく、最も重要な二者関係である母親との関係において、多くのライバル心や嫉妬心がありました。

あるときオリバーが授乳中、以前オリバーを怖がらせたというキングコングのマスクを父親がつけたことがありました。父親はマスクをつけてオリバーの名前を呼びました。オリバーは振り向き、口をぽかんと開きました。オリバーはぼんやりとした表情になりましたが、すぐに母親のほうを向き授乳を続けました。父親は「オリバーは優先順位を理解したんだ」と言いました。この出来事の後、父親はオリバーの足やつま先をくすぐって遊び、再びくすぐったり、お腹を噛んだりしました。オリバーは顔をゆがめ父親から身体を背け、父親は「ママがそうするのは好きじゃないか」と悲しそうに言いました。

ここでは父親はまさにオリバーが怖がる、噛みつき侵入してくる怪物の残虐な象徴のようでした。感情はとても混乱していました。オリバーの視点からすると、父親は今や冷酷な噛みつく口を持っており、オリバー自身が攻撃を受けている乳房のようなものでした。オリバーとうまくやりたいという父親の純粋な望みは、常に無意識のライバル心や嫉妬心によって妨げられているかのようでした。根底にある信念は、母親だけが赤ん坊を真に満足させることができ、したがってよい父親のための場所はないということでした。

オリバーはかなり急に6か月で離乳しました。オリバーが生まれたときに正確な時期が決定されていたというのは、この家族のやり方の特徴でした。このように日取りは決まっていたにもかかわらず、オリバーにはそのための準備はほとんどなされていませんでした。オリバーは乳房より哺乳瓶に興味があると言われていましたが、それほど平穏ではなかった母乳を諦めて安心したようでした。オリバーは哺乳瓶をよりコントロールしてもいるようでした。

離乳後の観察では、オリバーは乳房、離乳、ライバルについての感情を象徴しているように見えました。自分の情動を象徴し、「演じる」といった能力は、オリバーにとって重要であり、有用でした。

生後26週目の観察

オリバーは白いプラスチック製の箱を持って横たわっており、そこから

第10章　オリバー

　ゆっくりとおもちゃを出して空にして、その箱を吸った。オリバーはおもちゃの中に船を見つけ、それを吸い始め口で引っ張り、反り返った。その動きは、乳房を空にし、乳首をねじることを連想させた。その後、母親がオリバーを抱いていたとき、スーザンは父親と遊んでおり、同じ白いプラスチックの箱を頭に置いていた。オリバーはひどく怒り、母親の腕の中から無理やり脱け出そうともがいた。父親は誇らしげに、「オリバーはスーザンにいいものをあげたいんだ」と言った。オリバーは私だけでなく父親を見たとき、腕を挙げて自分を守った。オリバーは父親には明らかに無愛想で、遊ぶことを拒否し、逃げ出した。父親と母親の両方ともが、オリバーの見知らぬ人に対する突然の人見知りについて、誰かがそばを通り過ぎるときいつもベビーカーの中でいかに自分自身を遮断して守るか話した。

　オリバーの乳房への無慈悲さが、どれほど恐ろしさと脅されているという感情をもたらしているのだろうかと思いました。敵意はたいてい、それを取り除くために、他の人たちのものとされました。しかし、このとき、敵意はオリバーに戻ってきたようでした。オリバーは、スーザンが白い乳房の箱をご褒美として与えられたと感じました。オリバーの敵意は自尊心として語られ、攻撃されていると思って人を怖れているように見えたとしても、男らしさの証と見なされていたのではないかと思います。このことは、スーザンの女性らしさに対する家族の認識とスーザンの感情に対する家族の態度とは対照をなしていました。

　私が初めて観察に行ったとき、母親は私にオリバーの出産がスーザンより楽だったと言い、授乳も上手でスーザンより扱いが楽だと言いました。スーザンがオリバーの誕生に対して情緒的に反応していることを受け入れるのは両親には難しく、たとえば、オリバーが母乳で授乳されているときに、スーザンがグズグズ言ったり、気持ちが混乱したりするのは明らかでしたが、身体的な理由を見つけたがりました。スーザンは疲れているとか、乳歯が生えかけなのだと両親は言いました。興味深いことに、父親はスーザンにより同一化して、「ここ2、3日、嫉妬深くて、注目を求めている」といったスーザンの感情に触れることができていて、母親は、スーザンは体調がよくないからだと付け加えました。父親は思慮深げに「おそらく」と言いました。両親ともにオリバーの男性としての特質を非常

第Ⅱ部　観察

に喜んでいるようであり、母はペニスのある赤ん坊がいることを喜んでいるよう
でした。オリバーが床に横になっているときに注意深くオリバーのペニスを覆い
隠しながら、母親はオリバーが小さな男の子であることを忘れていると話しまし
た。オリバーはしばしば母親におしっこをかけるのだと母親は言いました。表面
上は嫌がっていましたが、それを秘かに楽しんでいるようでした。父親は、"オ
リバーのペニスが立ち、天井に向かっておしっこをしないように"私は警戒しな
ければいけないと言いました。息子のペニスに対する父親の子どもじみたライバ
ル心は次の言葉で表されていました。「小さな男の子と競争して、誰が壁の一番
高いところを濡らせるか知りたくても、試したらダメだ！　小さな男の子が自動
的に勝つものなんだ」。父親はこの生理的な理由を私に話し続けました。父親が
私に話している間に、オリバーは母親をおしっこで濡らしました。父親はオリ
バーの的をほめたたえました。母親は、オリバーが母親を濡らすことをいかに楽
しんでいるか話しました。また母親がそれを楽しんでいたことも明らかでした。
母親と父親がオリバーの男性としての特質をいかに喜んでいるかをスーザンは理
解しているようであり、あるとき、お風呂に入っているときにオリバーのペニス
を引っ張りました。スーザンはオリバーには優しくしなさいと言われましたが、
オリバーは男の子でした。父親は冗談ぽく、16歳のオリバーはスーザンがペニス
を引っ張ったことを覚えているかもしれないと言いました。父親は私に、娘の人
生の中での唯一の男性であるかのように（スーザンはまだ18か月です）スーザンが家
にボーイフレンドを連れてくるようになることを怖れているのだと言いました。

　その後すぐ、母親がオリバーをベッドで授乳したところ、スーザンはとても不
安になり始めました。スーザンは「アンナ、アンナ」と言いながら、赤ん坊の写
真を雑誌に探し始め、母親は「オリバーのこと？」と言いました。スーザンは写
真を見つけ、まるで「ほら、私を見て。これは"女の子"の赤ん坊よ、オリバー
じゃないわ」というように、母親の注意を引きました。父親は母親とスーザンと
オリバーのほうを向いてベッドに寄りかかっていましたが、雑誌をつかもうとし
ました。するとスーザンは雑誌をもぎ取ったので、父親は雑誌を置くように厳し
く言いました。母親は、父親が雑誌を取り上げてしまわないとスーザンがわかっ
たら、雑誌を父親に渡すでしょうと言いました。父親はきまり悪そうでした。

　スーザンと同じように、父親は排除される辛さを感じているように見えまし

第10章　オリバー

たが、母親とオリバーの関係の親密さという状況の中、剥奪されているという感情のすべてをスーザンに持たせようとしているように思えました。母親は、父親がこうした感情をスーザンに押しつけようとしているのに気づいているようでした。

しばしば、スーザンは怒りっぽく、物憂げで、涙ぐんでいるように見えました。私はスーザンが抑うつ的だと感じました。母親はスーザンが悲しい気持ちでいることに気づき、乳歯が生えたり、疲れたりして動揺しているからだと話しました。スーザンは食事中、食べ物への嫌悪を表していましたが、母親はそれでもなおスーザンに食事を続けさせました。スーザンは実際に敵意を直接表現することはできませんでした。これは男性の領域のようでした。たとえば、あるときスーザンはオリバーの子ども用の椅子にいくつかの人形を置いて、人形に自分の気持ちを行動化させようとしました。母親がそれらをおろすように言うと、人形を強く床に投げました。母親は「優しくね」と言いました。

スーザンがぐずっていて、母親の注意を引いているときには、「私たちはあなたを別の子、黒髪で巻き毛の子に交換しなければいけないわ」と"冗談を"言いました。私は、これは父親が初めの頃にした宇宙人についての発言と直結していると感じました。時にはスーザンは、嫌われた宇宙人であり、ペニスを持たず、弟とは対照的にほとんど価値もない赤ん坊のように感じられました。母親は「長い間、あなたはスーザンが男の子か女の子か見分けることができなかったと思うけど、オリバーについては疑いを持っていないわね」と言いました。あるときは、スーザンに腹を立て、同時にオリバーを優しくくすぐっている間、「時々、私はどうやって正気を保てるのかしらと思うわ」と言いました。それに続いて、オリバーがいかに満足し、幸せで、多くを求めないか母親は私に話し、オリバーは母親のためにそうしているのだということを暗に示していました。

父親は、オリバーとの荒っぽい遊びが好きで、父親自身も楽しんでいました。父親はオリバーに「私たちは意思疎通がうまくいっている。シャモア革のようにやさしく取り扱う必要はないんだ。お前は荒っぽいのが好きだもんな」と言いました。父親は続けて、ある種の「父が好き、息子が好き」感覚で父親の時計とオシロスコープ[訳注2]をオリバーは見るのが好きで、私がすでに説明したように、特にオリバーのお腹を父親が噛むような荒っぽいことがオリバーは次第に好きでは

263

第Ⅱ部　観察

なくなっていることを教えてくれました。しかし父親は、「オリバーは私の誇り
であり喜びだ。私の息子はいつか私の孫の父親となるだろう」と私に言いました。
これはスーザンの未来のボーイフレンドに対して表された感情とは対照的なのが
興味深いところです。

　スーザン自身が実際にオリバーを噛んだのは、父親がふたりには「嫉妬の問題」
があると言ったときでした。父親がスーザンになぜオリバーを噛んだのかと尋ね
たところ、「パパがオリバーを抱っこしていたから」と答えました。スーザンの
嫉妬と敵対心を両親が認識することは稀であり、父親自身の否定的な感情は私の
ものだとされてもいました。そうしたことは、オリバーの嫉妬や貪欲さやかん
しゃくは、男性の特性であるとして受け入れ賞賛さえする両親の能力とは対照的
でした。母親はしばしばオリバーに愛情のこもった口調で「あなたはとても欲張
りでせっかちね。典型的な男ね」と言いました。

　他の種類の男性性を想像するのは難しかったのだと私は思います。男性らしさ
は何か確かなもの、時計のように何かを定量化できるもののように見られていま
した。一方で、女性らしさは不確かで、目には見えず、それほど確かではないも
ののようでした。これは、乳首と乳房との異なる感覚、つまり前者の堅さと後者
の柔らかさとの対照性といった幼児体験とほぼ同じように思えました。情緒的な
反応の存在はしばしば否認され、物理的に"観察できる"ことに置き換えられて
いるので、一般的に情緒的な生活がどのくらい女性の一部と見なされているのだ
ろうかと私は思います。スーザンの悲しい気持ちは、歯が生えてきているからだ
とされ続けていました。

おわりに

　赤ん坊や情緒に対する私の関心は奇妙で女性的なものとみなされ、父親にとっ
てまったく分類することができないような男性と接触することになったのだと思

[訳注2] ブラウン管を用いて、変化の激しい電気現象の波形を観測する装置。

第10章　オリバー

います。

　当初、家族の中の私の立場は不安定でしたが、それにもかかわらず家族によって場所を与えられ、しばしばとても親切にされました。父親と母親は赤ん坊を温かく迎え入れたいと思い、私に対しても同じようにしたいと思っていましたが、こうした願いは無意識的な敵意や対抗心の急激な高まりによって絶えず妨害されました。この家族に特有の状況や信念体系は、特に父親の中にある非常に極端なものを引き出していました。赤ん坊が女の子だった場合、私が引き出したような反応を男性観察者が呼び起こしたかどうかはわかりません。父親と母親、そして、オリバーと母親との排他的関係に対する敵対心やうらやましさを位置づける場所として、父親が私を使うことができたということは、観察が役立ったことの一部でした。そうした感情に私が持ちこたえることは、父親にとって助けになったでしょうし、そうした感情からオリバーを守ることにも役立ったかもしれません。

第11章

ジェフリー

　ジェフリーは30代になったばかりの両親の次男で、4歳上に兄のピーターがいました。両親は、結婚したとき生まれ育った郊外の地域から離れ、出身である労働者階級の大家族から少し離れたところに引っ越しました。

　両親は、子どもたちに居心地のよい、安全な家庭を用意したいと思っていました。つまり、両親ともフルタイムで働くつもりでした。両親は、きれいで、明るく、快適で、居心地のよい家を購入するためにとても辛抱強く働きました。

　母親は、ピーターの産後2、3週間のうちに、きつい仕事に戻りました。ジェフリーの出産のときに、再び産休を取りました。今回は生後5か月まで家で過ごす許可が得られました。仕事への復帰は母親にとって簡単なことではなく、家にいるのが好きで、ジェフリーと一緒にいたいとわかったと母親は話しました。母親は私に、「私の周りの女性は、キャリアのためではなく、ただお金のために働いているの」と言いました。母親は仕事もとても楽しんでいましたが、家庭を整えることのほうを優先していて、子育てと家のやりくりのすべてを取り仕切っていました。

　ジェフリーの父親は、家族と一緒にいるために、昼間、家でしばしばすごせるように仕事のシフト調整をしていました。父親はもの静かで内気な男性で、妻と子どもたちが父親の大きな喜びであることは明らかでした。ピーターは、元気あふれるおしゃべり好きな男の子で、常にあちこち動き回っていました。大体において、ピーターは小さな弟にとても優しかったのですが、ピーターは嫉妬心を抱くこともあり、それは「人はどう振る舞うか」という厳しい秩序の範囲内では、両親から大目に見られていました。

第11章　ジェフリー

　母親は親しみやすく付き合いやすい人でしたが、プライバシーを維持する人だと私はいつも認識させられました。母親は、私に何かを打ち明けることはしませんでしたし、家族の細かいことは何も話しませんでしたし、私の家族の様子をいつも尋ねますが、生活の話を期待していないのは明らかで、ジェフリーを観察し、ジェフリーのことを考えに来ている学生として受け入れることに満足していました。実際、母親は家事の手を休めて、私の訪問をいろいろな機会に活用していました。母親は座って、ジェフリーをながめながら一緒に過ごしていました。

　ジェフリーは自宅で生まれました。大きな赤ん坊で、母親は無事に生まれたことを喜んでいました。母親は、私に「すべてに満足している」と言いましたが、陣発や出産の詳細を私には話しませんでした。これが、この家族の慎み深さとの出会いだったと今ではわかります。ジェフリーは、親密ではありながらも内気な家族の中に自分の居場所をゆっくりと見つけていきました。家庭は、乳幼児期の困難さ、特に母親の復職を切り抜けるのには十分に安全な場所でした。

　ジェフリーが生後3週目の初回の訪問のときに、母親は私に言いました。「私は、いわゆる勘のいい母乳育児者ではないの。心から楽しむ母親もいるわね。私はずっと時計に目を向けていなくてはいけなくて、3分間が10分間に感じられるの」。母乳育児はミルクの質や量を計測できないから難しいと言いました。

生後3週目の観察

　それでも、ジェフリーは平和そのものに見えた。そして、足はカエルのような形で、目は閉じてこのうえなくリラックスして寝かされていた。穏やかにおっぱいを吸い、長い時間まったく動かなかった。私には、丸い顔とふわふわした髪が見えた。母親は授乳を終わりにし、片手でジェフリーのわきの下を抱きかかえてとても急に起こして座らせた。ジェフリーは体に何の骨組みもないかのように、母親の手のほうに前のめりに傾き、とてもゆっくりと目を開けた。母親はつなぎのベビー服のかかとのところを引っ張って、一番小さいサイズではきついと言った。ジェフリーは私のほうを見上げて、頭をまっすぐにしようとしていた。目が開き、私のほうを意図して見ていた。私が馴染みのない誰かだと気づいていると私は確かに

第Ⅱ部　観察

感じた。数分して母親はジェフリーにもう片方のおっぱいをあげた。おむ
つを替えなくてはいけないかもしれず、そのために起こすのだと母親は
言った。ジェフリーは目を閉じて、乳首をくわえ、優しく吸っているよう
に見えた。ほんの2、3分で、母親は自分の体からジェフリーを起こそうと
した。ジェフリーは目を開け、椅子の背を見つめた。それから、母親は膝
の上にジェフリーを座らせ、お互いに2、3分見つめ合った。母親とジェフ
リーはふんわりとふたりだけで包まれているようだった。ジェフリーの表
情は楽しそうだった。この後、母親はもう片方のおっぱいを吸わせた。ジェ
フリーはぎゅっと母親のブラウスをつかんでいたが、それ以外はどこも動
かずリラックスしていた。

　まだ生まれて間もない赤ん坊として、ジェフリーが長い時間まったく動かない
のが、特に印象的でした。しかし、目は活発にあたりを探索していました。それ
はまるでジェフリーが目で探索するだけでなく、自分の周りの人々が一人ひとり
異なっていることに気づき、家族、特に母親の行き来に常に気づいているかのよ
うでした。
　ジェフリーは多くの体験、特に授乳、後には身体を拭いてもらうことやおむつ
交換にすっかり身を任せる感覚が好きな赤ん坊でした。沐浴は大好きでした。

生後4週目の観察

　母親は、抱きかかえるようにして、ジェフリーをマットの上に寝かせた。
ジェフリーは静かに横たわり、あたりを見て、それから、腕や足を動かし
始めた。おむつを外されている間も動かし続けた。母親は、水を取りに部
屋を出た。ジェフリーは、親指を口の近くに持ってきたが、しっかりとは
入らず、腕や足はほとんど動かさず、注意深く自分の周りを見た。足を力
強く蹴ったが、母親がお尻にたっぷりとクリームを塗っている間はばたつ
かず、足はおちんちんの上で止まっていた。母親は上手にジェフリーをき
れいにし、きびきびと新しいおむつをつけた。おむつをつけられるとジェ
フリーは赤くなり、しかめ面になり、ぐずり声をあげた。母親が抱き上げ

第11章 ジェフリー

るとすぐに落ち着き、あたりを見回し始めた。

　ジェフリーは、マットの上に初めて置かれ、筋肉に力を入れて、自分の体を
まったく動かないようコントロールしているようです。この広々した床、たぶん
冷たい環境の上の広がりの中で、自分自身をひとつの塊として保持しようとして
いるのでしょうか。次に、ジェフリーは経験のおさまりどころを探そうとするか
のように周りを見始めます。そのとき、母親の馴染みの手がいつものお世話をし
はじめ、お尻を洗いきれいにしながら、軽くトントンしたりなでたりします。
安心感を与えられ、今や心地よくなって、ジェフリーは力強く蹴り、裸の自由を
探索します。母親がジェフリーを残して水を取りに行くと、吸うおっぱい代わり
として、親指に慰めを求めます。おむつの交換、お尻洗いが終わると、刺激も終
わります。そして、ジェフリーは泣きます。母親が抱き上げると、ジェフリーは
泣きやみます。

　最初の数週間、ミルク哺乳が確立するまで、一日中母乳をあげているように見
えました。母親がこの状況を喜んでいないのは明らかでした。母親は、ジェフ
リーが母親と一緒にいたがり、「あやすには何をしたらいいかわからなかった」
と話しました。ジェフリーが生後2か月のとき、母親は、「ジェフリーは、午前
中はずっと私と一緒にいたがり、あたりを見回しては、おっぱいを口に入れて
て、気ままに2、3回吸うの」と言いました。私は、ジェフリーが授乳に引き戻さ
れることにひどく抵抗しているのを何度も見ました。そして、授乳が次の授乳に
どんなふうにつながっていくか観察しました。ジェフリーはこの数週間、母親を
引きつけておくことに成功していました。

　生後2か月のとき、「ジェフリーの手が、母親の人差し指をしっかりつかみま
したが、その瞬間、母親は上の空でそれを引き離しました。ジェフリーの手は
母親のブラウスをたぐって、ブラウスのひだをつかみました。眼は閉じたまま
でした」。

　そして生後2か月半のとき「ジェフリーはおっぱいを飲んでいました。動かず、
目を閉じていました。母親は私にジェフリーの寝るときの習慣について話しまし
た。それから、ジェフリーは、吸うのをやめて、母親を見上げました。顔をしか
め、赤くなり、怒っていました」。

第Ⅱ部　観察

　ずっとは母親にくっついていられないとき、ジェフリーは母親の動きも、たぶん家族の動きも目でコントロールできると感じているように見えました。

生後7週目の観察

　ジェフリーは、バウンサーに座っている。母親は授乳の途中で、ジェフリーをおいて、ピーターを学校に送るため外出した。ジェフリーはあたりを見回し、そして、手を口に持っていき、グーフーという奇妙な音を出した。それから、母親がたった今出て行ったドアを見る。口が動き、舌が出たり入ったりする。手を口において、こぶしをなめる。父親は母親がちょっと出ている間、息子のそばにいようと静かに部屋に入ってきた。母親が戻ってきて、おっぱいを最後までもらった。ジェフリーは乳首をうまく扱えず、乳首が口から出て、離れた。母親は、乳首がジェフリーの口の中に入るようにおっぱいを当てる。ジェフリーは目をずっと開けて、母親をじっと見上げ、そして、母親が見下ろし、ふたりの目が合う。ジェフリーはおっぱいを吸い始め、母親は、「ほら、遊ばないで飲んでね」と言った。ジェフリーは目を開けておっぱいを吸い、片方の足はクルクル動いていた。母親がずっと居続けて、またいなくならないように、目を開け続けているのだろうか。

生後12週目の観察

　母親は立ち上がり、腰をかがめてジェフリーをベビー椅子においた。ジェフリーは母親が立ち上がって離れていくのを見た。母親がドアから出ていくのを見ていたが、無表情だった。椅子についているプラスチックの人形で遊ぶ以外は動かなかった。青い人形に手が届き、片方の手で持って、両目でじっと見つめた。

　興味と好奇心は、しばしば空腹より強いものでした。私の観察には、ジェフリーがおっぱいを吸うのを途中でやめて、あたりを見ている描写が多くありま

第11章　ジェフリー

す。母親は慣れていて、ジェフリーが頭の向きを変えても、それに合わせて哺乳瓶を口の中に入れ続けました。成長するにつれ、ソファの私の隣にジェフリーを連れてこなくてはなりませんでした。そうすれば、ジェフリーは私たちふたりを見ることができ、そしてたぶん、ふたりの存在をコントロールできるからです。そうでなければ、ジェフリーはミルクを飲もうとしませんでした。まるで、あたりを見回すことでも、ミルクと同様に、お腹を満たすことができると感じているようでした。まるで、目で世界を飲んで、実際の食べ物への欲求を否定するかのようでした。これは、すでに生後6週目から始まっていました。

生後6週目の観察

　　母親が部屋を出たとたん、ジェフリーの顔はゆがみ始めた。ジェフリーはピンク色になり、下唇が前に出っ張って、震えた。しかし、何か（ジェフリーの関心を"引いた"何か）を見始めて、表情はすっきりした。ジェフリーはしばらくこんなふうにしていた。つまり、唇が前に出て、そして、時々短く泣き声を上げた。それから、何かに気を取られ、その瞬間にすぐ、表情のゆがみがなくなり、しばらくじっと目に入ったもの見ようとする。

　生後3か月ちょうどの日、母親が私に、日中の母乳を瓶哺乳のミルクに替えてジェフリーにあげているとあいさつがてら報告しました。ジェフリーは熱心に飲んでいましたが、げっぷがとても多く出ていました。母親は、朝の6時に両方のおっぱい、午前11時と夜の6時には片方のおっぱいでの授乳は続けていると言いました。この訪問の間、ジェフリーは親指を大きな音を立てて吸っていて、母親はそれを聞くとまるでおなかがすいているようだけど、おっぱいには吸いつこうとしないと言いました。11時のおっぱい（片方だけ）の拒絶は、与えられないおっぱいへのジェフリーの怒りではないかと感じました。離乳を始める前、ジェフリーは楽しくおっぱいを吸い、口唇で探索していましたが、たぶん今は、いつもの指しゃぶり（離乳中も離乳後も続いた）は母親への欲求をジェフリー自身が回避していることの表れのようでした。ジェフリーは、今では家族が周りを行き来する中、布でできた「ベビーリラックス」チェアにいつもいました。多くの私の観

第Ⅱ部　観察

察記録には、ジェフリーが座って、親指か手のどこかを吸っているか、唇に沿って舌を出したり入れたりこすったり、何回かは舌を吸っている記述があります。母親がいることと明らかに関係しているようで、ジェフリーは時には母親を熱心に見つめながら吸っていました。泣いた後、しばしば、自分の手と手を重ねていて、それはまるで、自分をひとまとめに抱えて、とてもしっかりと自分自身にしがみついているようでした。そして、手を吸っていました。離乳の後は、小さなおもちゃを吸ったりしゃぶったりしていました。

　母親はジェフリーが生後5か月のときに、復職しました。この出来事は、静かに過ぎたように見えました。復職の1か月前に、ジェフリーの離乳を急に早め、一日3回の固形食と夜1回のミルク、母乳は早朝1回だけになりました。この離乳は、私にとっては、とても急いで行われたように見えましたが、母親は「何もかもとてもスムーズにいった」と喜んでいました。生後4か月のときに、食事場面を観察しました。

生後16週目の観察

　母親はジェフリーに小さなハンドタオルをまきつけ、両腕を身体の横に押し込んだ。母親は、ジェフリーの開いた口に食べ物を一さじ運んだ。ジェフリーは口を開けていたが、私のほうも見ていた。ジェフリーは頭を前に出し、足を強く蹴ったが、食べ物も口に受け入れた。母親がもう一さじ食べさせると、さらにもがいて、「うー」と抗議の声を出した。母親は、「熱すぎる」と言って、もう一さじ口に入れるときにもう一度そう言った。母親は、水差しの水の中に立ててある哺乳瓶のミルクのことを言っているのだと私は気がついた。それは、ちょうどジェフリーの視界から外れた、頭の後ろのテーブルの上にあった。しかし、ジェフリーはそれを見ようと体をねじっているのではなく、私を見ていて、強くもがいていた。母親は、「親指さんが欲しいの？」と言った。母親は食べ物を置いて、腕を自由に動かせるようにし、食べさせ続けた。ジェフリーは親指を口に入れず、後ろにもたれ、もがいたり嫌がったりせずにおいしそうに食べた。口がタイミングよく開き、舌が唇の間で前に出て、なめたり吸ったりして、それから

第11章　ジェフリー

食べ物を飲み込んだ。母親はタオルでジェフリーの顔をぬぐい、ソファに座らせると、哺乳瓶を温めに行った。ジェフリーは片手にタオルを握って、もう片方の手をすっかり口の中に入れようとしていた。母親が戻り、ジェフリーを抱き上げ、ぴったりと抱いた。ジェフリーは哺乳瓶を見てグーと言った。母親が近づけると、口を大きく開けて、乳首に近づいた。ジェフリーは大きな音を立てて一生懸命飲み、鼻であえぐように荒々しく息をした。目は開いていて、母親をじっと見ていた。足は動かなかったが、片方が時々ゆっくり円を描くように動いた。母親から遠く離れていた手が、母親の手に沿って、哺乳瓶のほうに少し動いた。ジェフリーは手の指を広げた。母親は、ジェフリーを見下ろしていて、ジェフリーの満足げなげっぷ以外は、しばらくの間、静かだった。

　母親は、突然しゃべりだし、私の休暇について尋ねた。私は答えた。ジェフリーは吸いながら、母親の顔のほうに左手を挙げながら、つぶやくような声を出した。母親はジェフリーを見下ろし、「なあに？　話しかけてほしいの？」と、穏やかに、かすかに歌うような声で、声に合わせて頭で調子をとりながら言った。ジェフリーは母親をまっすぐに見て、それから、乳首を口から出し、母親に向かって何かをつぶやくような声を出した。上の唇は丸まり、おしゃべりしているかのような声を出し、母親の顔に向かって腕を動かした。それから、母親が乳首をもう一度ジェフリーの口に入れると、ジェフリーは母親をずっと見ながら吸った。

　ジェフリーはますますリラックスし、動かなくなった。だんだん瞼が閉じ、吸うのをやめた。「もう寝そうね、目が閉じちゃうのね」。そして、母親は乳首をジェフリーの口から外すと、縦抱きにした。ジェフリーは大きな声で泣き始めた。顔中しかめて、赤くなり、連続して大きなおならをした。母親は、ジェフリーの背中を、くるりくるりとどこか上の空でさすった。「あら？　もっと飲むの？」と言って、乳首をもう一度口に戻した。ジェフリーは吸いついて数回吸ったが、押し出した。母親はもう一度、縦抱きにし、さすり、ジェフリーは抵抗して、母親はますますぼんやりとして、ジェフリーはますますみじめに見えた。そのとき、母親は「どうしてほしいのかわからないわ。おむつ替え用のマットを持ってくるね」と言った。

第Ⅱ部　観察

　　ほとんど濡れていなかったがおむつを替え、ジェフリーは穏やかだった。
　ジェフリーは服を着せられて、床に寝かされ、母親がおむつの留め具の
形をしたプラスチックのおもちゃを持たせた。ジェフリーはそれをじっと
見て、しばらくしてから、ぎこちなくおもちゃに手を伸ばし、もう片方の
手が届いてくるまで片手で持っていた。ジェフリーは、おもちゃを口に
持っていき、吸い始め、舌でなめ、歯で噛んだ。母親は部屋を出て行き、
ジェフリーは目で追った。しばらく、吸って噛んでいると、顔にたれかかっ
たよだれかけの下に右手がひっかかった。ジェフリーは赤くなり始め、私
は右手をはずした。ジェフリーはまた噛み始め、それから、おもちゃのボ
ウリングピンを落とした。私はジェフリーにそれを戻した。ジェフリーは
それに手をのばすと、私を見て、それから、おもちゃのピンを吸い、ドア
のほうを見た。母親はお茶を持って顔を出すと、すぐに、父親にお茶を持っ
ていった。ジェフリーは母親が出ていくのを見て、顔を赤くして、大声で
泣き始め、泣き声のあい間にピンを噛んだ。母親が戻り、ジェフリーは泣
きやんだ。母親はジェフリーを抱き上げ、ほほの近くでシーシーと言いな
がら、話しかけた。ジェフリーは母親を見つめて、驚くほどいろいろな種
類の声やバブバブ音やにごった音を母親に出し始めた。

　ジェフリーの初めてのおもちゃは、こうした小さなプラスチックの形状でし
た。ボウリングピンと人や鳥もありました。母親は、おむつを替えるときはいつ
でもジェフリーの手におもちゃを持たせました。ジェフリーはこうしたおもちゃ
に吸いつき、よくしゃぶっていました。おもちゃは母親への欲求を抑制するため
にあるようで、母親が視界からいなくなると、おもちゃをしっかり握っていまし
た。かじったり吸ったりというのは、もしそれがなければ攻撃性や怒りを示して
いたかもしれないときに、そうしていたのかもしれないと私は感じました。

生後20週目の観察

　母親は、硝子戸の外側にいて、窓の掃除をしていた。ジェフリーは母親
を見つめて、私に視線を戻し、それから母親を見て私を見た。私と目が合

第11章　ジェフリー

うと小さく笑った。それから、持っていた鳥のおもちゃを再び口に持って
いき、それを噛み続けた。私はこの状況が居心地悪く、私が話しかけなけ
れば、ジェフリーが不安になるだろうと感じていた。ジェフリーは鳥を噛
み続け、私、母親、兄を順に見続けた。それから、声をあげ、私が見ると、
ジェフリーは私を見ていた。数分後にこれがもう一度あった。その後、噛
んでいる以外は動かなくなった。しばらく静かにじっとして、そして、噛
み続けた。ジェフリーは自分の前に鳥を差し出し、指を大きく開いたので、
鳥は床に落ちた。それから、より静かになった。ずっと私たちを見つめて
いて、それから、ぼーっとして、椅子の背に頭を休ませた。母親は私に話し
しかけ、私はそちらを向いた。ジェフリーは叫び、私が振り返ると、タル
カムパウダーの缶の端を噛みながら、私を見ていた。

　母親が近づいてきて、ゆっくりとおむつを替えた。ジェフリーは床に横
たわったままで、傍らで何か書いているピーターに何かを指さしており、
母親はジェフリーの上にかがんでいた。ジェフリーは、かがんでいる母親
を見つめ、手を伸ばして胸の近くに触れた。そして、それから、クックと
楽しそうに笑った。母親は気づかぬように見え、何も言わなかったが、身
を起こして、ジェフリーのおしりを拭き始めたので、ジェフリーは自分の
手で遊び始め、拍手をし、手のひらを広げたり指どうしを広げた。母親が
もう一度かがみ込むと、ジェフリーは見上げて、声を上げてクックと笑っ
た。母親は、ピーターに夢中でそれには反応しなかった。母親は、ジェフ
リーに新しいおむつをつけ、その間、ジェフリーは絡ませた両親指を口に
入れようとしていた。これは、しかし、急で粗暴な動きで、1回か2回、
注意を引いた。指が口に入ったとき、そのまま入れてはおかないで、また
急に乱暴に動かした。母親はジェフリーを抱き上げた。

　潜在的な怒りが気づかれずに見過ごされているようです。
　母親の復職に関わる事柄の扱われ方と関係している可能性があります。母親の
復職一日前の私の訪問日に、ジェフリーは、どうしてもスプーンを持って自分で
食べたがって手を伸ばしました。しかし、母親はきびきびと食べさせ、ジェフ
リーがスプーンに手を伸ばそうとするとスプーンで口いっぱいに入れました。母

第Ⅱ部　観察

親はこの方法なら、ジェフリーが素早くきれいに食べられると確信していましたし、おそらく、このような素早い実務的なやり方で、次の日ジェフリーをおいて仕事に行くことに伴うどんな痛みからも距離を取っていたのでしょう。母親は"考え込むな。立ちあがり、行動し、忙しくし続ける"という座右の銘のもと行動しているように振る舞っていました。

　次の訪問で家に着いたとき、ジェフリーは眠っていて、私には、満足な食事を思い出しているように見えました。

生後21週目の観察

　　私たちが寝室に入るとき、母親はしゃべっていた。ジェフリーが片目を開けるのを見て、母親はおしゃべりをやめた。ジェフリーはゆっくりと目を閉じ、そして、親指を吸い始め、4、5秒続けた。母親はちょっとジェフリーを見てから、ジェフリーと私のふたりだけにし、部屋を出て行った。ジェフリーは、さらに数秒親指を吸ったが、それ以外はじっとしていた。ジェフリーの目が瞼の下で動いた。次第に深い眠りに落ちていくようだった。吸う間隔も5、6秒に1回に減り、同じ間隔で深く規則正しく息をした。目は動かず、私は約20分間、眠っているジェフリーをじっと見ていた。そのとき、電話で話す母親の声が聞こえてきた。ジェフリーは突然動き、腕で少し体を持ち上げたが、腕は体の脇にあった。ジェフリーは顔をシーツに押しつけた。鼻をシーツでこすり、顔を前に動かし、そして、まっすぐ下へ押しつけ、顔を左右に1回2回動かし、鼻をふんふん鳴らした。それから、顔をこすりつけた。顔はシーツにかなり強く押しつけられて見えた。それから、もう一度眠りについた。親指を口に入れず、くつろいでおり、一定のリズムで深く呼吸をしていた。親指は口から数インチのところにあった。

　母親は、いつも、哺乳や食事の後、ジェフリーの顔をしっかり拭いていました。同じ訪問の後半の時間の観察です。

第11章　ジェフリー

　　ジェフリーは目を覚まし、床に置かれたしっかりしたプラスチックの椅子にいた。あたりを見回し、私を見て微笑んだ。そして、私は、反応しないとジェフリーを不安にさせるのではないかと思い、笑い返した。この後、ジェフリーは私に笑い、キッチンへのドアのところに立っていた母親を呼んで、母親との会話を始めた。それからジェフリーは、はしゃいでにぎやかに遊ぶ兄のピーターを見て、興奮して動き、後ろから呼びかけた。母親はピーターを部屋から追い払い、ジェフリーを床に置いて、移動しようと頑張っているところを私に見せようとした。ジェフリーは、カーペットをまっすぐ見下ろし、腕を押しつけ、体を何度も上げたり下ろしたりした。それから、頭を持ち上げて周りを見回した。そして、頭を下げて、足と膝をこすり始め、カーペットに押しつけたが、おなかの下で動かしたり、おしりを持ち上げたりはそううまくはいかなかった。母親はジェフリーを見ながら、とても喜び微笑んでいた。母親はジェフリーを抱き上げ、強くなったと話した。

　母親の復職後、ジェフリーは母親なしで長い時間過ごし、成長発達を続けていました。どのようにしてジェフリーが何とかする方法を見つけたかのヒントは、この抜粋の中にあると思います。ジェフリーは身体発達し続けることに懸命であり、家族は常にそのことに強い関心を示していました。ジェフリーは発達し、注目を集めたがっていました。ジェフリーは他の子どもたち、特に兄にとても興味があり、時には早熟な関心さえし示していました。自分のことを、手のかかる赤ん坊というよりも、男の子として兄や父親と同一視していました。

　母親の復職後、数週間のうちに、ジェフリーは、成長し大きくなりました。私の観察では、ミルクの時間は、母親にとっても息子にとっても、とても密着する時間でした。ふたりはふたりにしかわからない会話をしていました。たいてい部屋のこちらとむこうという距離にもかかわらず、とても親密で、驚くほどさまざまな、口を使った音でやりとりしていました。

　ジェフリーは自己主張が引き続きできていて、したいことをはっきりさせていましたた。次は、母親の復職後1か月の観察からの抜粋です。

第II部　観察

生後25週目の観察

　　ジェフリーは哺乳瓶を何にも邪魔されずに吸っていた。その手は、母親
　のブラウスを開けたり、その生地を伸ばしたりしていた。もう一方の手は、
　母親の指の上に置かれていた。ピーターが私に話しかけた。ジェフリーは、
　哺乳瓶を手荒に扱って、頭を離した。数秒して母親が言った。「あらまあ、
　見たいのね」。そして、ジェフリーがピーターと私を見ることができるよ
　うに、ジェフリーの向きをくるりと変えた。ジェフリーは嬉しそうに表情
　を輝かせ、横になって再びミルクを飲み始めた。ジェフリーには私たちの
　両方が見えていた。

　哺乳瓶は、長い間、満足のいく、コントロール可能なものとなっていました。
ジェフリーは瓶をなで、自分の哺乳をコントロールできました。さまざまな機会
に、ミルクの出が悪いと、乳首を噛み、しゃぶっていました。母親の復職後、ジェ
フリーはコップに興味を示しました。すでに生後6か月のときに、私が飲むどの
コップにもジェフリーが注目することに私は気づいていました。訪問すると、母
親は習慣でコーヒーを入れてくれました。まるで、ジェフリーの飲み物を飲んで
いるかのように私は感じました。ジェフリーは、家族のコップの使い方を、哺乳
瓶や空のコップでいつも真似しました。これは成長した人から学び、自分も成長
したいという気持ちの表れだと私は感じます。ジェフリーはピーターや父親にな
りたがっているのでしょう。ジェフリーは他の人と同じ経験をしようとするかの
ように飲みます。私はジェフリーの飲み物を飲んでいると感じていました。ジェ
フリーは私と一緒にその飲み物を経験していたのでしょうか。

生後26週目の観察

　　母親は私と並んでソファに座った。ジェフリーは私を見て、コーヒー
　カップに目を移した。母親は、ジェフリーが私のほうに行こうとするのを
　止めなかった。コップが空になったとき、ジェフリーが取るに任せた。ジェ
　フリーはコップをきちんと持とうとし、中を見ようとした。10分ほどコッ

278

プを探索し、私に得意気に笑った。

　ジェフリーのおもちゃといえば、この数か月間は、母親が持ってきた小さなプラスチック製の型でした。ジェフリーはおもちゃを落として遊んでいました。おもちゃを落として、小さなおもちゃを見下ろし、それから、プラスチック製の椅子の横から身を乗り出し、取ってと声を出すのを私はよく見ました。生後7か月のとき、母親はいくつかの軟らかいおもちゃを増やしました。ジェフリーは新しいおもちゃを持つと、母親がしたように、おもちゃに生き生きと話しかけていました。ジェフリーが母親で、おもちゃが赤ん坊のように見えました。このように、ジェフリーは母親からの分離にまつわることを探索しました。今やジェフリーが母親役で、おもちゃの赤ん坊がいるかいないかをコントロールできました。

生後24週目の観察

　ジェフリーは床の上にあるしっかりしたプラスチックの椅子に座り、犬のおもちゃを持っていた。そして、それを椅子のわきから下に落とした。ジェフリーは待って、それから前にかがみ込んで、おもちゃを取った。ジェフリーがおもちゃのてっぺんを少し噛んで、そして手を離したので、おもちゃは床まで転がり落ちた。ジェフリーは待ち、それから、足の間を前にかがみ込み、左手を下に伸ばしたが、おもちゃには届かなかった。それで左側にかがみ込み、手を下げ、おもちゃを探した。このときは、触ることはできたが、取れなかった。何回か取ろうとしてみたが取れず、母親のほうを見上げて、「あー！　あー！」と言った。母親は、「取れないの？」と言いながら近づいてきた。ジェフリーはとても生き生きとし、幸せそうな様子になった。足を強く蹴り、私や母親との会話の合間に時折おもちゃを噛んだ。くすくす笑いながら、とても快活で幸せそうに見えた。母親がコーヒーをいれに行き、ジェフリーは母親が部屋を出ていくのを目で追った。母親が見えなくなった瞬間に、目を私に移した。ジェフリーは笑い、私とおしゃべりをしようとした。私は応えた。母親が戻ったとき、ジェフリーはコップをじっと見ていた。

第Ⅱ部　観察

　はじめは寝返りで、そして間もなくハイハイで移動できると、ジェフリーは、部屋の隅々まで探索し、ドアノブに触ったり、小さな戸棚のドアを開けたりしました。哺乳瓶を時々落としながらも運んでもいました。ジェフリーは、落とすことができ、放棄することができ、忘れることもできる、母親代わりであるかのような哺乳瓶を持ち歩いているように私には見えました。小さな赤ん坊だったときのようには、四六時中母親と一緒にいる必要はなくなったとジェフリーはわかっていました。この探索の間、ジェフリーは兄と父親に夢中で、兄と父親のようになりたいと思っていました。

生後40週目の観察

　　ジェフリーは、ピーターのペダルのついたトラクターのほうを向き、そのそばで膝をついて立ち上がった。はじめはそれに寄りかかるようにして、精一杯伸びて部屋の向こうまで押し、それから、膝で歩き始めた。ピーターがするように、「ブルーン」と言い、横目で私を見た。

生後44週目の観察

　生後半年以降の他の遊びには、物を分類したり、調べたり、選んだり、見たり、捨てたりすることが含まれていました。

　　ジェフリーは木製のミルク押し車まで這って行き、その横に座った。瓶をひとつひとつ取り出し、一個一個をしげしげと見て、それから、そばに寝かせておいた。箱の中が空っぽになると、手で内側を探し、中を隅々までよく見て、それから、瓶をひとつひとつ箱の中に入れ直した。

　この頃の観察の多くの回で、ジェフリーは身の回りの人々、そうした人たちの動きについての分類を考えているように見えます。そして、また、遊びを通して自分の怒りや攻撃性を探索する方法を発達させているようです。

第11章　ジェフリー

生後88週目の観察

　　母親は大きな赤いリンゴを持ってきて、ひとかけら噛み出し、ジェフリーの口に入れた。ジェフリーは嬉しそうにリンゴをほおばると、口の周りを濡らしながら食べ始め、部屋の中を歩き回った。しばらくして母親の膝に戻って、リンゴを母親に渡した。母親は返そうとしたが、ジェフリーは母親に食べるように強く言い張ったので、母親は一口食べた。このとき、ジェフリーはリンゴを受け取った。それから歩き回って、私のほうに来て、私に渡した。私は受け取り、ジェフリーに返した。ジェフリーはリンゴを食べると私のところに置いて、猫を追いかけた。後に、ジェフリーはリンゴを返してと言い、そして床に落とした。母親はそれを拾って、ほこりをはらい、洗うためにキッチンに持っていった。ジェフリーは手を伸ばして追いかけて、リンゴを欲しがった。母親が届かぬように高く持って、よく見てみようとしたら、ジェフリーは泣き出した。下唇は突き出て、真っ赤になった。母親はひざまずいて、ジェフリーの肩を抱いて、鼻と口を拭いた。ジェフリーはぐずった。母親がリンゴを返すと、すぐに泣きやんで、食べながら、うろうろと居間に行った。歩き回り、そしてリンゴを床に落とし、サッカーボールであるかのようにリンゴを蹴った。

　ジェフリーは部屋を自分で仕切っていて、とても力があると感じていて、母親と私に無理やり食べさせたがりました。落とされたリンゴを母親が拾い、目の前にあるのに触ることもどうすることもできない距離にお預けにされると、たぶん、もう返してもらえないことを怖れて、ジェフリーは泣きました。リンゴを返してもらったとき、自分には力があると再び思い、リンゴを蹴り、自分の意志で捨てました。しかし、ジェフリーのもろさがはっきりわかるときがあり、いやなことに静かに対処するやり方が示されました。生後6か月のときの記録の抜粋を次に記します。

第Ⅱ部　観察

生後24週目の観察

　　食事時間は短く、素早くなったようだった。母親は立ち上がり、哺乳瓶を取りに行くと言い、歯を磨くから一緒に来るようにピーターに声をかけた。ふたりは部屋から出ていった。ジェフリーは後ろ姿を見送った。部屋から出るとき、母親はドアを引いた。私は、母親が閉めるかもしれないとドキドキした。母親が出ていき、ジェフリーは両手を膝に置いて座り、じっとしていた。このとき、表情は変わらなかったが、手で、右の太ももをつまみ始めた。もう片方の手は動いていなかった。

　　右手はぎこちなく手首のところにあって、人差し指だけが太ももや足をつついたりつまんだりした。ジェフリーは、私のほうを見回し、それから私を見て、そしてドアに視線を戻した。また私を見て、うつろに笑い、そして、一度だけくすりと笑った。私は笑い返した。ジェフリーはドアを見つめた。そして、視線を戻して、私をじっと見て、小さな低い声で私に話しかけたり、椅子の右側にうなだれかかり、右手や指で椅子の脇や横をぎこちなくなぞっていた。

生後32週目の観察

　生後8か月のとき、私が訪問すると、ピーターの友達がたくさん来ていました。夕方でジェフリーは疲れていました。

　　母親はジェフリーをソファに座らせた。ジェフリーは、すぐ横に積まれたアイロンがけする予定の洗濯物にもたれた。部屋でわいわいと遊ぶ子どもたちを見ているように見えた。ジェフリーは笑いながら前後に体を揺らし、周りのざわめきの中に参加していた。3人の子どもがトランプ遊びをすることになった。ジェフリーは、だんだん静まり夢想しているようだった。左手がシートからはみ出た。ベロアのカバーは外してあり、たぶん洗濯されるのだろう。ジェフリーは縫い目に沿ってファスナーまで手を走らせた。それから、縫い目に視線を戻し、つまんだり引っ張ったりしてぼん

やりとしていた。そのあと、子どもたちの「スナップ！」という大きな声にびくっとして、わくわくした目で見て、それからまた静かでぼんやりした様子になった。他の音にはあまり興奮しなかった。ジェフリーはぼんやりと洗濯物の山に手を伸ばすと、シャツを適当に引っ張り出し、襟を口に持っていき、しゃぶり始めた。母親は、コーヒーを運んできて、襟を口から外した。飲むのが申し訳なくなるくらいに、ジェフリーは私のコップを見つめた。母親は、ジェフリーにおもちゃの電話を持たせた。ジェフリーは受話器を口に入れた。それから、電話のコードをもって、口に入れ、指の間によじった。しばらくして、静かに横になり、他のいくつかの洗濯物をとっては、ぼんやりとして口に入れた。ジェフリーはますます動かなくなり、それから、赤くなった。おしっこのにおいがした。それからも、洗濯物を口に入れてしゃぶった。母親は、寝る前の哺乳瓶を持ってきた。ジェフリーは母親の膝に満足げにしがみつき、口を大きく上げてほしがり、目を開けたままミルクを飲み始めた。リラックスし、じっとしていて、哺乳瓶に夢中になり、夢見心地だった。ジェフリーは両手で瓶を持ち、片方の手の平でぽんぽんとさわった。満足げに見えた。

ジェフリーは、普通の乳幼児によくある、日常のちょっとした不調和があったときに、母親との妥協点を探ることが常にできていました。

生後20週目の観察

ジェフリーは、スプーンに手を伸ばした。母親はジェフリーに取らせて、周りにこぼさずに口にスプーンを運んだ。母親はジェフリーが自分でしたがるので、すすんでというよりはしょうがないのでやらせていて、次の一さじすくった。母親はてきぱきと動き、ジェフリーはゆっくりと食べた。何回か口に入れた後、ジェフリーは手のひらを母親に向けて、まるで、待ってというかのように手を上げ、そして、飲み物を取った。次の一口で、指を口に突っ込んでしゃぶった。母親は、「そうね。そのおなじみの指を使うのね」と言った。ジェフリーは、指を再びは使わず、一さじ一さじ、口

第Ⅱ部　観察

を開けて待っていた。母親はフルーツヨーグルトを取った。ジェフリーは再び曖昧な感じになった。母親はジェフリーを膝に抱くと、口に入れようとしたがジェフリーは嫌がり、自分で口に入れたがった。ふたりは妥協した。ジェフリーは自分で食べ、母親はジェフリーが手早くきれいに自分で口に運べるように手を持って導いた。母親はかなり厳格で神経質だったが、ジェフリーが自分で食べようとするのに耐えようとするときの頑固さには、ほとんど面白いといってもよいような何かがあった。私は思わず微笑んだ。母親は私のほうを振り返り、私の微笑みを見て、笑いながらほっとしたような口調で言った。「汚いのは我慢できないの。とにかく、耐えられないのよ」。でも、母親はジェフリーにやらせようとしていた。ヨーグルトの間、ジェフリーは口を2回と鼻を拭いてと言った。

　手助けがなくても、誰かと一緒でなくてもできることが増えてきたといったんジェフリーは感じると、多くの人との関係性の中で親密さと愛情を選択し、求めることができました。

▌生後52週目の観察

　ジェフリーは、母親が抱き上げるとすぐに、落ち着き、母親の肩を抱きしめた。両手は前で合わされ、母親にはしがみつかないものの、身をゆだね、母親に体を擦りつけた。

おわりに

　ジェフリーは、常に受容と愛情深さに包まれていました。ジェフリーは積極的な性質を持っており、困ったり何かを求めていたりするとそれに応じて家族は手助けしてくれるという安心感の中で、ひとりで奮闘することができました。承認をしてくれ、よく世話をしてくれる、侵入的でない家族の中で、ジェフリーは、静かに空想にふけっているか、遊び、探索するかを自分のペースで選択できまし

第11章　ジェフリー

た。つまり、身体的にも心理的にも探索できる空間があったのです。ジェフリーには決断力と集中力があり、目的を達成するまで取り組むことができました。

　ジェフリーの家族は、ジェフリーの"お兄さん"的な側面を伸ばすことに熱心で、乳幼児的な感情や行動を促進したがってはいませんでした。身体発達をほめ、成長を常に急いでいるようでした。何かひとつできるようになると、次の段階が紹介されました。たとえば、ハイハイができるようになった次の週には、母親は歩行器を借りました。歩き始めた次の週には、おもちゃに交じっておまるがありました。ジェフリーは、大人に同一化したがり、成長したいと思い、赤ん坊としてのニーズや不在がちな母親への依存から独立したいと思っていました。おそらくジェフリーは、かすかに情緒的な距離を維持している母親の像をお手本としていたのでしょう。それは、母親自身がもつ母乳育児への重圧や不安、いつでも応じてくれるように母親を自分のものとしていたいという、ジェフリーの早期の傾向と密接に関係していたのかもしれません。加えて、母親には"あらゆる散らかり"が居心地悪く、私から見るとそこには小さな赤ん坊特有の具体的な散らかりだけでなく、ごちゃごちゃした感情も含まれているようでした。

　いつも母親にそばにいてほしいというジェフリーの早期の願いはいつでも満たされるわけではありませんでした。しかし、家族、特に母親には温かさ、忍耐強さ、秩序、信頼があり、自立してほしいと願いながらもジェフリーのことをいつも気にかけている、そういった雰囲気がありました。そのおかげで、ジェフリーは成長し、着実にそして問題なく家族の一員になっていきました。

原注

第1章

（原注1）この観察記録の本章への掲載を許可してくれた観察者リヴ・ダーリングに感謝する。

第2章

（原注1）この本の中で述べられている観察の設定は、ウィニコットの言う意味での「設定された状況」での観察とは異なる。ただしここでの設定のようにすれば、乳幼児期に赤ん坊がごく普通に経験するようなこと、つまり授乳やお風呂やひとりにされることや離乳などを、見る機会に恵まれる。

（原注2）エスター・ビックは精神分析的な乳幼児観察が発展していくことに大きな貢献をした重要な人物である。その重要性は、刊行されているいくつかの短い論文とともに教育やスーパービジョンに示されている。マガグナ（1987）は、エスター・ビックがスーパーバイズした乳幼児観察について書いている。

（原注3）ジョン・ボウルビィはそのときタビストック・クリニックの子どもと家族の部門の部長であった。ボウルビィはその後、ここで述べた考え方とははっきりと異なる考え方をするようになった。ただ早期の発達段階の子どものサイコセラピーを支えたことと、自分自身の研究をとおして母親と乳幼児に興味を向け、一般にも、専門家にもそれを広めたことは、大きな意味を持っている。

（原注4）このコースの中で教えることは、精神分析における共通の見方を共有することであるが、そうした共通の見方がこの本の基本で概説しているモデルのあらゆる側面に合致しているわけではない（クライン、ウィニコット、ビック、ビオンの理論的な位置づけには、かなりの差があるし、それぞれいくぶん異なる立場を取っている）。

（原注5）精神分析的な考え方は、発達の根底にある**プロセス**を考えることにとりわけ関連している。シェーファー（1986）は、このことを発達心理学との重要な差として取り上げている。根底にあるプロセスに興味を持つことで、ふたつのまったく異なった伝統的研究に、実り多き出会いをもたらすことができればと思う。

（原注6）スターン（1985）はその研究の中で見出したことと、乳幼児期についての精神分析的理解とを比較したが、それによってもたらされたモデルに、とりわけ興味を向けている。しかしながら、本書の基本となっている精神分析的な考え方は、アメリカで発

原注

展し、スターンの研究を生み出すもととなった伝統的フロイト派とは異なった重要な考え方から成り立っている。

（原注7）クラインの研究がフロイトの研究のある部分を特に発展させたのと同じように、クライン以降の分析家たち、たとえばウィニコット、ビック、ビオン、ローゼンフェルト、メルツァーらも、クラインの研究のさまざまな部分を取り上げ発展させた。スピリウス（1988）はこの発展の中心となる論文を集めてまとめた。メルツァー（1978）は理論的な変化について、より個人的な見解を述べている。

（原注8）こうした発展は、フロイトが「精神現象の二原則」（1911）において掲げた問題から生じた。

（原注9）クラインの研究は大半が内的世界の探求に向けられていたため、クラインの理論が示すものを実践するときに、この点は容易に見過ごされやすい。アイザックス（1952）が内的および外的現実との関係で、乳幼児のこころの発達について論じている。アイザックスは次のように記している。「早期から連続して、子どもは外的な世界にさまざまな注意を向けている。最初の心的な経験は、計り知れないくらい大きいもので、変化に富んだ誕生の刺激と初めて息を吸い、吐くことからもたらされ、その後、初めての授乳へとつながる。生まれてから最初の24時間の間にする、こうした大切な経験を通じて、最初のこころの活動はすでに始まっており、幻想と記憶の素材となっているに違いない。幻想も現実検討力も実際にはごく早期の段階から、すでにある」（p.107）。こうした考え方はウィニコット（1945, 1951）やビオン（1962）に受け継がれ、さらに発展している。

（原注10）こうした研究によってもたらされた理論的な示唆は多岐にわたっている。あるモデルにおいては、赤ん坊の身体的なリズムや衝動的な動きを、母親が自分との「対話」として見なしているようであるとされる（Kaye 1977）。また、乳幼児の行動を母親が意味を持った構造の中に当てはめているようであると、別の研究で示されている。スターン（1985）のモデルにおいては、乳幼児の自己感が発達していくために、個々の乳幼児はその基盤に知覚的な能力を持っているということが主に強調されている。トレヴァーセン（1979）は「一次的間主観性」という概念について述べ、次のように記している。「人間は、生来的に人に敏感であり、人がするように自分自身を表現するという、パーソナリティのメカニズムが備わっている」。ここで述べたようなモデルがこれらすべてとつながっていくのである。

最近は次のような仮説に興味が高まっている。乳幼児が生まれながらに、自分の経験を自分のものとして感じられるのならば、生まれる前にすでに未発達にせよ、そうした能力が働いているにちがいないというものである（Liley 1972; Bower 1977）。ピオンテリ（1987）は超音波スキャンを使って、赤ん坊が生まれる前に始めた、精神分析的乳幼児

287

観察について記している。

（原注11）こうした興味の観点は行動面の相互作用から、コミュニケーションの発達へと移り変わっているようだが、アプローチはますます内的なものへと焦点づけられている（Hopkins 1983）。

（原注12）ビオンの考えである「前概念」と、トレヴァーセンの考えである、生まれ持った「動機」（神経学的構造）という概念の間には共通点があるように思える。トレヴァーセンはその背景には、赤ん坊には身体的な世界を知る能力（主観性）があり、人とコミュニケーションをとる能力（一次的間主観性）があると考えている（Trevarthen 1980）。

（原注13）ミルズ（1981）は、乳幼児の「覚醒時の無活動」は、ごく短い時間にすぎないと述べている。そしてこの状態が観察中に変わったり、状態の変化が見過ごされたり、報告されなかったりすれば、研究をしていく上で問題となることについても述べている。スターン（1985）は、「覚醒時の無活動」ではない乳幼児について、何かを明らかにすることは、実験的研究ではまだできないと述べている。しかし、乳幼児期の経験に対するスターンのモデルにこうしたことが含まれているのかどうかははっきりしないままである。乳幼児が起きているとき、苦しいとき、眠いとき、その程度にかかわらず、乳幼児の持つ能力は変わらないものと考えられるであろうか。「覚醒時の無活動」が作り出す「窓」を通して、乳幼児**全体**を見ているのだろうか。それとも、異なった状態で乳幼児は、自分自身や、やがて何らかの形でまとめられ対応していかなければならない世界について、それぞれ違った経験をするのだろうか。

（原注14）スターン（1985, p.46）は、乳幼児はまとまりのない状態を経験することはできず、「乳幼児にとってとりわけはっきりしていて、印象に残るものとともに、数多くの個別の経験が存在するだけである」と言っている。乳幼児は「まとまりのなさ」がわからないか、もしくはそのことがわかっていないということもわからない。こう述べると、それにもかかわらず影響を受けそうな経験を何か形あるものにするための認知機能が、混乱しているようにも思える。乳幼児が覚醒している**けど**、退屈もしくはあまりにも刺激が多すぎて、不機嫌な状態に陥っていると感じていると、ある意味でそのとき乳幼児は自分がまとまっていて、はっきりとした知覚があるという感覚をなくしているのかもしれない。こうしたことが起こっているときに、乳幼児が苦痛を感じているかどうかについては、両親がこういった状況に対処していくのが大変と感じているのかどうか、その程度によってわかるかもしれない。

（原注15）ウィニコット（1945）は原初的な未統合状態を仮定しているが、同時に生まれてすぐより、統合のプロセスが始まっているとも考えている。

（原注16）スターンのモデルにおいては、生後数か月の間に乳幼児が発達していくプロセスは、主に乳幼児の生来性の知覚能力に負っていると考えている。ただスターンの考え

原注

方では、両親の役割を過小評価しているとともに、乳幼児の経験の大切ないくつかの側面が、考慮されていないと考えられている。

（原注17）ここでは通常母親と乳幼児（男の子）について述べている。しかしながら、母親の機能とされているものは父親でもできるし、実際にしている。それは乳幼児と密接に連続してかかわっている、両親以外の養育者でも同じことである。

（原注18）自分が母親であるという感覚は、この段階ではまだ脆弱なようである。それは赤ん坊が生まれてから、情緒的、対人的、経済的な全般にわたる変化があり、母親がその変化に慣れなければならないためである。

（原注19）「……環境から受ける影響は、子どもが発達していく**どの段階においても**とても重要なものである。早期の養育がいくらよいものであっても、後に害を及ぼすような経験をすれば、ある程度は打ち消されてしまう。ちょうど、早期に生じてしまった障害が、後に育むような影響を受けて軽減するのと同じようなものである」（Klein 1952b, p.96）。これはラター（1981）やその他の研究者が、早期の経験の及ぼす影響を理解する上で、どんなケースにおいても含まれる重要な要素として注目している乳幼児や子どものリジリエンスと一致している。

（原注20）ここで述べるような乳幼児‐母親の関係性モデルによって、「子どもの発達に強い影響を及ぼすような、親と子の間で現実に起こっていることを明らかにしようとする試み」（Schaffer 1986）と、正面から取り組めるのではないかと考えている。

（原注21）スターン（1985）は、赤ん坊が**ある種**の経験をしていく際に必要なこころの構造について描いている。この中で私たちが関心を持っているのは、赤ん坊の**ありとあらゆる状態**について、またその状態の中で赤ん坊が抱く欲求についてである。

（原注22）母親が赤ん坊にもたらす痛みは、通常情緒的なものだが、時には身体的なものとなる。

（原注23）母親は赤ん坊に対して「コンテインする」関係性をほどほどに持てるようになるためには、母親は少なくともある程度の間、自分自身のこころの状態に対してそれを受け入れ、耐えられるような関係性を持つことができなければならない。ビオンの言葉によれば、大人であるという感覚を獲得するには、乳幼児的で子どもらしい経験のコンテイナーとしての構造を持っている必要がある。そうした経験は、一般的には生命と直面したときだが、実際の乳幼児や子どもと関わるときも、大人のこころの中でかき乱され続ける。

（原注24）ホプキンス（1983）は、乳幼児の行動を解釈する人としての、母親の機能を強調している。その直感的な能力は「ある部分母親自身の子ども時代や、その後の時期に受けた、普遍的、文化的、個別的な母親の経験によっている」のである。

（原注25）このことは子どもが分離に対応することができるための要素として、ラターが

考えていることと関連があるように思える。ラターは「子どもたちが病院から家に戻った後に、親にしがみつきながら、扱いにくく、機嫌が悪くなることが長く観察されてきた。そのときこうした子どもの行動に対しての親の対応は、とりわけ大切である」（Rutter 1981, p.134）と述べている。

（原注26）周りの世界がわかることへの興味や喜びは、乳幼児の経験において基本となるものであると見なされている。また臨床的な理由を考えれば明らかなことだが、精神分析ではより現実との関係の混乱に関心が向けられている。しかしながら、現実との関係、思考やプレイの能力はビオンやウィニコットの研究の中心的な位置を占めている。アルヴァレズ（1988）は、子どもには楽しみながら現実と関わっていく必要性があるという観点から、いくつかの臨床的な重要性について述べている。

（原注27）この機能はこころ／情緒の能力には不可欠なものであり、スターンのモデルでいう「他者を調節する状態」としての親の機能とは異なるものである。スターンのモデルでは、乳幼児の生理的な状態を調節する両親の機能は、外的な行動面の役割に限られており、また乳幼児の発達の最初の数か月では、いずれにせよ、あまり重要でないことのようである（Stern 1985）。同様に、ここで大まかに述べているモデルは「相互作用的なもの」であり、その相互作用とは早期の行動的なものというよりは、こころ／情緒的なものとして考えられている。このような複雑な相互作用はストラットンが「乳幼児の全体的な環境システム」として述べていることのように思える（Stratton 1982, p.11）。

（原注28）スターンによれば、乳幼児は知覚装置を使って、自分自身がまとまった存在であると感じることができる。乳幼児の周りは、情緒的な意味をもたらす形やパターンであふれている。そのため乳幼児は、母親が物理的に情緒的にそこにいるということを知覚している。ところが、母親の情緒的なかかわりがどのようなものであるかによって、自分の周りで何が起こっているかを消化するための乳幼児の**能力**が変わると考えられてはいない。自己意識的関係性がより発達し始める7か月以後にならないと、母親からの影響はその要因とはならないのである。しかしながら、ある乳幼児が、問題のあるような早期の経験をしているにもかかわらず、生き残るために十分な力を得ている場合、どのようにしてそれを得たかについてのスターンの説明は示唆に富んだものである。

（原注29）スターンは「生気情動」を、別の「活性化輪郭」とは違う、情緒生活の力動的な輪郭ととらえ、乳幼児が周りの世界との経験を広げていくものと考えている。乳幼児は人の動きや話しぶりなどによって作り出される強さ、形、そのときのパターンを通して、「生気情動」を受け取る。このことは、乳幼児にとってその**形式**が情緒的なものであることを表す上で、とても重要であるように思える。スターンは生まれてすぐから「自己」と「他者」という感覚が発達していくことに目を向けている。しかしスターンのモデルでは、自分がまとまったひとりの人であるという感覚やコミュニケーションがとれるよ

うになる可能性についての自覚的な気づきが乳幼児のこころの中で発達することについての説明が十分ではないように思われる。この発達はおおよそ生後7か月頃のことであるが、スターンはこれを「画期的な飛躍」と呼んでいる。ここで述べているモデルが、こうした発達の早期の段階について考える足がかりとなればと思う。その早期の段階では、乳幼児は「そのためにする」というよりも、「そのようにする」(Mackay 1972; Hopkins 1983)。

（原注30）オソフスキーとダンツガー（1974）は、母親のこころの状態と乳幼児のこころの状態の関係性を明らかにしている。マレー（1988）とパウンド（1982）はいずれも、乳児や幼児は母親の感情状態にとても反応していると言っている。抑うつ、不安、嫌悪感によって、母親は乳幼児のニーズに反応することができにくくなる。しかも、こうしたこころの状態は子どもに直接伝わり、そして子どもは取り残されて、抑うつ、不安、嫌悪感にひとりで対処する。

（原注31）スターン（1985）は、乳幼児が自分の状態を両親が調節してくれることを経験したり、両親からの強い影響を感じたりすることによって、乳幼児の持つ「自己」と「他者」がひとつになったり、離れたりする感覚（p.105）が、壊されてしまうようなことは決してないと言っている。乳幼児のそうした感覚は「覚醒時の無活動」状態においては、もっとはっきりとしているように思える。ここで述べられていることは、スターンが乳幼児の「体験に近い」ところで説明しようとしたが、理論的な観点を理由に取りやめた領域のように思える。乳幼児の立場に立ってみれば、母親が自分の苦しみを「取り去って」くれるとき、母親が笑いかけてくれることで自分が喜びで満たされるとき、また母親が母親自身に没頭することで不安になったりするときに、乳幼児は自分と母親の間には劇的で具象的なやりとりがあるように感じると考えるほうが、はるかに乳幼児の体験に近いと思われる。

（原注32）本章の中で、ボウルビィの研究とクライン、ウィニコット、ビック、ビオンの研究の関係について、十分に説明できないことは理解している。

　ボウルビィ（1969, 1973）は、乳幼児は母親の存在を本能的にとても必要としており、種が生き残る上で母親の存在が果たす役割について強調している。乳幼児が母親から長い間離されていることの危険性ばかりでなく、乳幼児が受けるケアの質の重要性についても述べている。幼い子どもには何が必要なのかということに注意を向けさせ、また子どものケアに関する思想の時代的風潮の変化をもたらした研究をしたことにおける、ボウルビィの果たした役割は計り知れないほど重要なものである。

　ボウルビィはアタッチメント行動ばかりでなく、母親との関係性における「作業モデル」が、子どもの中でどのように発達するのかについても興味を向けた。その発達によって、アタッチメントや信頼感がこころの中で発達していくのである。しかし、ボウルビィ

のモデルでは、情緒はもともと生物学的なニーズと、外的状況からのプレッシャーとの相互作用によって生じてくると見なされている。こうしたボウルビィの考え方によれば、子どもに生じる不安は、たとえば、母親からの分離のように、自分の安全性を脅かすような外的な状況から生じてくる。また不安は、種の歴史において生命保存のためと見なすことができるような行動を導く、生物学的なメカニズムと考えることができる。

　クラインとクラインの理論をその後発展させた後継者たちは、ボウルビィとは異なり、情緒の内的経験と生物学的に継承されたものから入念に作り上げられたこころに焦点を当てている。不安の発生に関して分離の経験が果たす役割について、ボウルビィはクラインの考えに反対していることがわかるが、双方の立場の違いは、少なくとも部分的には偽の二分に過ぎない。その結果、外的状況が重要であり、子どもの不安は外的状況をもとにして生じてくると考えるのか、**あるいは**子どもの中の内的状況がまず最初にあり、不安は実際もともと内的なものからすべてが作り出されると考えるのか、という**いずれか**になったのである。クライン（1952b）もビック（1968）も感じているように、子どもの外的な経験がどういうものであるかは大切なことではあるが、同時に子どもが外的な経験を、自分の中でどう作り上げていくのかを考えることも必要だと思われる。後述する「内的世界」の概念によって、ある子どもは早期の経験がかなり大変なものであっても**まさに**生き残ることができたり、逆に早期の養育が好ましいものであっても、子ども時代や大人になって混乱するようになるかもしれないということについて、考えていくことができる。

　ボウルビィがクラインに対して異議を唱えた点は他にもある。それはボウルビィが、クラインは乳幼児の早期の経験を乳房を吸うことだけに限局させ、母親と乳幼児の他の関係性を無視し、生後2年目、生後3年目の大切さを考慮に入れていないと考えている点である。クラインが乳幼児の最初の対象として乳房に注意を集中したのは、ある部分では乳幼児の経験のあるパターンに注目するために、広範な経験をひとつの形（そのためには乳房が「典型的なタイプ」として見なされる）にまとめあげる方法である。こうしたレベルの生まれて間もないときの経験や、後に発達する中でその経験が引き続き明確になってくることに、クラインは最も関心を向けていた。ボウルビィは生後数か月のことについては（たとえばせいぜい7か月以下の乳幼児の分離の経験ぐらい、Bowlby 1973, p.54）、ほとんど何も語っておらず、主に乳児期後期と早期幼児期のある特性について関心を持っていた。

　動物行動学的なアプローチの重要な強みは、自然な設定での細かな観察に使われてきた。幼い子どもがアタッチメント対象と再会したときに避ける傾向があるという現象が、このことで浮き彫りになり、これまでの理論的枠組みは試され、発展した（Main & Weston 1982）。

原注

（原注33）シェーファー（1986）は子どもの発達を理解していく上で、この領域の経験の重要性について「このように表面に表れる行動に特に注意を向けている状態から離れて、内的表象も考慮に入れるように、焦点を移動させる必要がある」と述べている。「内的対象」の概念と、アタッチメント理論から発展した「自己と他者の作業モデル」との間には、興味深い共通点がある。しかしながら、内的対象の概念には認知的な側面は少なく、関心の中心は基本的に外的な行動よりも、ある内的対象との関係の中で生じてくるこころの状態にある。

（原注34）外的なきっかけによって呼び起こされる特定の記憶によってではなく、それぞれ異なった内的対象との同一化によって、乳幼児は連続した状態にあるという考えもある。スターンのモデルでは、記憶によってある特別な次元のものが外的経験に加わる。このモデルでは、内的対象は外的活動の情動的な部分であるとともに、こころの中の想像的なものの一部分でもある。

（原注35）早期の経験の内在化は長い間をかけて発達していくという仮説もある。引き続いて起こる外的な関係性は、こうした、今や内在化された情緒の源となるものの基礎の上に作り上げられるのである。このモデルにおいては、経験は単にその結果として付け加えられていくものではなく、累積的なものである（Schaffer 1977）。

（原注36）（形や強さなどを感じる）無様式知覚や、スターンの概念である生気情動を通して乳幼児がとらえられるものは広範囲に及び、それによって情緒的コミュニケーションが生じるような外的な手段を得る。メルツァー（1983）は（投影同一化が生じている）こころの状態のコミュニケーションを「歌ったり、踊ったりするレベルのコミュニケーション」と呼んでいる。こうした形のコミュニケーションが存在することについて、転移／逆転移のモデルや夢の表象を通して臨床的に研究されている。

（原注37）投影同一化は情緒状態の具象的なやりとりがなされているという幻想であるが、それは乳幼児と母親の間で、双方が投げ入れ受け取る方法によって作用することができる。つまり早期のコミュニケーションにおける言葉のモデルの代わりになるものである。ブローワ（1979）は言語的なモデルにあまりにも頼りすぎると、早期の相互作用を理解するときに限界があると言っている。乳幼児は自分の具象的なコミュニケーションの経験のある受け取り手として、母親に頼っているが、そのことから私たちはこうしたコミュニケーション手段を乳幼児が一時的に失うという観点から、分離について考えることができる（Bower 1977, p.56）。

　実験的な状況においては、母性的な注目がかなりのレベルで乳幼児に向けられる。ただそうした乳幼児と母親の対話を、ごく普通の母親と乳幼児の相互作用のパターンとして、どの程度まで見なせばいいのか、あるいは乳幼児が「学ぶ」モデルとして、どのように見なせばいいのか、という疑問が生じてくる、という指摘（たとえば、Schaffer

1986）がある。投影同一化の作用はあらゆる外的な活動の最中に起こっているものと考えられている。母親は赤ん坊からの投影を受け取るかもしれないし、受け取らないかもしれないが、いずれにしてもこれは主に無意識的な活動であり、特定の「プレイとしての行動」に含まれるものではない。むしろ、スターンが生気情動に関連して述べているように、ごく普通に赤ん坊のケアをしているときの母親の反応は、母親がどう振る舞うか、**その仕方**の中に明らかになる。こうした振る舞いは偽りの対話ではなく、本当の触れあいであり、生後1年目の後半になって、さらに自己を意識するようになったときのコミュニケーションの土台となる。

　スターン（1985）は生後1年目の後半の時期の生気情動の別のパターン（「調律」）を共有することに基づいて起こる、コミュニケーションの形式の発達について記している。しかしながら、スターンはこうしたコミュニケーションの形式を用いる範囲を、快であり脅かされることのない感情状態を共有することに厳密に限定している（p.160）。私たちもまた、快となる経験をとらえる乳幼児の能力について、特に母親が乳幼児にもたらす快（Likierman 1988）をとらえる能力について強調したい。そして、自分の乳幼児が表現する喜びを、愛され理解されているという感覚が発達していくのにとても大切なものとして受け取る母親の持つ能力についても強調したいと思う。しかしながら、コミュニケーションの発達に関するどのようなモデルにおいても、さまざまな形で乳幼児の苦痛やどうにもできない感情も、その範囲の中に加える必要があると思う。

（原注38）ビオンはコンテイナーの概念を定式化した後、投影同一化の概念をコミュニケーション形式の手段として用いるようになった。投影同一化は、もともとクラインによって定式化された、乳幼児がある経験の側面を自分から取り除くために投影するプロセスを表す概念である。今でもこうした投影同一化に対する最初の考え方は使われている。クラインの考え方によれば、自己の部分をスプリットオフするメカニズムは普遍的なものであり、他者との関係の中で、私たちはいつも、ある程度は情緒的な投影によって「混乱させられている」ということの説明にもなる。また、クラインは投影同一化が過度に使われると、それが重症の精神的な病気の基本的なメカニズムであると考えている（Klein 1946）。スピリウス（1988）は論文集を編纂し、その中でこうした考え方が発展した流れを追っている。

（原注39）ラター（1981）は、早期の段階で関係性を形作る機会に恵まれなかった子どもたちに特徴的な混乱について述べており、それを分離と関連した混乱と区別している。早期の関係性に問題があるそうした子どもたちは、抑制がきかず、見境のない社会的関係性を持ち、情緒的な深みも欠ける傾向がある。しかしながら、ラターはそうした結びつきを形成するための重要な時期は、6か月を過ぎたころから始まると考えている。後の章にあるように、私たちは違う立場をとっている。

原注

（原注40）ビックの考えとメインとウエストン（1982）の考えの間には興味深い類似点がある。いずれもごく早期の子どもたちが分離の際に、また再会の衝撃を受けた際に、自分自身がまとまっているという感覚を保つための手段として、生命のない対象をどのように使うかを観察している。

（原注41）環境に対してある種の適応の結果生じてくる発達の問題として捉えていたビックの考え方と、母性剥奪というストラットンの考え方とはつながるものがある。ストラットンの考え方とは以下のようなものである。「……どんな外傷でもそれによって生じてくるものは、直接的に与えられた被害としてではなく、その状況から求められているものに適応しようとする試みの結果としてそれとわかるのかもしれない。……簡単に言えば、適応とはこの個人のまとまりを守るために最も適していると計算された反応かもしれない。ある適応が不適応になり得るかどうかは、長い経過を追うか、しばしばあと知恵によってのみわかるのである」（Stratton 1982, pp.10-11）。

（原注42）剥奪や喪失の起こっている状況においては、こうしたメカニズムは生き残るための手段として考えられるかもしれない。コンテインメントの経験がまったくないということがあれば、こころの発達はあり得ないし、またおそらく生きていくことそのものもあり得ないことかもしれない（Spitz 1945）。

（原注43）ここで述べていることが唯一のメカニズムだと言っているのではない。対人的また経済的な側面の文脈からも見ていかなければならないのである。本書の中に書かれている乳幼児とその家族は、広い範囲の社会－経済的な背景を持っているが、その家族が喜んで観察に応じ、観察を続けているという事実は、ある程度の安定性を意味している。極端に対人的、経済的に困窮を極めている環境にいる乳幼児や家族にも、こうした考え方が通じるものなのかどうかを調べるためには、研究生のトレーニングに基づいた形でしていたこれまでの観察とは、違った観察の研究が必要とされるであろう。しかしながら、今の方法でもこの目的に適うのではないかと思う。

（原注44）ここに述べてあることは、「生のデータ」を思考できるような情緒的経験に消化するために、ある程度の時間、こころの中に感覚を留めおくことのできる能力として特徴づけられるかもしれない。こうした変容は夢や覚醒時の幻想に関連したプロセスを通して、主に無意識の中で起こるものと見なされている。このことは、対照的に常にこうしたプロセスを止めようとする衝動としても存在するのである。それは、たとえば起こりそうな経験から受ける影響を消すために早まった行動をとったり、他の人に感情を排出したりすることによって起こる。こころの生活をこのように見ていくのが、ビオンが発展させたモデルである。そこではビオンは、夢と心身の現象から明らかにされたさまざまなものを合理的な抽象思考に結びつけたのである（Bion 1962a, 1962b, 1963, 1965, 1970）。

（原注45）臨床研究にその原点があるため、クラインの考え方は、ごく一般の発達を理解するには役に立たないと言われてきた（Bentovim 1979）。本書ではこうした限られた見方をしているわけではない。クラインは明らかに自分のモデルをごく普通のこころの機能にも当てはまるものとして考えようとしていた（Klein 1959）。

（原注46）クラインは出生直後から、原始的なこころのメカニズムが働いており、内的世界があると考えていた。それに対する主な議論は、それは確実にあるものなのか、定義上直接には観察できないこうしたプロセスを表そうとしてクラインが用いた言葉は正確なものなのか、ということについてであった。ビオン（1962b）は、関心を持つ領域を位置づけしていくためには、クラインの概念よりもより含みのない概念が必要であり、その領域を少しずつ部分的にでも埋めていくことができれば、私たちの理解は進むと言っている。ビオンは、精神分析が通常の言葉を使う限り、概念的なモデルは機の熟す前にあらゆる意味、前概念、連想で埋め尽くされてしまう危険性があるという問題に特に注意を喚起した。

（原注47）バウアー（1977）、メルツォフ（1981）、マウノウドとヴィンター（1981）そしてスターン（1985）は生まれて間もなくから、経験の内的表象が存在すると考えている。その関心は主に認知、運動面での発達と、周りとの相互作用の能力の発達における内的表象の役割についてである。

（原注48）内的世界のプロセスは、外的な状況からだけで直接的に推測できるわけではないが、内的世界のプロセスに近づく手段がないというわけでもない。日常生活において、そうした「コミュニケーション」のもとがどうであり、その結果がどうであるのかを、たとえ意識的に説明することができなくても、私たちは相手の感情状態の浮き沈みによって影響されうる。精神分析においては、そうした情緒的なコミュニケーションを生み出し、受け取るために人のこころが持つ力を組織的に使っている。

（原注49）内的世界の概念を使用することで、発達においてある影響と結果が相互に行き来するプロセスについて考える手段を手に入れた。それはパーソナリティが根底では連続していることを理解するための手段でもあり、また同時にこのプロセスがこの分野の研究を複雑にしているのである。また現在の治療的介入の基本となるものでもある。なぜなら内的世界が現在どういう状態であり、どう変化しているか、つまり人生を通じて発達しているその構造は、観察の対象となり続けるからである（原注48参照）。

（原注50）夢で見られるように、経験に対してこころがコンテイナーとして作用するために、イメージ／内的対象を作り出すことに関わるプロセスと内部からの変容は類似したプロセスとして考えられる。メルツァーとハリス・ウィリアムズ（1988）はこのことを、外的な経験のみをもとにしてまとめ一般化する能力とは区別し、こころのメタファーを生み出す機能と述べている。スターンは、一般化する能力について、記憶のもととして

原注

考えている、RIG（一般化された相互作用の表象）という考えの中で述べているように思える。

（原注51）こうした名前は、クラインが妄想分裂と抑うつというふたつの異なった状態において、主として経験されると考えた不安の質の違いによって選ばれたものである。病的な状態としてこのふたつの状態の意味を考えている限りは、クラインが意図して意味づけしていたことを伝えていくことはできない。

（原注52）早期の乳幼児の経験に対するスターンのモデルでは、最近は乳幼児の持つ「クロス－モーダルパーセプション」の能力についての研究が中心である。それは、たとえば別々の感覚系を通じて得られた、ほとんど一致することのないような情報を一致させる能力のことである。しかしながら、形、強さ、時間的なパターンの無様式な世界は、クラインが考えた部分対象の世界と同様に、全体としてのひとりの人の世界ではないのである。スターンが考えた乳幼児は、ちょうど従来の写真撮影と熱撮影の関係のように、私たち大人が慣れ親しんだ知覚の世界につながるような風景の中で生きている。それはこれまで考えられていたものよりも統合されたものだが、よく知っているような全体的身体的対象の世界ほどは統合されていない。こうして見れば、部分対象がどういうものなのかについて、また別のことを考えることができる。しかしこれもクラインの言葉を使えば、全体対象ではなく部分対象ということになる。この考えにおいてもやはり、全体対象を知覚する能力が発達することが必要とされる。クラインにとって、主となるものは情緒的発達であり、情緒的発達により認知的な発達が進んでいくのである。これはスターンのモデルと興味深いつながりを示している。それは形、強さ、時間的なパターンの無様式な景色というのは、生気情動の情緒的な色でもあるためである。その生気情動の景色は、言葉が出るずっと以前に、自分の情緒状態をコミュニケーションし、相手の中の情緒状態を把握する手段として、乳幼児に与えられている。

（原注53）クラインは、このような経験を概してとてもわかりにくく、抽象的な言葉を使ってしか表現していない。スターンはこうした乳幼児の経験の様子をはるかに生き生きと描いている。乳幼児観察においては、乳幼児の経験を理論的なものにするのではなく、できるだけ詳しく描くように試みるのである。

（原注54）こうしたよい対象と悪い対象は身体的、情緒的、認知的な用語として考えられるかもしれない。スターンは、外的な体験はよい対象と悪い対象というふたつのものにきっちりと分けられるものでないことは明らかだという理由で、クラインのスプリッティングという考え方には反対している。乳幼児は何回も授乳の経験をするが、個々の授乳の経験は乳幼児にとってそれぞれ快、不快の程度が異なる。クラインはスターンの新生自己の段階に相当するような発達の段階（生後3か月まで）においては、こうした幅の広さや複雑さを処理できないと考えた。スターンの考える乳幼児では、「覚醒時の

無活動」状態で得られるはっきりと生き生きとした知覚の「小さな島々」が基礎になり、この段階で自己感がまとまり始める。このスターンの考え方は、乳幼児が自分の経験をまとめ始めることができるのは究極的には身体そのものでしかないという点では、クラインの考え方と似ているところがあると思われる。しかし、スターンは乳幼児の他の状態については問題としていない。クラインは、ある自己感を維持しようとする中で、乳幼児は苦痛の体験を自分から締め出そうと必死になり、そのプロセスにおいてこうした悪い経験がよりまとまった性質を持ち始めると考えたのである。実際乳幼児が出会いたくない経験から目を背けるようになるのは、こころの動揺をきたす経験と関連している、とある研究で示されている（Carpenter 1975）。トレヴァーセン（1977）は5か月で母親から目を背ける子どもと、これに耐えられると思われる母親との関係について、また12か月での協調的な関係性の発達について議論している。

（原注55）そうしたプロセスが動物行動学者の研究の焦点になる。メインとウエストン（1982）は（1歳とか2歳ぐらいに）成長した乳幼児に関して、空白になることと目を背けることについて実験している。また母親から内的に注意が移ったことによって生じるものとして、親から引き離された子どもが新しい環境に**外見上は**適応していることについても記している。

（原注56）乳幼児期の経験と乳幼児期の不安の源についてのクラインの考え方は、クライン理論の中で最も議論を呼んだ部分である。不安は外的な経験と内的なもの双方から生じてくるものであり、主には内的、外的両方のものが合わさって生じるとクラインは考えている（Klein 1948）。

　　ここでは、現実の外的状況から生じてくる不安の経験について、そして外的な経験に対して取り入れと投影が働き、その影響を受けて生じた不安の経験について議論する。このプロセスにより、外的現実に対する乳幼児の知覚が彩られ、望ましい状況と思えるようなことに対して苦痛を作り出し、現実の困難な経験をさらに大変なものにするのである。

　　しかしフロイトの仮説である、「生」と「死」の本能の理論に従って、クラインは次のように考えた。自己の統合を助け、他者との触れあいをもたらすような経験を求め、使えるような能力が乳幼児の中に生まれついてあるのと同じように、こころには生来性の攻撃的で統合を妨げるような部分が存在すると考えたのである。こころの中にこのような側面が存在し作用することで、それ自体が不安の源泉となる。それはちょうどまとまった対象関係をもたらす原動力が存在し作用すると、不安が減り、ひとつにまとまり生き生きした感じが生み出されるようなものである。不安を生じる外的な悪い経験が大きな影響をもたらすのは、そうした悪い経験が、持って生まれた素質にある部分一致し、そこに焦点を当てることになるからである。クラインのこうした部分の考えは、全体と

原注

しては乳幼児観察について考えられたことを使っているわけではないが、精神病的な患者、境界例の患者、そして自己愛的な患者を治療する場合に、その考え方はとても重要になる（Rosenfeld 1987）。

（原注57）スターンのモデルにおいては、他者に対する感覚の発達は自己感の発達の二次的なものである。つまり乳幼児は自分自身の主観的な経験に気づくようになり、それからそうした経験を同じようにしている他の人と、その経験を共有することができることに気づくことになる。こうした発達は主に乳幼児の認知的なプロセスによって動き出すように思える。クラインのモデルにおいては、こうした発達は母親との関係を経験する中でまず情緒的に動き出し、展開するものであり、そのとき自分自身の経験の統合も同時に始まる。

（原注58）トレヴァーセン（1980）は９か月ぐらいの乳幼児が母親を知覚する際の変化について次のように述べている。「動機を支配している脳の構造の中にまとまるように調節する能力が、生来的に乳幼児には備わっており、そのため乳幼児は母親を新たな形で知覚するようになる。母親はもはや単なる快の源でも、乳幼児自身の動機が中心であるようなゲームの仲間でもなくなる。母親は興味深い主体者となり、母親自身の動機はそれ自体が目的であったり、主題であったりするものとなる」。トレヴァーセンはこの母親－乳幼児の関係性の新しい土台を、「二次的間主観性」と呼んでいる。

（原注59）クラインの理論では、こうした最初の（理想的な）よい対象が、徐々に乳幼児のこころの中で、それに続くより現実的で、成熟した、そして回復力のあるよい対象に対してどのように道を譲るかについて描かれている。クラインは、乳幼児がこのような発達をどのように遂げるかという点から、主に説明している。乳幼児がある範囲内の不確かさや不安に耐えることができるのは、ある程度は生来性のものにより、一方で外的な環境が、乳幼児が何に対処しなければならないかを決定するともクラインは考えていた。ビオンの言葉によれば、乳幼児が自分自身の中で痛みの感情をいくらかコンテインできるようになるのは、コンテインする対象が自分の中にあると、乳幼児がどれぐらい感じられるようになるかということにかかっている。それゆえ乳幼児が、そうしたコンテインする関係性を現実にどの程度手に入れられるかということにかかっている。

（原注60）ここには身体的な分離ばかりでなく、乳幼児が母親の存在なしにはやっていけなくなるようなある範囲の環境的な「失敗」も含まれている。

（原注61）これはラターの考え方（Rutter 1889）とは正反対のものである。

（原注62）したがって、おっぱいを欲しがって泣いている生後数週間の乳児は、そこにはないよい経験（授乳）を奪い取られたと感じるのではなく、**現にある**悪い経験（空腹）によって支配されていると感じていると考えられるかもしれない（O' Shaughnessy 1964）。

（原注63）トレーニングのひとつとしての乳幼児観察は、より深刻で対応できないような

分離について研究する上では適切ではない。乳幼児観察の目的はごく普通の発達を研究することである。しかしながら、その方法はさまざまな病院の設定における乳幼児や乳幼児をケアする人々についての研究に用いられている（Colloquium: Szur et al. 1981）。

第3章

（原注1）これに関連した発達心理学の文献レビューとしてはボストン（1975）、バウアー（1977）、マレー（1988）、シェーファー（1977）、シェーファーとダン（1979）、スターン（1985）を参照。

（原注2）ボウルビィ（1969,1973,1980）、ブレザートンとウォーターズ（1985）、クラナッハ（1979）、マレー・パークスとスティーヴンソン-ヒンデ（1982）、ヒンデとスティーヴンソン-ヒンデ（1988）を参照。

（原注3）出生前の胎生期段階における母親に対するアタッチメントのエビデンスについては、ピオンテリ（1987）によって検討されている。

（原注4）たとえばメンジース・リース（1988）、ベインとバーネット（1980）を参照。

（原注5）子どもの発達の実証的アプローチについては（原注1）の文献を参照。ダン（1977）の情緒発達への関心は本書の関心に近く、この分野の読みやすい研究である。

（原注6）民族誌という方法については、文化人類学においてはギアーツ（1973, 1983）、社会学においてはバージェス（1982, 1984）、デンジン（1970, 1978）、シュウォーツとジェイコブス（1979）を参照。

（原注7）社会学の理論には相互に関連した伝統がいくつか存在する。それらはマックス・ウェーバー、アメリカのシンボリック相互作用論、現象学に由来しており、「主観的意味」を理解することを第一に重視している。これらの概説としてはダンデカーズ（1984, ch.3）、シュウォーツとジェイコブス（1979, part 1）を参照。社会心理学における関連したアプローチについてはハーレとセコード（1972）を参照。

（原注8）教育社会学の領域では、事例研究と民族誌的方法を有効に使った例がある。学校教育の結果として生じる社会的格差については、定量的研究によってすでに一定の知見が確立されていたが、さらにその社会的格差の意味について事例研究や民族誌的方法を使って探求が行われた。この領域のレビューとしてはバーンスタイン（1977）、影響力のある質的研究としてはハーグリーヴス（1967）とウィリス（1977）を参照。

（原注9）ラター（1981）は、縦断的方法や定量的方法を用いてアタッチメント理論に（そしてより少ない程度であるが精神分析の概念に）基づいた発達仮説を検証した、よく知られた例である。

（原注10）文化人類学のフィールド研究において、研究者が予想していないことにオープ

原注

ンである必要性についてはギアーツ（1983）を参照。

（原注11）ドナルド・メルツァーの妄想分裂ポジションと抑うつポジションのタイミング
に関する最近の考えは乳幼児観察の影響を受けている。メルツァーとハリス・ウィリア
ムス（1988）を参照。

（原注12）ジョージ・ブラウンとティリル・ハリス（1978）は、情緒的サポートが乏しい中
で赤ん坊を養育している孤立した母親の脆弱性について十分なエビデンスを提示した。

（原注13）たとえば（原注2）の文献、およびタスティン（1972, 1981, 1986）を参照。

（原注14）バージェス（1984, ch.4）は参加観察者の問題について概説し、読者のために他の
参考文献も挙げている。

（原注15）乳幼児期の段階では、赤ん坊は身体的にも心理的にもまだ独立した生活をする
ことができない。そのため、赤ん坊をひとりとして捉えるよりも、赤ん坊と母親のカッ
プルとして捉えるほうが機能面の実際に即している。この考えに関しては、ウィニコッ
ト（1960a, part 1）を参照。

（原注16）（原注1）の文献を参照。

（原注17）知識と情緒的経験との関係は、ビオン（1962）によって議論されている。

（原注18）転移に関してはフロイト（1912a, 1915）とヒンシェルウッド（1989）、その他の
参考文献としてはラプランシュとポンタリス（1973）を参照。

（原注19）逆転移についてはフロイト（1912b）、ハイマン（1950）、ヒンシェルウッド
（1989）、その他の参考文献としてはラプランシュとポンタリス（1973）を参照。

（原注20）バーネット（1985）、ロバートソンとロバートソン（1953, 1976）を参照。

（原注21）近代哲学において科学の方法論を検討するときに、洞察や主観的判断に頼る発
見のプロセスと、より合理的で一定の手続きによって妥当化を行う発見のプロセスとを
区別する考え方は、主にK・R・ポパーの研究に由来する。たとえばポパー（1972）を参
照。ポランニー（1958）などは、洞察や主観的判断は科学的方法のすべての側面にわた
り大きな役割を果たしていると論じている。

（原注22）マレー（1988）はこの発展の重要性を主張している。

（原注23）このような研究の方法についてはM・E・ラスティン（1989）を参照。

（原注24）たとえばボストンとスザー（1983）、メルツァーら（1975）、ボストン（1989）を
参照。

（原注25）精神分析との関連で、より広い問題としての科学的方法についてはM・J・ラス
ティン（1987）を参照。

（原注26）ある価値観を伴う観点から事例を選定するという考え方についてはテイラー
（1985）を参照。

（原注27）影響力のある論文はビック（1987）である。

（原注28）メンジース・リース（1988）に収められたエッセイを参照。

（原注29）子どもの虐待事例の治療と、訓練として乳幼児観察を行うことの関連性についてはトロウェル（1989）を参照。

第4章

（原注1）この観察は、エスター・ビック（Esther Bick）のスーパービジョンを受けた。乳幼児観察の発展に対するエスター・ビックの貢献は別の箇所に詳述されている。

第5章

（原注1）振り返ってみると、妊娠後期に、そして出産後赤ん坊に会うまでの5日間に母親が抱いていたスザンナの健康に関する深い不安は、その後の事態についての母親の予想に強い影響を及ぼしていたと思う。

文献

Abraham, K (1924) A Short Study of the Development of the Libido, in *Selected Papers on Psycho-Analysis*, London: Hogarth (1949) (Maresfield Reprints 1979)

Alvarez, A (1988) Beyond the Unpleasure Principle: Some Preconditions for Thinking Through Play, *Journal of Child Psychotherapy*, Vol. 14, No. 2

Bain, A & Barnett, L (1980) *The Design of a Day Care System in a Nursery Setting for Children under Five: Final Report*, Tavistock Institute of Human Relations, Doc. No. 2347

Barnett, L (1985) (film) *Sunday's Child: The Growth of Individuality 0-2 years* (120 mins, short version 60 mins), University of Exeter

Bentovim, A (1979) Child Development Research Findings and Psychoanalytic Theory: An Integrative Critique, in Schaffer, D & Dunn, J (eds) *The First Year of Life*, Chichester: Wiley

Bernstein, B (1977) The Sociology of Education: A Brief Account, in *Class, Codes and Control*, Vol. 3, London: Routledge & Kegan Paul

Bick, E (1964) Notes on Infant Observation in Psychoanalytic Training, *International Journal of Psycho-analysis*, Vol. 45

Bick, E. (1968) The Experience of the Skin in Early Object Relations, *International Journal of Psychoanalysis*, Vol. 49

Bick, E (1987) The Experience of the Skin in Early Object Relations (first publ. 1968), in Harris, M & Bick, E, *Collected Papers of Martha Harris and Esther Bick* (ed. Harris Williams, M), Perthshire: Clunie

Bion, W R (1962) *Learning from Experience*, London: Heinemann (Maresfield reprints 1988)（福本修（訳）（1999）経験から学ぶこと　精神分析の方法Ⅰ：セブン・サーヴァンツ　法政大学出版局）

Bion, W R (1962a) A Theory of Thinking, *International Journal of Psychoanalysis*, Vol. 43（松木邦裕（監訳）中川慎一郎（訳）（2007）考えることの理論　再考：精神病の精神分析論　金剛出版）

Bion, W R (1962b) *Learning from Experience*, London: Heinemann（福本修（訳）（1999）経験から学ぶこと　精神分析の方法Ⅰ：セブン・サーヴァンツ　法政大学出版局）

Bion, W R (1963) *Elements of Psycho-Analysis*, London: Heinemann; also in *Seven Servants*, New York: Aronson（福本修（訳）（1999）精神分析の要素　精神分析の方法Ⅰ：セブン・サーヴァンツ　法政大学出版局）

Bion, W R (1965) *Transformations*, London: Heinemann, also in *Seven Servants*, New York: Aronson（福本修・平井正三（訳）（2002）変形　精神分析の方法Ⅱ：セブン・サーヴァンツ　法政

大学出版局）

Bion, W R (1970) *Attention and Interpretation*, London: Tavistock; also in *Seven Servants*, New York: Aronson（福本修・平井正三（訳）（2002）注意と解釈　精神分析の方法Ⅱ：セブン・サーヴァンツ　法政大学出版局）

Boston, M (1975) Recent Research in Developmental Psychology, *Journal of Child Psychotherapy*, Vol. 4, No. 1

Boston, M (1989, forthcoming) In Search of a Methodology of Evaluating Psychoanalytic Therapy with Children, *Journal of Child Psychotherapy*

Boston, M & Szur, R (1983) *Psychotherapy with Severely Deprived Children*, London: Routledge & Kegan Paul（平井正三他（監訳）（2006）被虐待児の精神分析的心理療法：タビストック・クリニックのアプローチ　金剛出版）

Bower, T G R (1977) *A Primer of Infant Development*, San Francisco: Freeman

Bowlby, J (1969, 1973, 1980) *Attachment, Separation and Loss* (3 vols), Harmondsworth: Penguin Books（黒田実郎他（訳）（1991）新版　母子関係の理論（全3巻）　岩崎学術出版社）

Brazelton, T B, Tronick, E, Anderson, L H & Weise, S (1975) Early Mother-in-Law Reciprocity, in *Parent-Infant Interaction*, Ciba Foundation Symposium 33, Amsterdam: Elsevier

Bretherton, I & Waters, E (eds) (1985) *Growing Points of Attachment Theory and Research*, Monographs of the Society for Research in Child Development, Vol. 50, Nos. 1-2, Chicago: University of Chicago Press

Brown, G W & Harris, T (1978) *Social Origins of Depression: A Study of Psychiatric Disorder in Women*, London: Tavistock

Bullowa, M (1979) *Before Speech*, Cambridge: Cambridge University Press

Burgess, R G (ed) (1982) *Field Research: A Source Book and Field Manual*, London: Allen & Unwin

Burgess, R G (1984) *In the Field: An Introduction to Field Research*, London: Allen & Unwin

Carpenter, G (1975) Mother's Face and the Newborn, in Lewin, R (ed) *Child Alive*, London: Temple Smith

Cranach, M von, et al. (1979) *Human Ethology: Claims and Limits of a New Discipline*, Cambridge: Cambridge University Press

Dandeker, C, Johnson, T, Ashworth, C (1984) *The Structure of Social Theory: Dilemmas and Strategies* (ch. 3 on subjectivism), London: Macmillan

Denzin, N K (1970) *The Research Act in Sociology*, Chicago: Aldine

Denzin, N K (ed) (1978) *Sociological Methods: A Sourcebook* (2nd ed.), London: McGraw Hill

Dunn, J (1977) *Distress and Comfort*, London: Fontana/Open Books（古澤頼雄（訳）（1979）赤ちゃんときげん：表情・身ぶりの語りかけるものは　サイエンス社）

Dunn, J (1979) The First Year of Life: Continuities in Individual Differences, in Schaffer, D & Dunn, J,

文献

The First Year of Life, Chichester: Wiley

Dunn, J B & Richards, M P M (1977) Observations on the Developing Relationship between Mother and Baby in the Newborn, in Schaffer, H R (ed) *Studies in Mother-Infant Interaction*, London: Academic Press

Fairbairn, W R D (1952) *Psychoanalytic Studies of the Personality*, London: Tavistock/Routledge（山口泰司（訳）（2002）新装版　人格の精神分析学的研究　文化書房博文社）

Freud, S (1909) Analysis of a Phobia in a Five-year-old Boy, *Standard Edition*, Vol. 10, London: Hogarth (1955)（新宮一成他（編集委員）（2008）ある五歳男児の恐怖症の分析「ハンス」　フロイト全集10　岩波書店）

Freud, S (1911) Two Principles in Mental Functioning, *Standard Edition*, Vol. 12, London: Hogarth (1958)（新宮一成他（編集委員）（2009）心的生起の二原理に関する定式　フロイト全集11　岩波書店）

Freud, S (1912a) The Dynamics of Transference, *Standard Edition*, Vol. 12, pp. 97-108（新宮一成他（編集委員）（2009）転移の力動論にむけて　フロイト全集12　岩波書店）

Freud, S (1912b) Recommendations to Physicians Practising Psycho-analysis, *Standard Edition*, Vol. 12, pp. 109-20（新宮一成他（編集委員）（2009）精神分析治療に際して医師が注意すべきことども　フロイト全集12　岩波書店）

Freud, S (1915) Remembering, Repeating and Working Through, *Standard Edition*, Vol. 14, pp. 121-45（新宮一成他（編集委員）（2010）想起，反復，反芻処理　フロイト全集13　岩波書店）

Freud, S (1920) Beyond the Pleasure Principle, *Standard Edition*, Vol. 18, London: Hogarth (1955)（新宮一成他（編集委員）（2006）快原理の彼岸　フロイト全集17　岩波書店）

Geertz, C (1973) *The Interpretation of Cultures*, New York: Basic Books（吉田禎吾他（訳）（1987）文化の解釈学　岩波書店）

Geertz, C (1983) *Local Knowledge*, New York: Basic Books（梶原景昭他（訳）（1991）ローカル・ノレッジ：解釈人類学論集　岩波書店）

Hargreaves, J (1967) *Social Relations in the Secondary School*, London: Routledge & Kegan Paul

Harré, R & Secord, P F (1972) *The Explanation of Social Behaviour*, Oxford: Blackwell

Harris, M (1978) Towards Learning from Experience, in Harris Williams, M (ed) *Collected Papers of Martha Harris and Esther Bick*, Perthshire: Clunie

Heimann, P (1950) On Counter-transference, *International Journal of Psychoanalysis*, Vol. 31, pp. 81-4

Henry, G (1974) Doubly-deprived, *Journal of Child Psychotherapy*, Vol. 3, No. 4

Hinde, R A (1982) Attachment: Some Conceptual and Biological Issues, in Murray Parkes, C & Stevenson-Hinde, J (eds) *The Place of Attachment in Human Behaviour*, London: Tavistock

Hinde, R & Stevenson-Hinde, J (1988) *Relationships within Families: Mutual Influences*, Oxford: Clarendon Press

Hinshelwood, R (1989) *A Dictionary of Kleinian Thought*, London: Free Association Books（衣笠隆幸（総監訳）(2014) クライン派用語事典　誠信書房）

Hopkins, B (1983) The Development of Early Non-verbal Communication: An Evaluation of its Meaning, *Journal of Child Psychology and Psychiatry*, Vol. 24, No. 1

Isaacs, S (1952) The Nature and Function of Phantasy, in Klein, M, Heinemann, P, Isaacs, S & Riviere, J (eds) *Developments in Psycho-analysis*, London: Hogarth

Kaye, K (1977) Towards the Origin of Dialogue, in Schaffer, H R (ed) *Studies in Mother-Infant Interaction*, London: Academic Press

Klaus, M H & Kennell, J H (1982) *Parent-Infant Bonding*, St Louis: Mosby（竹内徹（訳）(1985) 親と子のきずな　医学書院）

Klein, M (1921) The Development of a Child, in *Contributions to Psycho-analysis 1921-1945*, London: Hogarth (1950)（小此木啓吾他（監修）(1983) 子どもの心的発達　メラニー・クライン著作集1　誠信書房）

Klein, M (1928) Early Stages of the Oedipus Conflict, in *Contributions to Psycho-analysis 1921-1945*, London: Hogarth (1950)（小此木啓吾他（監修）(1983) エディプス葛藤の早期段階　メラニー・クライン著作集1　誠信書房）

Klein, M (1946) Notes on Some Schizoid Mechanisms, in *The Writings of Melanie Klein*, Vol. 3, London: Hogarth (1975)（小此木啓吾他（監修）(1985) 分裂的機制についての覚書　メラニー・クライン著作集4　誠信書房）

Klein, M (1948) On the Theory of Anxiety and Guilt, in *The Writings of Melanie Klein*, Vol. 3, London: Hogarth (1975)（小此木啓吾他（監修）(1985) 不安と罪悪感の理論について　メラニー・クライン著作集4　誠信書房）

Klein, M (1952a) Some Theoretical Conclusions Regarding the Emotional Life of the Infant, in Klein, M et al., *Developments in Psycho-analysis*, London: Hogarth

Klein, M (1952b) On Observing the Behaviour of Young Infants, in Klein, M et al., *Developments in Psycho-analysis*, London: Hogarth

Klein, M (1959) Our Adult World and its Roots in Infancy, in *The Writings of Melanie Klein*, Vol. 3, London: Hogarth (1975)（小此木啓吾他（監修）(1996) 大人の世界と幼児期におけるその起源　メラニー・クライン著作集5　誠信書房）

Laplanche, J & Pontalis, J B (1973) *The Language of Psychoanalysis*, London: Hogarth（村上仁（監訳）(1977) 精神分析用語辞典　みすず書房）

Likierman, M (1988) Maternal Love and Positive Projective Identification, *Journal of Child Psychotherapy*, Vol. 14, No. 2

Liley, A W (1972) The Foetus as a Personality, *Australian and New Zealand Journal of Psychiatry*, Vol. 7, pp. 99-105

文献

MacFarlane, J A (1975) Olfaction in the Development of Social Preference in the Human Neonate, in *Parent-Infant Interaction*, Ciba Foundation Symposium 33, Amsterdam: Elsevier

Mackay, D M (1972) Formal Analysis of Communicative Processes, *Non-verbal Communication* (ed. Hinde, R A), Cambridge: Cambridge University Press

Magagna, J (1987) Three Years of Infant Observation with M Bick, *Journal of Child Psychotherapy*, Vol. 13, No. 1

Main, M & Weston, D R (1982) Avoidance of the Attachment Figure in Infancy, in Murray Parkes, C & Stevenson-Hinde, J, *The Place of Attachment in Human Behaviour*, London: Tavistock

Meltzer, D (1978) *The Kleinian Development*, Perthshire: Clunie（松木邦裕（監訳）(2015) クライン派の発展　金剛出版）

Meltzer, D (1983) *Dream-Life*, Perthshire: Clunie（新宮一成他（訳）(2004) 夢生活：精神分析理論と技法の再検討　金剛出版）

Meltzer, D et al. (1975) *Explorations in Autism: A Psycho-Analytic Study*, Perthshire: Clunie（平井正三（監訳）(2014) 自閉症世界の探求：精神分析的研究より　金剛出版）

Meltzer, D & Harris Williams, M (1988) *The Apprehension of Beauty*, Perthshire: Clunie（細澤仁（監訳）(2010) 精神分析と美　みすず書房）

Meltzoff, A N (1981) Imitation, Intermodal Co-ordination and Representation in Early Infancy, in Butterworth, G (ed) *Infancy and Epistemology: An Evaluation of Piaget's Theory*, Brighton: Harvester

Menzies Lyth, I (1988) *Containing Anxiety in Institutions: Selected Essays*, London: Free Association Books

Middleton, M P (1941) *The Nursing Couple*, London: Hamish Hamilton

Mills, M (1981) Individual Differences in the First Week of Life, in Christie, M J & Mallet, P, *Foundations of Psycho-somatics*, Chichester: Wiley

Mounoud, P & Vinter, A (1981) Representation and Sensorimotor Development, in Butterworth, G (ed) *Infancy and Epistemology: An Evaluation of Piaget's Theory*, Brighton: Harvester

Murray, L (1988) Effects of Post-natal Depression on Infant Development: Direct Studies of Early Mother-Infant Interactions, in Kumar, R & Brockington, IF (eds) *Motherhood and Mental Illness 2*, London: Wright

Murray Parkes, C & Stevenson-Hinde, J (eds) (1982) *The Place of Attachment in Human Behaviour*, London: Tavistock

O'Shaughnessy, E (1964) The Absent Object, *Journal of Child Psychotherapy*, Vol. 1, No. 2

O'Shaughnessy, E (1981) A Commemorative Essay on W R Bion's Theory of Thinking, *Journal of Child Psychotherapy*, Vol. 7, No. 2

Osofsky, J D & Danzger, B (1974) Relationships between Neonatal Characteristics and Mother-Infant Interactions, in *Developmental Psychology*, Vol. 10, pp. 124-30

Piontelli, A (1987) Infant Observation from Before Birth, *International Journal of Psychoanalysis*, Vol. 68,

Part 4

Polanyi, M (1958) *Personal Knowledge: Towards a Post-Critical Philosophy*, London: Routledge & Kegan Paul（長尾史郎（訳）（1985）個人的知識：脱批判哲学をめざして　ハーベスト社）

Popper, K R (1972) *Objective Knowledge*, Oxford: Oxford University Press（森博（訳）（1974）客観的知識：進化論的アプローチ　木鐸社）

Pound, A (1982) Attachment and Maternal Depression, in Murray Parkes, C & Stevenson-Hinde, J (eds) *The Place of Attachment in Human Behaviour*, London: Tavistock

Richards, M P M (1979) Effects on Development of Medical Interventions and the Separation of Newborns from their Parents, in Schaffer, D & Dunn, J (eds) *The First Year of Life*, Chichester: Wiley

Robertson, James (1953) *A Two Year Old Goes to Hospital*, Ipswich: Concord Films Council

Robertson, James & Joyce (1976) *Young Children in Brief Separation: Five Films*, Ipswich: Concord Films Council

Rosenfeld, H (1987) *Impasse and Interpretation*, London: Tavistock（神田橋條治（監訳）（2001）治療の行き詰まりと解釈：精神分析療法における治療的／反治療的要因　誠信書房）

Rustin, M E (1989, forthcoming) Clinical Research: The Strength of a Practitioner's Workshop as a New Model, *Journal of Child Psychotherapy*

Rustin, M J (1987) Psychoanalysis, Realism, and the New Sociology of Science, *Free Associations*, No. 9

Rutter, M (1981) *Maternal Deprivation Reassessed*, Harmondsworth: Penguin Books（北見芳雄他（訳）（1979, 1984）母親剥奪理論の功罪（正・続）　誠信書房）

Rutter, M (1989) Pathways from Childhood to Adult Life, in *Journal of Child Psychology and Psychiatry*, Vol. 3, No. 1

Schaffer, H R (1977) Early Interactive Development, in Schaffer, H R (ed) *Studies in Mother-Infant Interaction*, London: Academic Press

Schaffer, H R (1986) Child Psychology: The Future, in *Journal of Child Psychology and Psychiatry*, Vol. 27, No. 6

Schaffer, H R & Collis, G M (1986) Parental Responsiveness and Child Behaviour, in Sluckin, N & Herbert, M (eds) *Parental Behaviour in Animals and Humans*, Oxford: Blackwell

Schaffer, H R & Dunn, J (1979) *The First Year of Life*, Chichester: Wiley

Schwarz, H & Jacobs, J (1979) *Qualitative Sociology: A Method to the Madness*, New York: Free Press

Segal, H (1957) Notes on Symbol Formation, *International Journal of Psycho-analysis*, Vol. 38, pp. 391-7; also in *The Work of Hanna Segal*, New York: Aronson（松木邦裕（訳）（1988）クライン派の臨床：ハンナ・スィーガル論文集　岩崎学術出版社）

Spillius, E (1988) *Melanie Klein Today: Developments in Theory and Practice*, Vol. 1, London: Routledge（松木邦裕（監訳）（1993）メラニー・クライントゥデイ　岩崎学術出版社）

文献

Spitz, R A (1945) Hospitalism: An Inquiry in the Genesis of Psychiatric Conditions in Early Childhood, in *The Psychoanalytic Study of the Child*, Vol. 1, New York: International Universities Press

Stern, D N (1985) *The Interpersonal World of the Infant: A View from Psychoanalysis and Developmental Psychology*, New York: Basic Books（小此木啓吾・丸田俊彦（監訳）（1989, 1991）乳児の対人世界　岩崎学術出版社）

Stratton, P (1982) Significance of the Psycho-biology of the Human Newborn, in Stratton, P (ed) *Psychobiology of the Human Newborn*, Chichester: Wiley

Szur, R et al. (1981) Colloquium: Hospital Care of the Newborn: Some Aspects of Personal Stress, *Journal of Child Psychotherapy*, Vol. 7, No. 2

Taylor, C (1985) Neutrality in Political Science, in *Philosophy and the Human Sciences: Philosophical Papers 2*, Cambridge: Cambridge University Press

Trevarthen, C (1977) Descriptive Analyses of Infant Communicative Behaviour, in Schaffer, H R (ed) *Studies in Mother-Infant Interaction*, London: Academic Press

Trevarthen, C (1979) Communication and Co-operation in Early Infancy: A Description of Primary Intersubjectivity, in Bullowa, M (ed) *Before Speech*, Cambridge: Cambridge University Press

Trevarthen, C (1980) The Foundations of Intersubjectivity: Development of Interpersonal and Cooperative Understanding in Infants, in Olson, D R (ed) *The Social Foundations of Language and Thought*, Toronto: Norton

Trowell, J (1982) Effects of Obstetric Management on the Mother-Child Relationship, in Murray Parkes, C & Stevenson-Hinde, J (eds) *The Place of Attachment in Human Behaviour*, London: Tavistock

Trowell, J (1989, forthcoming) The Use of Observation Skills, in Central Council for Education and Training in Social Work, *Post-Qualifying and Advanced Training for Social Workers: The New Priority*

Tustin, F (1972) *Autism and Childhood Psychosis*, London: Hogarth（齋藤久美子（監修）（2005）自閉症と小児精神病　創元社）

Tustin, F (1981) *Autistic States in Children*, London: Routledge & Kegan Paul

Tustin, F (1986) *Autistic Barriers in Neurotic Patients*, London: Karnac

Willis, P (1977) *Learning to Labour*, Aldershot: Saxon House（熊沢誠・山田潤（訳）（1985）ハマータウンの野郎ども：学校への反抗・労働への順応　筑摩書房）

Winnicott, D W (1941) Observation of Infants in a Set Situation, in *Collected Papers*, London: Tavistock (1958)（北山修（監訳）（2005）設定状況における幼児の観察　小児医学から精神分析へ：ウィニコット臨床論文集　岩崎学術出版社）

Winnicott, D W (1945) Primitive Emotional Development, in *Collected Papers*, London: Tavistock (1958)（北山修（監訳）（2005）原初の情緒発達　小児医学から精神分析へ：ウィニコット臨床論文集　岩崎学術出版社）

Winnicott, D W (1949) Mind and its Relation to Psyche-Soma, in *Collected Papers*, London: Tavistock (1958)（北山修（監訳）(2005) 心とその精神−身体との関係　小児医学から精神分析へ：ウィニコット臨床論文集　岩崎学術出版社）

Winnicott, D W (1951) Transitional Objects and Transitional Phenomena, in *Collected Papers*, London: Tavistock (1958)（北山修（監訳）(2005) 移行対象と移行現象　小児医学から精神分析へ：ウィニコット臨床論文集　岩崎学術出版社）

Winnicott, D W (1960a) The Theory of the Parent-Infant Relationship, in *International Journal of Psychoanalysis*, Vol. 41, pp. 585-95; also in *The Maturational Processes and the Facilitating Environment*, London: Hogarth (1965)（牛島定信（訳）(1977) 親と幼児の関係に関する理論　情緒発達の精神分析理論：自我の芽ばえと母なるもの　岩崎学術出版社）

Winnicott, D W (1960b) Ego Distortion in Terms of the True and False Self, in *The Maturational Processes and the Facilitating Environment*, London: Hogarth (1965)（牛島定信（訳）(1977) 本当の，および偽りの自己という観点からみた自我の歪曲　情緒発達の精神分析理論：自我の芽ばえと母なるもの　岩崎学術出版社）

Winnicott, D W (1971) *Playing and Reality*, London: Tavistock（橋本雅雄（訳）(1979) 遊ぶことと現実　岩崎学術出版社）

索引

■人名

［あ行］

アイザックス（Isaacs, S.） 287

アブラハム（Abraham, K.） 35

ウィニコット（Winnicott, D. W.） 34, 36, 39, 41, 46, 51, 59, 69, 70, 73, 286, 287, 288, 290, 291, 301

ウィリス（Willis, P.） 300

ヴィンター（Vinter, A.） 296

ウエストン（Weston, D. R.） 295, 298

ウォーターズ（Waters, E.） 300

オソフスキー（Osofsky, J. D.） 291

［か行］

ギアーツ（Geertz, C.） 300, 301

クライン（Klein, M.） 34, 35, 36, 46, 50, 57, 58, 59, 60, 61, 62, 64, 65, 66, 68, 69, 79, 91, 286, 287, 291, 292, 294, 296, 297, 298, 299

クラナッハ（Cranach, M.） 300

［さ行］

シーガル（Segal, H.） 70

ジェイコブス（Jacobs, J.） 300

シェーファー（Schaffer, H. R.） 286, 300

シュウォーツ（Schwarz, H.） 300

スザー（Szur, R.） 301

スターン（Stern, D. N.） 38, 63, 79, 286, 287, 288, 290, 291, 293, 294, 297, 299, 300

スティーヴンソン-ヒンデ（Stevenson-Hinde, J.） 300

ストラットン（Stratton, P.） 295

スピリウス（Spillius, E.） 287, 294

セコード（Secord, P. F.） 300

［た行］

タスティン（Tustin, F.） 301

ダン（Dunn, J.） 300

ダンツガー（Danzger, B.） 291

テイラー（Taylor, C.） 301

デンジン（Denzin, N. K.） 300

トレヴァーセン（Trevarthen, C.） 288, 298, 299

トロウェル（Trowell, J.） 302

［は行］

ハーグリーヴス（Hargreaves, J.） 300

バージェス（Burgess, R. G.） 300, 301

バーネット（Barnett, L.） 300, 301

ハーレ（Harré, R.） 300

バーンスタイン（Bernstein, B.） 300

ハイマン（Heimann, P.） 301

バウアー（Bower, T. G. R.） 296, 300

パウンド（Pound, A.） 291

ハリス（Harris, M.） 3, 54

ハリス（Harris, T.） 301

ハリス・ウィリアムス（Harris Williams, M.） 296, 301

ビオン（Bion, W. R.） 15, 33, 34, 36, 39, 40, 42, 46, 69, 72, 286, 287, 288, 290, 291, 294, 295, 296, 299, 301

ピオンテリ（Piontelli, A.） 287, 300

ビック（Bick, E.） 3, 13, 34, 36, 47, 56, 286, 287, 291, 295, 301, 302

ヒンシェルウッド（Hinshelwood, R.）
301

ヒンデ（Hinde, R.）　300

フェアバーン（Fairbairn, W. R. D.）　35

ブラウン（Brown, G. W.）　301

ブラゼルトン（Brazelton, T. B.）　37, 47

ブレザートン（Bretherton, I.）　300

フロイト（Freud, S.）　7, 35, 69, 89, 287, 301

ベイン（Bain, A.）　300

ベケット（Beckett, S.）　44

ボウルビィ（Bowlby, J.）　34, 63, 79, 286,
291, 292, 300

ボストン（Boston, M.）　300, 301

ホプキンス（Hopkins, B.）　289

ポランニー（Polanyi, M.）　301

ポンタリス（Pontalis, J. B.）　301

[ま行]

マウノウド（Mounoud, P.）　296

マガグナ（Magagna, J.）　286

マレー（Murray, L.）　291, 300, 301

マレー・パークス（Murray Parkes, C.）　300

ミルズ（Mills, M.）　288

メイン（Main, M.）　295, 298

メルツァー（Meltzer, D.）　287, 293, 296,
301

メルツォフ（Meltzoff, A. N.）　296

メンジース・リース（Menzies Lyth, I.）
300, 302

[ら行]

ラスティン（Rustin, M. E.）　301

ラター（Rutter, M.）　289, 290, 294, 299, 300

ラプランシュ（Laplanche, J.）　301

リチャーズ（Richards, M. P. M.）　39

ローゼンフェルト（Rosenfeld, H.）　287

ロバートソン（Robertson, James）　301

ロバートソン（Robertson, Joyce）　301

■事項

[あ行]

RIG（一般化された相互作用の表象）
297

アイデンティティの混乱　197

アタッチメント　79, 94, 291, 293, 300

安心感　30

移行対象　51, 86

一次的間主観性　287, 288

一体性の幻想の破綻　173

因果関係　99, 101

失われた対象の再創造　174

エビデンス　76, 300, 301

思いやり　53

[か行]

快　299

外在化　70

解体の不安　166

外的環境　56, 64, 71

外的現実　36, 58, 59, 68, 298

外的世界　50, 58, 59, 69, 71, 73, 74

外的対象　69, 70, 72

外的対人関係性　37

抱える能力　248

索引

科学的研究　98

科学的方法　301

鏡の中の自分を見る　131

覚醒時の無活動　38, 39, 47, 52, 65, 288, 291, 297

活性化輪郭　290

葛藤　17, 52, 55, 80, 90

考える能力　54

環境　69, 72, 73, 289, 290, 295, 298

環境からの侵害　46

関係性　60

観察家庭　77

観察研究　79, 80, 81, 82, 99, 101

観察者の介入　153

観察者の介入の意味　155

観察者の逆転移　207

観察者の母親への注意の必要性　147

観察者への視線　116

観察する赤ん坊　194

観察の休みへの反応　171

感受性　93, 94, 96

感情　96, 97

記憶　49, 62, 73, 287, 296

機械論　35

記述的観察方法　81

虐待　20, 21, 302

逆転移　8, 21, 32, 91, 95, 103, 293, 301

境界例　299

共感　30, 40, 87, 94

凝視された観察者の反応　200

恐怖　17

拒絶感の投影　194

筋緊張　149

空間　33, 57, 65, 72

空想　58, 69

具象性　49

苦痛　51, 52, 53, 54, 56, 62, 63, 64, 66, 67, 72, 77, 85, 93, 288, 298

クロスーモーダルパーセプション　297

K　54

経験　15, 53, 54

欠損部分　56

幻覚　69, 72

研究方法　81, 87, 99

現実化　38

現実検討力　287

現実そのもの　58

現象学　36

原初的母性的没頭　39, 40

幻想　50, 51, 53, 58, 69, 70, 287, 293, 295

行動主義的研究　100

こころ／情緒の能力　290

こころの痛み　227

こころの機能　54

こころの空間　56

こころの構造　91, 289

こころの状態　83, 93, 95, 97, 104

こころの中に抱えること　49

こころの発達　69, 88

孤独感　30

コミュニケーション　32, 93, 95, 96, 288, 290, 293, 294, 296, 297

コンテイナー　40, 41, 42, 44, 45, 53, 74, 294, 296

コンテイナー・コンテインド　40, 43

コンテイン　43, 44, 51, 53, 54, 55, 57, 70, 85,

289, 299

コンテインメント　43, 46, 47, 50, 55, 295

混乱　45, 294

[さ行]

罪悪感　23

再創造　70, 74, 75

作業モデル　291, 293

里子　8

時間　65

自己　290

自己愛　299

思考　53, 54, 72, 290

自己感　52, 54, 56, 71, 287, 298, 299

自己コンテインメント　55

自己信頼感　55

自傷的な常同行為　88

実験室研究　89

実証的研究方法　80

嫉妬　175

自分のこころの感覚　37

自分をひとつにまとめる　122

社会学　81, 82, 86, 96, 300

社会心理学　300

縦断的方法　300

重篤な欠損　56

主観　79

主観性　288

主観的意味　81, 300

主観的経験　50, 81

主観的判断　301

授乳　63, 216

授乳する母親の凝視　146

受容　44, 48, 55, 96, 103

消化　57

情緒　8, 15, 34, 35, 36, 39, 40, 41, 44, 48, 51, 54, 55, 56, 57, 59, 61, 65, 66, 67, 68, 69, 77, 79, 80, 83, 85, 87, 91, 93, 94, 96, 99, 104, 289, 290, 293, 294, 295, 296, 297, 299, 300, 301

象徴　57, 70, 73, 74, 83, 86

象徴機能　68

象徴形成　68, 70

象徴的概念　49

象徴的コミュニケーション　91

象徴的思考　57, 68

象徴的対象　86

象徴等価　70

象徴能力　91

情緒的コミュニケーション　33

情緒的受容性　41

情緒的状態　48

情緒的能力　35

情緒的発達　14, 38

情緒的反応　13

衝動　55

情動　290

知りたいという欲求　38

知ること　15, 91

事例研究　81, 88, 89, 97, 98, 101, 102, 104, 300

身体　85, 88, 91

身体化　158

身体感覚　83

身体的虐待　8

身体的経験　49, 50

身体的統合の感覚　48

索引

身体的な自己感　48

身体的な世話　48

身体的皮膚　48

身体の発達　88

心的外傷　8

心的活動　49, 57

心的空間　17, 48

心的構造物　57

心的生活　38, 48, 49

心的世界　36

心的装置　36

心的剥奪　8

心的皮膚　48, 166

心的表象　58

心的不快感　42

心的夢想　85

人文科学　102

心理学的定式化　35

スプリッティング　62, 64, 66, 91, 297

スプリットオフ　53, 55, 294

生気　59

生気情動　290, 293, 294

「精神現象の二原則」（フロイト）　287

精神病　299

精神分析協会　3

精神分析的態度　33

精神分析的発達理論　34

精神分析的モデル　34, 64

精神分析理論　35

性的虐待　8, 20

絶望　67

セミナーグループ　41, 77, 86

前概念　38, 288, 296

全体対象　60, 297

相互作用　290

喪失　22, 73, 295

創造　51, 73

想像　73, 102

創造性　7, 68

[た行]

第三の要素　175

対象　53, 58, 60, 70, 72, 74, 292, 295

対象関係　36, 298

対象関係論　35

対人関係性　38

第二の皮膚形成　56

対話　287, 293, 294

耐えること　55

耐える能力　54

他者　290

タビストック・クリニック　3, 5, 34, 98, 100

誕生のトラウマ　194

断片化　60

知覚　59, 60, 63, 69, 78, 288, 298

知覚装置　290

知識　301

乳房　64, 70, 292

抽象　91, 99, 102, 297

抽象思考　295

中立　52, 77, 96

調律　294

適応　295

適合　44

転移　7, 8, 21, 32, 91, 95, 103, 293, 301

転移関係　94

天井の凝視　149

同一化　17, 40, 51, 54, 55, 56, 59, 62, 87

同一視　277

同一性　44, 56, 88

同一性発達　86

投影　32, 53, 64, 69, 294, 298

投影同一化　33, 53, 54, 91, 294

動機　299

統計学的研究　81

統合　44, 66, 297, 298

取り入れ　49, 51, 53, 63, 64, 298

取り入れ同一化　54

[な行]

内在化　50, 51, 53, 54, 56, 57, 58, 59, 63, 68, 70

内的関係　75

内的現実　58

内的資源　56

内的状態　57

内的世界　14, 36, 57, 59, 64, 74, 287, 292, 296

内的対象　50, 58, 59, 73, 74, 293, 296

内的対象関係　14

内的なこころの性質　58

内的表象　52, 58, 59, 296

二次的間主観性　299

乳幼児精神医学　3

乳幼児的自己　17

乳幼児的転移　33

認知　39, 52, 65, 66, 67, 78, 296, 297

ネガティブな経験　61

ネグレクト　20

[は行]

パーソナリティ　14, 35, 51, 52, 54, 56, 86, 296

剥奪　295

剥奪のサイクル　56

発達課題　41

発達研究　39, 61

発達心理学　37, 38, 58, 68, 79, 80, 81

発達プロセス　71

パニック　42, 43, 45

母親として認められること　163

母親の育児への父親の反応　147

母親の取り入れ　126

引きこもり　156, 157, 161, 163

非言語　91

悲嘆　85

皮膚　47, 48, 56

表象　35, 57, 58, 59, 70

不安　45, 93, 291, 298

不快　42, 44

不在　72, 86

不在のよい対象　72

ふたりであること　173

付着的にしがみつく　122

付着同一化　56

物質世界　50

部分対象　60, 71, 297

プレイ　68, 73, 74, 91, 290

文化　71

文化人類学　81, 82, 86, 96, 101, 300

分離　22, 67, 71, 72, 73, 74, 80, 216, 293, 294

変容　53, 59

ホールディング　46, 47

索引

ポジティブな経験　61
母性的／親的なコンテインメント　55
母性的コンテインメント　56
母性剥奪　295
没頭　291
ほどよい母親　73
ほどよい両親　55
本能　35, 40, 43, 45, 58, 298

[ま行]
まとまり　47, 60, 295
まとまりのなさ　288
学ぶこと　15, 293
満足　62
見捨てられ　68
未統合状態　288
民族誌　300
無意識　14, 17, 18, 30, 32, 53, 58, 91, 93, 95,
　96, 294, 295
無様式知覚　293
無力感　33
メタファー　296
妄想分裂　297
妄想分裂ポジション　59, 60, 66, 301
物語　78, 86
物語形式　89, 102

[や行]
夢　295, 296
よい関係性　62
よい対象　61, 63, 297
養護施設　103
養子縁組　8

幼児性欲　35
抑うつ　28, 31, 291, 297
抑うつポジション　59, 60, 66, 68, 301
欲求不満　63
呼び起こすこと　49
予防医学　99

[ら行]
理解　86, 91
リジリエンス　289
理想化　64
理想対象　63
離乳　9, 66, 68, 73, 83, 85, 230
臨界期　40
臨床研究　101, 103
連続　67, 70
連続して存在すること　46
連続性　65, 75, 89

[わ行]
悪い経験　62, 66
悪い対象　61, 297

317

監訳者あとがき

木部則雄

『乳幼児観察入門』(原題 *"Closely Observed Infants"*) は1989年に出版され、現在も版を重ね続けています。本書は乳幼児観察の教科書的なものであり、英国で乳幼児観察を始める前にチューターから紹介される必読書です。本書はイタリア、スペイン、フランス、ドイツなどですでに翻訳されており、日本語での出版は待望であったと言っても過言ではありません。

　本書の翻訳は乳幼児観察の経験のある医師、心理専門家によって行われ、第Ⅰ部「理論と方法」は木部、第Ⅱ部「観察」は鈴木龍先生、脇谷順子先生が監訳を行うことにしました。原書の明らかな不備はとくに断りなく修正しました。私たち監訳者はタビストック・クリニックで乳幼児観察グループを経験し、数年前より小寺記念精神分析研究財団で「乳幼児観察セミナー」を開催しています。また、鈴木先生と脇谷先生は都内で、乳幼児観察グループを行っています。

　本書に記載されているように、乳幼児観察はビックにより創案された精神分析の基本的な訓練です。これは1948年にタビストックに子ども心理療法家の専門コースが開設された時から、このコースの基礎訓練として導入されました。その後、1960年に英国精神分析協会での訓練生の1年目の訓練科目となりました。

　乳幼児観察のアイディアは、クラインの「大論争」当時の直接観察による乳幼児の早期の心的世界への関心に起点があります。クラインはアンナ・フロイトとの「大論争」で、乳幼児の直接観察から得られた知見を発表し、この一部は1952年に「乳幼児の行動観察について」、「幼児の情緒生活についての二、三の理論的結論」の論文になりました。これらの論文は、乳幼児観察、心的発達論、その臨床的な応用を相互に関連づけることを可能にしました。それらは出生から潜伏期までの心的発達を体系的に概念化し、クラインの心的発達論の仮説を実際の観察によって実証した内容となっています。

　クラインは「乳幼児の行動観察について」の論文で、「乳児とその最初の対象、つまり母親に対する関係と食物に対する関係は、最初から相互に関連し合ってい

監訳者あとがき

る。したがって、食物に対する基本的な態度のパターンを研究することが、乳児の理解にとって最善のアプローチのように思える」と記しています。ここで、私は実際のありふれた授乳に関する自分の観察記録の一コマを提示してみます。生後18週目の男児の記録です。『　』のみが正確な観察記録であり、それ以外のところは要約してあります。（木部則雄（2004）精神分析の原点：授乳すること　精神分析研究, 48(3), 41-48 より抜粋）

*　　*　　*

　その乳児（以下A）は、私が訪問した時には、未だ寝ていた。母親は、私にAが昨日から風邪気味で体調を崩しているので、とても不機嫌で困ってしまうと愚痴を言いながらその乳児の寝ている部屋から立ち去った。Aは数分後に身体を不機嫌そうに動かし、泣き声をあげ出した。泣き声は段々大きな声になり、苦悶の表情を呈してきた。私には長時間に感じられたが、おそらく1、2分しか経っていなかったのだろう。私は耐えきれずに、台所で洗い物をしている母親に声をかけた。母親はやや渋々ながらも、部屋に戻ってきた。

　『……母親は「あら、あら、またね」とやや疲れ果てたように言葉をかけ、懸命に泣いているAを抱き上げようとした。しかし、Aは母親の手から一瞬落ちそうになり、両手を広げてしがみつこうとするような姿勢をした。母親は驚いたように、両腕に力を入れて、Aを支えてから抱き上げた。Aの泣き声は一瞬、止まったが、すぐに必死の形相で泣き出した。母親はAの頭を左肩に乗せて背中を軽くとんとんと叩きながら、「また、お腹が空いちゃったのね」と穏やかに話しかけた。母親は私に背を向けながらも、Aの表情が見えるような位置に座り、左手でAの頭、胸部で身体を支えながら、右手でブラウスのボタンを外した。Aは大声で泣き続けていたが、泣き疲れて身体全体の力が抜けるかのようにため息をついた。そして再び大声で泣き出した。母親は授乳の準備ができて、右手でAの顔を優しく乳首に近づけたようだった。しかし、Aの泣き声は止まることなく、乳首を口に含まずに、頭を不規則に上下左右に振りながら泣き叫んでいた。Aの顔は、当初、激しく乳房にあたりながらも、少しずつ静かになっていった。そして、母親は口を乳首に含ませるように頭を軽く動かした。乳児は一旦、乳首を口に含ませたようであったが、再び大声をあげて泣き出してしまった。母親はちょっと慌

てて、「困ったわね」と呟きながら、もう一度身体を揺らしながら、あやした。そして、再び乳首を口に含ませるように試みた。今度は、Ａは一気に乳首に吸いついたかのように、ごくごくと音を立てて勢い良く飲み出した。しかし、鼻が詰まっていて、数分後には苦しそうな鼻息が聞こえてきた。乳首を口から離し、背中をそり返して、再び泣き出した。母親はガーゼで、嫌がっている乳児の鼻をゆっくり丁寧にぬぐいながら、そして「もう、大丈夫かな」とおどけた明るい口調で話しかけた。この声の変化に、乳児は素早く反応し、母親の顔をあたかも見つけたかのような表情で見つめた。母親は「あら、どうしたの。お目覚めだわね」と笑顔で答えた。そして、再び左側の乳房にＡの顔を導いた。Ａはさっきのリズムよりゆっくりとであるが、手足をリラックスさせた感じで、乳首に吸いついた。数分後には、一旦、小休止をして、乳首を口に含みながら、母親の顔を確かめるかのようにその表情を覗き込んだ。母親は「よかったわね。今日、初めてうまく飲むことができたわね」と満足したかのような声で話しかけた。』（略）さらに、左から右の乳房を吸っている間に穏やかそうに眠り始めた。

* * *

　本観察の授乳記録は、風邪気味で鼻を詰まらせたＡと授乳に疲れた母親のペアで始まります。周知のように、乳幼児観察では観察者が具体的な援助を差し伸べることは禁止されています。本観察では、観察者は乳児の泣き声に居たたまれなくなり、母親を呼ぶという具体的な行動に出てしまいます。ここにはＡに同一化して、新たな叫びを上げる大人の赤ん坊が存在します。母親はひとまず、この叫びに呼応しますが、母親もＡと同じように疲弊し、その機能を発揮することができません。この観察者の狼狽は、すでに疲れ果てていた母親に投影されて、当初、母親をさらに困惑させてしまったかのようでした。しかし、Ａの現実の窮地を見た途端に、母親はその機能を回復し、母子双方を元気づけるかのように、おどけた声を発します。これは母親が主体的に母親になり、一体化した母子関係から脱却した瞬間のように思われました。その後、授乳に奮闘する母親を観察するにつれて、観察者には双方の苦悩が痛いほどわかり、うまく授乳ができることだけを願うことになりました。これは援助する父親のイメージでもあり、理解を伴った観察者の存在は創造的なカップルを形成し、母親に新しい介入の視点を与えたの

監訳者あとがき

かもしれません。こうした観察者を含めた母子関係の無意識的流れを理解することは、グループ内でのディスカッションによってなされるものです。

　以下のような理論的解説が、本書の「監訳者あとがき」にふさわしいものであるか疑問ですが、この情景の整理のために、メルツァーの「精神分析過程」をもとに再考してみます。これはこの観察後、5〜6年後の日本精神分析学会のシンポジウムで発表する際に、理論と照らし合わせたものです。母親は懸命に授乳の設定に導こうと試みますが、Aは乳房を前にして、泣き叫んでいます。乳房はAの今にも死にそうな悲痛な叫び声という過剰な投影同一化に晒されています。そして、Aは自分の顔を何度も乳房にこすりつけることによって、分離を否認するかのような行動をします。この分離の否認は、メルツァーのⅠ. 転移の収束と深化に相当します。母親は再度、乳房にAの欲望を収束させるように試みますが、一度は失敗をしてしまいます。この時点では、授乳する乳房は存在せずに、メルツァーのⅡ. 地理的混乱での排泄を引き受けるトイレット・ブレストのみが存在していたことになります。母親はAをあやしながら、無意識的にAの心的状況を理解するための思索に耽っていたかのようでした。そして、母親の沈んだ気持ちと裏腹であろうと思われた積極的な口調で、Aに話しかけます。それは適切な解釈のように、混乱の渦中にいたAに新たな視点を提供し、母親の授乳機能をAに見出させることになりました。この母親の介入が、メルツァーのⅢ. 領域の混乱での水平スプリッティングを展開させ、眼差しとともに上半身には授乳の機能が確立したようでした。以後の授乳は穏やかなものであり、メルツァーのⅣ. 抑うつポジションの入り口への道が開かれました。投影同一化・摂取同一化の過程が適切に作動し、悪循環から解放されたようでした。そこでは、授乳する乳房の機能が勝っていたと理解されます。

　この記録からだけでも、乳児は母親からただ母乳を飲むだけでなく、母親の夢想に基づく愛情という情緒も吸収していると考えられます。この授乳の過程において、最終的にAは睡眠の中でβ要素がα要素に変換されたかのような夢をみているのであろうという安堵感を私は感じました。クラインは、「もっとも大切なことは、乳児との充分な共感能力を持つことである。この共感能力は、乳児の無意識とわれわれの大人の無意識の親密な触れ合いに基盤をおくものでなければな

らない」と記しています。この母親のここでの態度は、共感と理解を基盤とし、積極的な治療態度と共感に基づく適切な解釈に相通じるものと考えられました。

本観察の乳児は現実との接触を拒絶しているわけではありませんが、初めての身体的不調に出会い、この不安に堪えることができなかったようです。これは短時間ですが、ある意味、精神病状態に匹敵する状態でした。母親が乳児の不安に晒されながら、自らが能動的に別個の存在として関与することで、母親としての機能を取り戻したのはとても印象深いものでした。

乳幼児観察の醍醐味は、こうした観察の一コマですら、多くの示唆に富む機会に、自然に出会えることです。本書は早期母子関係に関する卓越した著書であり、それは精神分析に関心のある人たちだけでなく、乳幼児の研究者から、乳幼児に実際に関わる専門職の人々にまで、多くの示唆を与えるものであると確信しています。また、本書によって、乳幼児観察を経験する人が増えることを切に希望しています。

本書の日本語版の表紙については、あれこれ母子像を思い浮かべながら、グスタフ・クリムトの母子像（「女の三世代」）が、数日後に脳裏に浮かびました。表紙は、この母子像を用いてデザインしてほしいと依頼しました。この表紙には理想の母子関係が描かれ、母親は母親になった恍惚感、女の子も母親の腕に抱かれて至福の時を過ごしているかのようです。しかし、この母子の背後には、乳房が垂れ下がり、下腹部の膨らんだ醜い老婆が存在しています。これは裏表紙に描かれていますが、バーコードという偶発的事態によって、その全貌は隠されてしまっています。この老婆は人生の結末とも、育児に疲れた母親とも、世代を超えて母親に忍び寄る亡霊とも解釈できるかもしれません。ここには、乳幼児観察の本質的な意味が含まれていると、つくづく感じています。この後、この絵画がたまたま日本で公開（「クリムト展　ウィーンと日本　1900」）されていることを知りました。これは偶然のことですが、個人的には趣のあることでした。閉展に近い日に、この「女の三世代」の実物を見に、上野の東京都美術館に出向くことになりました。この絵は、予想外に静寂で、人生の謳歌や老人の悲哀を語っているようには感じられませんでした。クリムトは「人生ってこんなもんさ」と呟いているかのように、時が流れているように思えました。この綺麗な表紙ができたことに、監訳者を代

監訳者あとがき

表して、嬉しく思っています。

　最後に、本書の翻訳は念願でしたが、版権の問題などもあり難航を極めました。この時、創元社の津田敏之さん（現「木立の文庫」）のご尽力によって、ようやく翻訳の目処が立ちました。その後、柏原隆宏さんが適切に引き継いで頂き、順調に作業を行うことができました。監訳者一同、このおふたりに深く感謝を申し上げます。

〈参考著書〉
本書は乳幼児観察の根幹をなすものですが、関連著書は多数あり、代表的なものをここにご紹介します。

Adamo S M G & Rustin M (eds)(2013) *Young Child Observation: A Development in the Theory and Method of Infant Observation* (Tavistock Clinic Series), London: Karnac

Briggs A (ed)(2002) *Surviving Space: Papers on Infant Observation* (Tavistock Clinic Series), London: Karnac

Piontelli A (1986) *Backwards in Time: A Study in Infant Observation by the Method of Esther Bick* (Clunie Press S), London: Karnac; Revised

Reid S (ed)(1997) *Developments in Infant Observation: The Tavistock Model*, London: Routledge

Rustin M & Miller B (2009) *Observation Observed: Closely Observed Infants on Film*, London: Tavistock & Portman NHS Trust. 本映像はBBCが作成した "Talking Cure" という現代の精神分析の紹介番組で放映されたものであり、乳幼児観察の実際を視覚的に知ることのできる、貴重なものです。

Sternberg J (2005) *Infant Observation at the Heart of Training*, London: Karnac

Taylor D (ed)(1999) *Talking Cure: Mind and Method of the Tavistock Clinic* (Tavistock Clinic Series), London: Duckworth（木部則雄（監訳）(2013) トーキング・キュア：ライフステージの精神分析　金剛出版）

Thomson-Salo F (ed)(2014) *Infant Observation: Creating Transformative Relationships*, London: Karnac

Urwin C & Sternberg J (eds)(2012) *Infant Observation and Research: Emotional Processes in Everyday Lives*, Hove: Routledge（鵜飼奈津子（監訳）(2015) 乳児観察と調査・研究：日常場面のこころのプロセス　創元社）

■編者紹介 (所属等はいずれも原書刊行当時)

リサ・ミラー (Lisa Miller)
タビストック・クリニックの子どもの精神分析的心理療法家の第一人者。

マーガレット・ラスティン (Margaret Rustin)
タビストック・クリニックの子どもの精神分析的心理療法家、子ども家庭部門の部長。

マイケル・ラスティン (Michael Rustin)
東ロンドン専門学校社会学教授、タビストック・クリニック客員教授。

ジュディ・シャトルワース (Judy Shuttleworth)
元グレートオーモンド・ストリート子ども病院の子どもの精神分析的心理療法家。エンフィールド子どもガイダンス・クリニックの子どもの精神分析的心理療法家の第一人者、タビストック・クリニック客員教授。

■監訳者紹介

木部則雄 (きべ・のりお)
1957年生まれ。京都府立医科大学卒業。現在、白百合女子大学人間総合学部発達心理学科教授、こども・思春期メンタルクリニック代表。医学士、精神科医、臨床心理士。専攻は精神分析学、児童精神医学。主な著訳書に『こどもの精神分析』(岩崎学術出版社)、『こどもの精神分析II』(岩崎学術出版社)、『精神分析／精神科・小児科臨床セミナー総論』(編著、福村出版)、『こどものこころのアセスメント』(監訳、岩崎学術出版社)、『母子臨床の精神力動』(監訳、岩崎学術出版社)、『トーキング・キュア』(監訳、金剛出版)、『発達障害・被虐待児のこころの世界』(監訳、岩崎学術出版社) など多数ある。

鈴木　龍 (すずき・りゅう)
1943年、北京生まれ。1969年、東京大学医学部卒業 (精神医学専攻)。陽和病院に8年間勤務し、1979〜1986年、ロンドンに留学。ガイス・ホスピタルでの精神科臨床訓練の後、タビストック・クリニック思春期部門で精神療法の訓練を受け、乳幼児観察を学ぶ。1987年より鈴木龍クリニックで精神療法を実践。1995年より乳幼児観察セミナーを主宰。医学博士、日本精神分析学会認定精神療法医スーパーバイザー。主な著訳書に『「永遠の少年」はどう生きるか』(人文書院)、『子育て、保育、心のケアにいきる赤ちゃん観察』(共編、金剛出版)、『まんがサイコセラピーのお話』(監訳、金剛出版)、『思春期を生きぬく』(監訳、岩崎学術出版社) など多数ある。

脇谷順子（わきたに・じゅんこ）
1994年、東京大学大学院教育学研究科博士後期課程単位取得退学。2009年、児童青年心理療法士資格取得（英国児童心理療法士協会認定）。2011年、The Tavistock and Portman NHS Foundation Trust & University of East London, Professional Doctoral Course修了。2014年、専門家博士。現在、杏林大学保健学部臨床心理学科教授、認定NPO法人子どもの心理療法支援会関東地区担当理事。主な著訳書に『児童養護施設の子どもへの精神分析的心理療法』（分担執筆、誠信書房）、『精神分析から見た成人の自閉スペクトラム』（分担執筆、誠信書房）、『子どものこころの生きた理解に向けて』（監訳、金剛出版）、『児童青年心理療法ハンドブック』（共監訳、創元社）など多数ある。

■訳者一覧

浅野美穂子	（こども・思春期メンタルクリニック）	第1章
黒崎充勇	（広島市立舟入市民病院小児心療科主任部長／広島大学医学部臨床教授）	第2章
中岡裕美	（こども・思春期メンタルクリニック／新百合ヶ丘こころのクリニック）	第3章
森　椎葉	（山梨英和大学非常勤講師／かほる保育園）	第4章
田中健夫	（東京女子大学現代教養学部教授）	第5章
長谷川昌子	（上智大学大学院総合人間科学研究科心理学専攻）	第6章
長沼佐代子	（白百合女子大学発達臨床センター研究員）	第7章
千﨑美恵	（白百合女子大学人間総合学部発達心理学科）	第8章
星加志苑	（法政大学臨床心理相談室）	第9章
黒澤彩加	（昭島市教育委員会就学相談員／東京都スクールカウンセラー）	第10章
田中祐子	（永寿総合病院小児科）	第11章

乳幼児観察入門
早期母子関係の世界

2019年9月1日　第1版第1刷発行

編　者―――リサ・ミラー
　　　　　　マーガレット・ラスティン
　　　　　　マイケル・ラスティン
　　　　　　ジュディ・シャトルワース
監訳者―――木部則雄
　　　　　　鈴木　龍
　　　　　　脇谷順子
発行者―――矢部敬一
発行所―――株式会社 創元社

〈本　社〉
〒541-0047 大阪市中央区淡路町4-3-6
TEL.06-6231-9010（代）　FAX.06-6233-3111（代）
〈東京支店〉
〒101-0051 東京都千代田区神田神保町1-2 田辺ビル
TEL.03-6811-0662（代）
https://www.sogensha.co.jp/
印刷所―――株式会社 太洋社

©2019, Printed in Japan
ISBN978-4-422-11723-2 C3011
〈検印廃止〉
落丁・乱丁のときはお取り替えいたします。

編集協力　木村和恵
装丁・本文デザイン　長井究衡

JCOPY〈出版者著作権管理機構 委託出版物〉
本書の無断複製は著作権法上での例外を除き禁じられています。複製される場合は、そのつど事前に、出版者著作権管理機構（電話03-5244-5088、FAX 03-5244-5089、e-mail: info@jcopy.or.jp）の許諾を得てください。

本書の感想をお寄せください
投稿フォームはこちらから▶▶▶